KLOSTERPAGODE
VIEN GIAC

KLOSTERPAGODE VIEN GIAC

THÍCH NHƯ ĐIỂN

Viên Giác Verlag
Erstausgabe Paperback: 1995
Zweite Auflage E-Book: 2019
Layout: Nguyễn Minh Tiến
Fotos im Umschlag: Ulf Ostländer
Umschlaggestaltung: Nguyễn Hùng & Nguyễn Minh Tiến
Lektorat der zweiten Auflage: Nguyên Đạo & Olaf Beuchling

ISBN-13: 978-1-0917-2282-8
ISBN-10: 1-0917-2282-X

THÍCH NHƯ ĐIỂN

KLOSTERPAGODE VIEN GIAC

Übertragung aus vietnamesischen von Thich Hanh Tan

Zweite, durchgesehene und ergänzte Auflage

2019

INHALTSANGABE

Ein Zeichen der Dankbarkeit.

Im Jahr 1980 besuchte eine Delegation vietnamesischer Buddhisten unter der Leitung des Ehrwürdigen Thich Nhu Dien den damaligen niedersächsischen Ministerpräsidenten Dr. Ernst Albrecht (CDU) und überreichte Ihm das Holzmodell eines Schiffes. Dr. Albrecht war der erste Landespolitiker in der Bundesrepublik, der sich dafür einsetzte, vietnamesische Bootsflüchtlinge aufzunehmen. Seinem Vorbild folgten dann auch andere Bundesländer sowie die Bundesregierung.

(Im Foto von links nach rechts: Ehrw. Thich Nhu Dien, Dr. Albrecht, Pham Cong Hoang, Ngo Ngoc Diep)

VORWORT

Ich möchte mit diesem Buch drei Bedürfnissen gerecht werden; einmal meinen vietnamesischen Landsleuten die Chronik der Pagode überreichen, auf die sie schon gewartet haben, und zum anderen Rechenschaft ablegen, über die Arbeit der Pagode. Die deutsche Fassung dieses Buches sollte darüberhinaus einem immer stärker werdenden deutschen Interesse an der Pagode entgegenkommen. Die Vietnamesen, für die die Pagode ein geistiges Zentrum und eine Stätte der Kommunikation ist, haben schon seit einiger Zeit nach einer Geschichte der Pagode verlangt, und mich schließlich zu ihrer Niederschrift bewegt. Als ich dann im Frühjahr 1994 in das Innenministerium der Bundesrepublik Deutschland nach Bonn eingeladen wurde, um über die Möglichkeiten einer künftigen Unterstützung der Pagode zu sprechen, konnte ich, nach dem er sich von mir nähere Einzelheiten über die Arbeit der Pagode erbat, Herrn Dr. Dammemann, meinen Ansprechpartner im Ministerium, auf mein Buch "Die Pagode Vien Giac" aufmerksam machen. Obwohl das Erscheinen des Buches in deutscher Sprache erst 1995 vorgesehen war, also sein Inhalt zu diesem Zeitpunkt, 1994, noch nicht zur Verfügung stand, erschien es ihm dennoch sinnvoll, das Erscheinen meines Buches abzuwarten, denn es versprach auch seinen Informationsbedürfnissen zu genügen.

Schreiben kann ich immer nur dann, wenn meine anderen Pflichten und Aufgaben mir die Zeit dafür einräumen. Entsprechend der klösterlichen Tradition gehe ich jedes Jahr drei Monate in Klausur. Während dieser Einkehr habe ich täglich zwei Stunden, in denen ich nach der Morgenrezitation und der Meditation die Schreibarbeiten erledige. In diesen Klausurperioden sind alle meine Werke, so auch die letzten zehn Bücher, die ich hier herausgegeben habe, entstanden.

Der Zweck dieses Buches über die Geschichte des Klosters Vien Giac in Hannover ist zunächst rein historisch. Es gilt die Ereignisse und Umstände festzuhalten, die den Bau der Pagode möglich gemacht haben, und sie damit späteren Zeiten zu überliefern, die je nach Bedarf oder Interesse auf diesen Bericht dann zurückgreifen können. In gleicher Weise kann das Buch natürlich auch schon dem gegenwärtigen historischen Interesse an der Pagode dienen.

Bei der Darstellung geschichtlicher Ereignisse lassen sich Wiederholungen kaum vermeiden, es sei denn, man gibt es völlig auf, die Tatsachen aus verschiedenen Perspektiven zu beleuchten. Auf Widersprüche, die sich dabei eingeschlichen haben können, bitte ich den Leser, mich aufmerksam zu machen.

Das Buch umfaßt drei Teile. Den ersten Teil habe ich in der Klausurzeit 1994 abgefaßt. Der zweite Teil besteht aus einer Sammlung von Artikeln, die ich in den letzten Jahren für die Zeitschrift der Pagode geschrieben habe, während der dritte Teil die verschiedenen Bilder enthält, welche die Bauabschnitte, angefangen mit dem Zustand des unbebauten Grundstücks bis zur Fertigstellung der Pagode, wiedergeben, und so die Bauentwicklung im Bilde dokumentieren.

Ich bedanke mich bei allen Buddhisten und Andersgläubigen, Vietnamesen und Deutschen in Deutschland und in den anderen Ländern, die alle an der Entstehung der Pagode mitgewirkt haben.

Die Pagode in ihrem gegenwärtigen Zustand ist nicht nur eine der größten vietnamesischen Pagoden außerhalb von Vietnam, sondern sie zählt auch ihrem Stil nach zu den modernsten ihrer Art. Bis zu ihrer Fertigstellung mußten über neun Millionen DM aufgebracht werden, eine Aufgabe, die jeden mittellosen Menschen eingeschüchtert hätte, wenn der von dieser Summe gleich zu Beginn des Vorhabens gewußt hätte.

Die Pagode Vien Giac ist von allen, die sich an ihrem Entstehen finanziell oder durch tatkräftige Unterstützung beteiligt haben, der

Congregation der Vereinigten Vietnamesischen Buddhistischen Kirche in Europa als Opfergabe übereignet worden. Das Opfer wurde 1991 während der Einweihungsfeier bekannt gegeben und 1993 anläßlich der Bauabschlußfeier noch einmal bestätigt.

Da ich ein buddhistischer Mönch bin, folge ich der Lehre des Buddha, insbesondere seiner Lehre über die Unbeständigkeit, über das Leiden, die Leerheit und die Ichlosigkeit. Mein Leben als Mönch habe ich nach dem Vorbild dieser Lehren zu gestalten versucht. Ganz besonders aber habe ich mich darum bemüht, das Leben in seiner Natur zu sehen. Alles ist, wie es zu sein hat.

Jeder Mensch kommt mit leeren Händen auf diese Welt und wird sie auch mit leeren Händen wieder verlassen. Zwischen Geburt und Tod haben wir vieles vollbracht, gute wie schlechte Taten. Nichts können wir ins Grab mitnehmen, weder den geistigen noch den materiellen Besitz, nur unser Karma, wird uns bis zum nächsten Leben folgen, ob wir das wollen oder nicht.

Das Leitmotiv, unter dem meine persönlichen regilösen Bemühungen stehen, und das mir ein befreites Leben ohne Sorgen aufschließen soll, möcht ich zusammenfassen in der Ausrichtung meines Daseins auf ein gutes Karma und in dem Willen, mich an nichts zu hängen.

Das Vorwort eines Buches, besonders eines Buches, das wie dieses auch ein Rechenschaftsbericht ist, ist auch gewöhnlich der Platz, an dem ein Autor seine Dankesschuld abstattet. Von dieser Tradition möchte auch ich hier nicht abweichen.

Ich möchte mich daher bei dem Bundesminister des Innern für seine jährliche Unterstützung bedanken, ohne die es mir nicht möglich gewesen wäre, jedes Jahr ein Buch herauszubringen.

Dank gilt auch den Drei Juwelen, die mir Gesundheit und guten Willen beschert haben, ja, die mir in meinem langen Leben so viel geholfen haben. Ich bete zu Buddha, daß ich, so lange ich lebe, auch die Kraft und Fähigkeit haben werde, alle Aufgaben, die mir gestellt worden sind, auch vollenden zu können, und daß ich ohne Reue von dieser Welt scheiden darf.

Danken möchte ich auch allen Lebewesen, die mir fern und nahe stehen. Ich bin überzeugt davon, Ihnen allen etwas schuldig zu sein. Ich danke Ihnen, daß ich lebe und existiere.

Dank sagen will ich auch meinen Eltern, die mir dieses wunderbare Leben geschenkt, die mich aufgezogen und zu einem nützlichen Mitglied der Gesellschaft erzogen haben. Die Mühe der Eltern, so heißt es, ist so hoch wie die Berge und so tief wie die Meere. Wie könnte man sie je vergelten!

Mein Dank gilt auch allen Lehrern und Lehrerinnen, die mir mein weltliches und geistliches Wissen vermittelt haben. Sie haben mich gelehrt, wie ich leben soll, was ich tuen kann und was ich erhoffen darf. Das sind die wichtigsten Kenntnisse für meinen Wandel in dieser Welt.

Ich bedanke mich bei allen, die ihr Interesse an diesem Buch bekundet haben. Ich bitte Sie nach der Lektüre um ihre Stellungnahme, der ich erwartungsvoll entgegensehe.

Nocheinmal gebührt mein Dank allen, die mir bei der Herausgabe dieses Buches behilflich waren.

Abschließen möchte ich dieses Vorwort mit einer Widmung: Ich widme alle meine Taten den Drei Juwelen, mögen sie alle zum Erfolg geführt werden.

Deutschland, Pagode Vien Giac
Die Kausurzeit im Jahr des Hundes
Hannover, d. 15. Juli 1994
Der Autor
Thich Nhu Dien

EINLEITUNG

Es war am 9. Juni 1994, dem ersten Tag des fünften Mondmonats im Jahr des Hundes. Nach der Rezitation des Vinaya- Textes begab ich mich wieder zurück in mein Zimmer, und begann mit dem Entwurf und der Abfassung dieses Buches.

Nur in der Zeit der Klausur finde ich noch die Muße, meine Gedanken zu Papier zu bringen. Ich bemühe mich daher jedes Jahr während der Klausurzeit, ein Buch zu schreiben. Manchmal werden es auch zwei oder drei Bücher. In diesem Jahr hatte ich mir vorgenommen, zwei Bücher zu schreiben. Einmal dieses Buch über die Pagode Vien Giac in Hannover und dann ein Buch über meine Reiseeindrücke im buddhistischen Lande Sri Lanka unter dem Titel: „In königlicher Pracht".

Das Buch über die Geschichte der Pagode wurde schon von meinen Landsleuten angemahnt. Leider konnte die vietnamesische Ausgabe erst zum Jahresende 1994 ausgeliefert werden. Die Urfassung dieses Buches erschien in vietnamesischer Sprache, seine deutsche Übersetzung folgt nun, um auch den deutschen Interessenten die Aktivitäten unserer Pagode näher zu bringen.

Es ist vielleicht sinnvoll, schon an dieser Stelle einige Hinweise voranzustellen, die das Verständnis über den Gegenstand des Buches, die Pagode Vien Giac, und über mich, den Autor, erleichtern.

Ich bediene mich in diesem Buch recht häufig des Personalpronomens „"Ich". Damit verfolge ich aber keine tiefere literarische Absicht und bitte den Leser deshalb auch, es nur als Mittel der Erzählform zu betrachten. Sein Gebrauch ist aus zwei Gründen unvermeidbar. Erstens ist die Geschichte der Pagode mit meiner eigenen Geschichte unmittelbar verknüpft, und zweitens schreibe ich als Chronist nicht aus der Distanz eines unbeteiligten Historikers, sondern als jemand, der an dem Ereignis, über das er berichtet, engagiert und maßgeblich beteiligt gewesen ist. Dies bitte ich also zu berücksichtigen.

Meine Ausdrucksweise in Wort und Schrift wurde weitgehend durch meine Herkunft geprägt. Ich bin auf dem Lande aufgewachsen und in einer schlichten Umgebung groß geworden. Infolgedessen habe ich es gelernt, mich einfach und für jedermann verständlich auszudrücken. Da ich kein Dichter bin und auch mit meinen Schriften keine literarischen Ambitionen verbinde, hoffe ich auch, daß man mir meine schlichte Ausdrucksweise nachsehen wird.

Mein Bildungsweg führte mich durch verschiedene Länder. Längere Zeit habe ich mich aber, abgesehen von meiner Heimat Vietnam, nur noch in Japan und Deutschland aufgehalten.

In Japan habe ich meine Studentenjahre verbracht. Dieses Land repräsentiert im Gegensatz zu Vietnam heute eines der reichsten und technologisch fortgeschrittesten Länder. Trotzdem sind sich die Japaner ihrer bäuerlichen Herkunft bewußt geblieben. Sie haben nicht aufgehört, ihre ländlichen Traditionen zu pflegen.

Auch Deutschland, das Land, in dem ich heute meinen Pflichten nachgehe, hat dank seines hohen technologischen Niveaus einen hohen Lebensstandard. Auch die Deutschen haben ihre Wildbeuter- und Agrarstufe durchlaufen und im Laufe ihrer Geschichte die verschiedensten Formen der sozialen und politischen Verfassung erprobt, bevor sie ihren heutigen Lebensstandard erreichen konnten.

Im Vergleich mit diesen beiden Ländern befindet sich Vietnam noch auf einem agrarischen Niveau, das bis heute auch den Charakter seines Volkes geprägt hat. Der Charakter der Vietnamesen wurde aber außerdem, im Gegensatz zu vielen anderen agragisch geprägten Völkern, sehr stark von den immer wiederkehrenden Kriegen, die das Land Vietnam in regelmäßiger Folge heimgesucht haben, geformt. Diese Kriege haben ihre Spuren auch in der Kultur Vietnams hinterlassen.

Unter unseren eigenen historischen Bedingungen haben wir Vietnamesen uns zu einem sturen, aber auch schlauen und leider auch etwas oberflächlichen Volk entwickelt. Dieses Urteil über mein Volk mag hier vielleicht überraschen, ja ich bin mir auch durchaus bewußt, daß man über mein Volk ganz anders urteilen kann, eine andere, außerdem vielleicht sogar noch besser fundierte Meinung haben kann. Trotzdem ist es mir selbst nicht möglich, den Nationalcharakter meines Volkes anders einzuschätzen.

Am Vollmondtag des fünften Mondes im Jahr des Drachens (1964) bin ich in die Hauslosigkeit gegangen. Ich habe mein Elternhaus verlassen und bin in das Kloster Phuoc Lam eingetreten. Das war heute (1994) vor genau dreißig Jahren. Meine Eltern und meine Geschwister bedauerten meinen Entschluß sehr. Sie trauerten an jenem Tag, der für mich aber ein Freudentag gewesen ist, nicht nur, weil ich mich ihnen gegenüber durchgesetzt hatte; denn ich hatte ja für mich das Familienleben abgelehnt, sondern auch, weil ich an seiner Stelle ein geistliches Leben in Freiheit und Selbständigkeit gewählt habe. Der Weg der Religion ist seitdem die Mitte meines Lebens geblieben. Damals, als ich mich dazu entschloß, war ich gerade 15 Jahre alt. Meine ersten Tage außerhalb meines Elternhauses verbrachte ich in der Pagode Vien Giac (vollkommene Erleuchtung) in Hoi An und in der Pagode Phuoc Lam (Wald der Verdienste).

Schon hier mußte ich zu meinem damaligen Leidwesen und auch etwas überrascht die Erfahrung machen, daß ich der Bürde des Lernens und des Schulunterrichts selbst im Kloster nicht entkommen würde.

Als mein Meister mir auftrug, Hefte für die Schule zu kaufen, war ich verblüfft. Erstaunt fragte ich ihn: „Verehrter Meister, ein Mönch braucht doch nicht in die Schule zu gehen?" Mein Meister lächelte über meine Naivität, denn aus meiner Frage sprach das gleiche Vorurteil, das die meisten Vietnamesen meines Standes hegten, daß nämlich ein Mönch sich nur mit dem Gebet und der Meditation befaßt. Das war ein Irrtum. Also mußte auch ich den Unterricht in der Mittelstufe wieder aufnehmen. Später absolvierte ich dann sogar eine höhere Ausbildung und setzte mein Studium sogar im Ausland fort. Heute ist mir das Lernen zur zweiten Natur geworden. Obwohl ich in meinem Eifer, zu lernen, nicht nachlasse, fühle ich mich auch heute noch unwissend. In der Tat ist ja das Meer des Wissens uferlos und die Lernfähigkeit der Menschen sehr beschränkt.

Als ich 1972 wegen meiner Fortbildung nach Japan ging, war ich der Auffassung, daß ich nach dem Studium von dort in die Heimat zurückkehren und die erworbenen Kenntnisse meinem Lande anbieten könnte. Doch die Ereignisse, die das Datum des 30. Aprils 1975 bestimmten, die Zwangsvereinigung meines Landes unter einer kommunistischen Regierung, haben alle meine Hoffnungen vereitelt. Ich stand zunächst ganz ratlos da, denn an eine Rückkehr in meine Heimat war unter diesen Umständen gar nicht zu denken.

Nach dem Abschluß meines Studiums in Japan flog ich am 22. April 1977 ganz allein nach Deutschland. Ich hoffte, daß ich auf dieser Reise den Schock überwinden könnte, den der Verlust der Heimat in mir hervorgerufen hatte.

Die Reise von Ost nach West, die eigentlich nur ein Jahr dauern sollte, dauert nun schon 17 Jahre. In diesen 17 Jahren habe ich mit vielen Vietnamesen zusammengearbeitet, die ein ähnliches Schicksal nach Deutschland verschlagen hatte, und mit Deutschen, welche sich entweder für die Vietnamesen eingesetzt hatten oder denen ich aus verschiedenen anderen Gründen begegnet bin. Und sehr wahrscheinlich werde ich auch in Zukunft noch einige Jahre mit diesen Menschen zusammen verbringen.

Während der Abfassung dieser Zeilen saß ich also in meinem Klausurzimmer über der Geschichte eines Vietnamesen, der nach Deutschland kam und eine geraume Zeit hier in Deutschland verbrachte, um vor allem das zu verwirklichen, was seine eigene Bestimmung war. War das also meine Bestimmung, war das mein Karma? Habe ich vielleicht irgendeine mir bisher verborgene Verbindung zu den Deutschen, vielleicht durch mein letztes Leben? Eigentlich hatte ich ja gar nicht vor, in Deutschland zu bleiben oder die deutsche Staatsbürgerschaft anzunehmen, geschweige denn mit Deutschen über längere Zeit zusammenzuarbeiten. Doch es kam, wie es bis jetzt gekommen ist. Warum? War es die Konsequenz meiner Handlungen? Habe ich eine karmische Verbindung zu den Deutschen?

Viele Menschen planen ihr Leben sehr sorgfältig, doch ihre Pläne führen sie nicht zu dem erhofften Erfolg. Umgekehrt gibt es Menschen, denen, obwohl sie überhaupt nichts planen, trotzdem so viel gelingt. Auch der Buddha hatte dereinst alles verlassen: Familie, Haus, Macht, Reichtum, Ruhm und vieles andere, was ihn als Prinz auszeichnete. Befreit von allen irdischen Fesseln fand er die Erleuchtung. Letzten Endes kehrt jeder zu ihm zurück.

Obwohl wir heute alles festhalten möchten, was uns nützlich oder angenehm erscheint, sind wir doch machtlos gegenüber dem Geschehen. Das ist die Wahrheit, mit der es sich so verhält wie mit der Luft um uns herum. Sie existiert, obwohl wir sie nicht sehen können, und obwohl wir sie nicht sehen können, ist sie doch für uns unentbehrlich.

Als buddhistischer Mönch glaube ich nicht an ein von uns unabhängiges Schicksal, auch nicht an das für uns Unnachweisbare. Und trotzdem erlebe ich immer wieder Dinge, die schier unerklärlich sind.

So war ich z.B. in der Grundschule ein sehr schlechter Schüler. Aber nach meiner Ordination besserten sich meine Leistungen und ich entwickelte mich zu einem leidlich guten Schüler. Jeden Monat bekam ich Lobesbriefe von der Schule und gewann verschiedene Preise für meine schulischen Leistungen. Was hat diese Veränderung bewirkt? Bin ich nur eifriger und fleißiger geworden? Können uns Fragen dieser Art überhaupt zu einer sinnvollen Antwort führen? Führt nicht jede so gestellte Frage zu einer nächsten? Ist es nicht viel sinnvoller auch in diesem Kontext an den Segen des Buddha zu denken?

Das war ein Beispiel aus meiner Jugend. Und heute? Jedesmal, wenn ich mit einem Politiker, einem Bürgermeister oder einer anderen Persönlichkeit des öffentlichen Lebens zusammenkomme und mich mit ihnen austausche oder mit ihnen verhandele, staune ich immer wieder, daß ich, ein Bauernsohn, all dies erreicht habe und all das erlebe. Sind mir diese Aussichten schon in die Wiege geschrieben worden? Warum wurde ich in einer Bauernfamilie in der Quang-Provinz geboren? Welchen Sinn verbergen alle diese Ereignisse, die meinen Lebensweg so nachhaltig bestimmt haben?

Selbst an dem Tag, an dem ich in der Klausur saß und an diesem Buch schrieb, konnte ich es immer noch nicht richtig glauben, daß ich es war, der es fertig gebracht hatte, die Pagode Vien Giac tatsächlich zu bauen. Aber genau das ist geschehen. Könnte es nicht sein, daß auch diese Geschichte nur ein Beispiel ist für die buddhistische Philosophie von der Leerheit: „Sein ist Nicht-Sein, Nicht-Sein ist Sein." Die ganze existierende Welt ist nur ein Spiel des Wechsels zwischen Entstehen und Vergehen, zwischen Gewinnen und Verlieren. Ich weiß, daß ich lebe, arbeite, lehre und lerne; aber dieses Wissen ist mir zu dürftig. Es gibt immer noch Dinge zwischen Himmel und Erde, die das Fassungsvermögen unserer Vernunft übersteigen.

1977 habe ich in Kiel die deutsche Sprache erlernt. Ich brauchte dafür ein Jahr. Dieses Jahr war für mich zugleich auch eine Zeit der Entscheidungen und der Abwägung. Es ging für mich darum, ob ich nach Japan zurückkehren sollte, um meine Magister- und

Doktorarbeit zu beenden, oder ob ich eher in Deutschland bleiben sollte. Nach reiflicher Überlegung habe ich mich schließlich für Deutschland entschieden. Am Zustandekommen dieser Entscheidung war Ehrwürden Thich Bao Lac, der sich zu jener Zeit in Tokio aufhielt, nicht unbeteiligt. Trotzdem regte sich immer wieder der Wunsch in mir, nach Japan zurückzukehren, um meine Studien zu vollenden. In solchen Momenten tröstete mich eine Bemerkung des Ehrwürdigen Thich Minh Tam: „"Es gibt viele Doktoren, sogar viele Doktoren mit mehr als einem Doktortitel, die es trotz ihrer Titel zu nichts anderem gebracht haben. Titel sind doch eigentlich unwichtig." Natürlich hat er mit seinem Hinweis recht, aber wir dürfen trotzdem nicht vergessen, daß in der heutigen, modernen Industrie- und Informationsgesellschaft der akademische Titel für viele Berufe eine Qualifikationsvoraussetzung darstellt, und der Zugang zu mancher Laufbahn ohne einen akademischen Titel verwehrt bleibt. Die Welt entwickelt sich weiter und wenn wir uns nicht mitentwickeln, kann es leicht passieren, daß wir den Anschluß verlieren und in das Abseits der Gesellschaft geraten.

Ich konnte zwar in Deutschland auch Freude und Erfüllung erleben, mußte aber zunächst manche leidvolle Erfahrung machen. Wenn ich etwa an den bewölkten Nachmittagen aus dem Fenster meines Zimmers im Studentenwohnheim hinausschaute und dem Regen nachsann, dann überfiel mich nicht selten die Wehmut. Die Sehnsucht nach Tokio packte mich und ließ mich an meiner Entscheidung, in Deutschland zu bleiben, zweifeln. Tokio ist zwar nicht meine Heimat, doch die Zeit, die ich dort verbrachte, zählt für mich zu meinen wertvollsten Erfahrungen. Deshalb ist mir besonders diese Zeit auch so gut im Gedächtnis geblieben. So nimmt es auch nicht Wunder, daß ich mich stets an meine Freunde in Japan, an die Pagoden dort und an die vielen Erlebnisse dort erinnerte, wenn mich in Deutschland die Wehmut ergriff. Jetzt, wo ich wieder darüber nachdenke, kommt mir der Satz in den Sinn: „"Die Zeit heilt alle Wunden". Wie zutreffend!

Nach meinem einjährigen Aufenthalt in Kiel habe ich mich an der Universität Hannover immatrikuliert. Ich bat Tram und Chau für mich in Hannover eine Wohnung zu suchen. Die vietnamesischen Studenten hatten eine Wohnung in der Kestnerstraße in der Nähe der Marienstraße angemietet. Die Wohnung war wahrscheinlich schon über 100 Jahre alt. Im Sommer war das Haus sehr kühl, aber auch im Winter entsprach die Temperatur drinnen eher der Temperatur draußen. Nur die Erinnerung an die Gleichmut der Japaner half mir, diese Mißhelligkeiten ohne Klagen zu ertragen.

Die kleine Gedenkstätte, in die ich diese Wohnung umgestaltet hatte, wurde am 2. April 1978 in Anwesenheit des Ehrwürdigen Thich Minh Tam aus Paris eingeweiht.

**Einige Aktivitäten in der "Buddhagedenkstätte Vien Giac"
(Niệm Phật Đường Viên Giác) in der Kestnerstraße 37,
Hannover, vor dem Bau der heutigen Klosterpagode Vien Giac.**

Die Zeremonie zur Einweihung der "Buddhagedenkstätte Vien Giac" am 02.04.1978 unter der Leitung des Ehrwürdigen Thich Minh Tam (Paris) und des Ehrwürdigen Thich Nhu Dien.

Die Wohnung war als Gedenkstätte Buddhas zwar denkbar ungeeignet. Aber was blieb mir anderes übrig? Ich brauchte einen Ort für meine Gebete und eine Adresse für meine Korrespondenz. Im Andenken an die Pagode meines Meisters in der Heimat, habe ich diese Wohnung in Hannover auch Vien Giac genannt.

In jener Aufbruchszeit in Hannover stand mir mein erster Schüler, der Laien- Buddhist Thi Chon-Ngo Ngoc Diep, am nächsten. Bis unsere Beziehungen 1992 eine andere Wendung nahmen, teilten wir in diesen 14 Jahren unsere Freuden und unser Leid. Seitdem gehen wir getrennte Wege. Aber Begegnungen und Gemeinschaften, Trennungen und Abschiednehmen sind die natürlichen Elemente des Lebens und wenn die Umstände günstig sind, dann werden sich auch wieder neue Möglichkeiten bieten.

Ende Dezember 1978 hat der Ministerpräsident des Landes Niedersachsen, Dr. Albrecht, den ersten vietnamesischen Flüchtlingen in seinem Bundesland Asyl gewährt. Mit der Ankunft der Flüchtlinge besuchten auch immer mehr Vietnamesen unsere kleine Gedenkstätte.

Ich nahm ein Semester frei, und stellte mich in Friedland und einigen Krankenhäusern in Göttingen als Übersetzer zur Verfügung. Da die ankommenden Flüchtlinge kein Wort Deutsch sprachen, wurde meine Hilfe dringend benötigt. Der Kontakt mit einem Landsmann tröstete viele über das erste Unglück hinweg und weckte auch wieder ihre Zuversicht in der Fremde.

Neben meiner Tätigkeit als Übersetzer mußte ich mich natürlich auch um meine geistlichen Pflichten kümmern. Ich führte meine Landsleute in die zeremonielle Tradition des Buddhismus ein. Die deutsche Regierung hat sich in jener Zeit sehr rührend um die Flüchtlinge gekummert. Ich wurde damals auch häufiger um Interviews für die Zeitungen und das Fernsehen gebeten, die mir auch die Gelegenheit boten, die Öffentlichkeit und die Regierung auf die religiösen Bedürfnisse der Flüchtlinge aufmerksam zu machen.

Ich habe in dieser Zeit auch schon viele buddhistische Trauerfeiern abhalten müssen und andere soziale Aktivitäten entfalten können, bei denen ich auch immer wieder von meinen Landsleute unterstützt wurde. Die Berichterstattung der öffentlichen Medien über unsere Arbeit hat auch das Interesse von Herrn Dr. Geißler geweckt, der damals Bundesminister des Innern der Bundesrepublik Deutschland gewesen ist. Herr Dr. Geißler lud mich ein, die Bundesregierung über die buddhistische Arbeit in Deutschland aufzuklären, wollte aber auch über meine eigene Arbeit und über meine Landsleute mehr erfahren. Ich folgte dieser Einladung damals mit gemischten Gefühlen. Ja, um ehrlich zu sein, muß ich gestehen, daß mein Interesse an Ämtern und Behörden eher gering entwickelt war, wie das bei allen Ordinierten der Fall sein dürfte. Aber allein die Höflichkeit hat es schon geboten, dieser Einladung zu folgen.

Ich hatte dann auch die Gelegenheit, mit Herrn Dr. Geißler ausführlich über meine Arbeit und auch über meine Zukunftpläne zu sprechen. Und als Dr. Geißler mich bei dieser Gelegenheit fragte, wie er mir helfen könne, erklärte ich ihm, daß wir einen Ort bräuchten, wo wir uns zum Gebet treffen und auch eine Zeitschrift für unsere Landsleute herausgeben könnten, die jetzt über ganz Deutschland zerstreut lebten und deshalb ein Sprachrohr für ihre eigenen Interessen dringend bräuchten.

Er machte mir daraufhin den Vorschlag, ein geeignetes Grundstück zu mieten und mich wegen eines Kostenvergleichs nach Druckmaschinen umzusehen. Auch ein Kostenplan für ein Jahr wäre sehr nützlich. Wenn ich die Kostenvoranschläge für die Druckmaschinen hätte und den Jahreskostenplan an das Ministerium schickte, ließe sich dann auch genauer erkennen, wie man uns von dort behilflich sein könnte.

Das freundliche Entgegenkommen der deutschen Regierung hatte mich angenehm überrascht. Doch ich war viel zu sehr von meinen eigenen Aufgaben und Pflichten in Anspruch genommen, als daß ich den Kontakt mit Herrn Dr. Geißler hätte aufrecht erhalten können, und so war es wieder Herr Dr. Geißler, der sich nach einigen Monaten durch seinen Sekretär in Erinnerung brachte, und mich an sein Hilfsangebot erinnerte. Daraufhin machten wir uns verstärkt auf die Suche nach einem geeigneten Raum und kümmerten uns auch wieder mehr um die schriftliche Korrespondenz und die Verwaltungsarbeiten. Während dieser Zeit haben wir uns viele Häuser angeschaut, darunter auch sehr schöne Häuser, die zwar als Wohnung gut geeignet waren, aber für ein Institut, das in der Öffentlichkeit wirkt, nicht infrage kamen; darunter waren auch schöne Hallen, die wiederum keine Wohnmöglichkeiten boten und deshalb auch als Gemeindehaus nicht zu verwenden waren. So hatten wir schon lange herumgesucht, bis wir endlich durch einen Markler Herrn Steinmann kennenlernten.

Herr Steinmann vermietete uns seine alte Fabrik für eine Monatsmiete von 3000,-- DM. Wir konnten die Fabrik rechtzeitig zum Tetfest 1980 beziehen. Nach 5 Jahren, etwa um die Jahresmitte 1985, erhöhte sich die Miete um 300,--DM. Bis Ende 1991 zahlte die Regierung der Bundesrepublik Deutschland die Miete für uns. Wir sind ihr auch für diese Hilfe sehr dankbar.

Mit der Untertsützung der Bundesregierung konnten wir auch eine Druckerei anschaffen. Einige der damals erworbenen Maschinen benutzen wir noch heute. Wir haben in unserer Druckerei mit der Ausgabe von 500 Büchern, Broschüren und Schriften angefangen und bis jetzt 3800 herausgegeben. Die Zeitschrift der Pagode kann überhaupt nur kraft der Subventionsmittel der Bundesregierung erscheinen. Auch für diese Unterstützung sind die vietnamesischen Mitbürger und ich der Bundesregierung sehr dankbar.

Eingeweiht wurde die Pagode in der alten Fabrik 1980, an dem Tag, an dem wir auch den Geburtstag Buddhas feierten. Die Zeremonie, an der rund 400 Vietnamesen teilnahmen, wurde auch von Hochehrwürden Thich Thien Dinh und Ehrwürden Thich Minh Tam aus Frankreich begleitet.

Die neue Pagode in der Eichelkampstraße war sehr geräumig. Es gab da genug Wohnraum, Räume für die Gebete und auch Arbeitsräume. Anfangs kamen nur die Nonne Hanh Niem, die damals noch den Namen: Tante Dieu Nien, führte, und der Laie Thi Chanh-Truong Tan Loc zur Pagode, um mitzuarbeiten. Dann stieß Schwester Nga zu uns und übernahm die Büroarbeit. Schwester Nga arbeitet noch heute in den verschiedenen karitativen Diensten der Pagode.

Auch mein Aufgabenbereich beschränkt sich nicht nur auf die geistliche Betreuung meiner Landsleute in Hannover und auf die

Durchführung der Zeremonien. Ich mußte damals, wie ich es heute immer noch tue, auch alle Gemeinden in Deutschland betreuen und bin deshalb sowohl in Deutschland als auch in anderen Ländern Europas sehr viel auf Reisen gewesen. Die Pagode wurde außerdem durch unsere Zeitschrift weithin bekannt. Die Anzahl der Besucher unserer Feierlichkeiten und Festveranstaltungen, die Zahl der Besucher des Vesak-, des Ullambana- und des Tet-Festes wuchs in dieser Zeit mit jedem Mal. Jetzt nach 17 Jahren zählen wir nicht nur 300 oder 500 Teilnehmer, sondern drei- bis fünftausend. Die Zahl der Festteilnehmer hat sich in diesem Zeitraum also verzehnfacht. Früher kamen die Besucher mit dem Bus oder mit dem Zug. Heute parken so viele Wagen bei uns, daß wie sie kaum zählen können.

Nimmt man allein diesen Tatbestand, dann kann man nicht behaupten, daß die Vietnamesen ein faules Volk seien. Die vielen Kriege in der Geschichte Vietnams haben zwar die industrielle Entwicklung des Landes gehemmt, so daß es ihm verwehrt blieb, seine Energien auch in den Bereichen von Wissenschaft und Technik zu investieren, wie das jenen Völkern dieser Erde möglich gewesen ist, die es deshalb auch heute auf diesen Gebieten zu einem beträchtlichen Niveau gebracht haben, aber sie vermochten es auch nicht, den Ehrgeiz der Vietnamesen abzutöten. Die allzuvielen Kriege der vietnamesischen Geschichte, säten Haß und Mißtrauen, brachten Mord und Gewalt und machten aus Vietnam das, was es noch heute ist. Trotzdem sind die Vietnamesen Menschen geblieben, welche die Konsequenzen aus dem Fehlverhalten anderer, die sie erdulden müssen, leicht verzeihen und sie den anderen auch nicht mehr nachtragen, wenn sie überwunden sind. Wir alle hoffen auf eine Zukunft, die uns in Vietnam ein gerechteres Leben unter den Strahlen der Sonne bescheren möge.

Während meiner vielen pflichtbedingten Reisen zu den vietnamesischen Gemeinden in Deutschland forderten mich meine Landsleute regelmäßig auf, in Deutschland eine eigene Pagode zu bauen, die zugleich den Zweck eines geistigen Zentrums für alle

Vietnamesen erfüllen könnte. Auf meinen Einwand, daß wir ja schon eine Pagode hätten, erwiederten sie übereinstimmend, daß sie sich eine Pagode mit dem traditionellen Dreiflügeltor und einem geschwungenen Dach wünschten, die außerdem auch noch ein Aushängeschild der asiatischen Kultur in Deutschland sein könnte.

Ich erinnerte sie daran, daß mir die Hände gebunden seien, daß die nötigen Mittel dafür fehlten und ich sagte ihnen auch, daß ich mich für ein derartiges Unternehmen nicht alt genug fühlte. Darüberhinaus gäbe es für uns auch dringlichere Aufgaben als die Verwirklichung dieses Vorhabens.

Während des Vesak-Festes 1984 redeten der Zahnarzt To Vinh Hoa, der Architekt Tran Phong Luu und der Laie Ho Gia Hoa solange auf mich ein, endlich mit dem Bau einer Pagode zu beginnen, bis ich mich geschlagen geben mußte und mich einverstanden erklärte, das Projekt in Angriff zu nehmen, obwohl ich innerlich noch nicht dazu bereit war.

Der Laie Ho Gia Hoa kehrte nach Recklinghausen zurück, wo er wohnte, und bat den Bürgermeister von Recklinghausen der Pagode ein Grundstück zu schenken. Als dieser ein Grundstück in Aussicht stellte, freuten wir uns natürlich sehr und machten uns alle auf den Weg nach Recklinghausen, um das potentielle Grundstück anzuschauen. Leider grenzten verschiedene Autobahnteilstücke an drei der vier Seiten des angebotenen Grundstücks, so daß an die Errichtung einer Pagode an diesem lärmüberschallten Ort gar nicht zu denken war. Eine Pagode braucht ihre Stille.

Danach wurde uns ein anderes Stück Land auf 99 Jahre zur Pacht angeboten. Auch bei diesem Angebot war uns nicht wohl. Vietnamesen bauen nicht gern auf gemietetem Land. Wir erwerben es lieber als Eigentum. Doch woher sollten wir das Geld zum Kauf nehmen? Das wurde jetzt unser Hauptproblem. Die Erfahrung in Recklinghausen aber entmutigte uns zunächst sehr, ich glaube mich am meisten.

1985, es war im Sommer, als ich von einer Reise nach Australien zurückkehrte, rief mich die Laien- Buddhistin Nguyen Thi Hanh an und erläuterte mir einen Plan, der den Kauf eines Grundstücks für die Pagode ermöglichen sollte. Ihr Plan überzeugte mich sofort. Er war so ausgezeichnet, daß ich ihn schließlich auch in die Tat umsetzen konnte.

Der Plan war in der Tat so einfach wie er gut war. Wir gingen davon aus, daß wir ungefähr vier bis fünf tausend Quadratmeter Land für den Bau der Pagode bräuchten, aber niemand von uns imstande wäre, die ganze Summe aufzubringen. Die Vietnamesen in Deutschland waren ja Flüchtlinge und keine reichen Leute. Also mußte die Kaufsumme in erschwingliche Portionen aufgeteilt werden. Wir brauchten also nur auszurechnen, wie teuer ein Quadratmeter wäre und daraufhin die Leute zu überzeugen, daß jede Familie etwa einen Quadratmeter an die Pagode spenden sollte.

Nach diesem Vorschlag erschien auch mir der Bau einer Pagode nicht mehr aussichtslos. Ich sah mich also wieder nach Grundstücken um. Doch selbst die Suche nach einem Grundstück erwies sich schwieriger als ich zunächst vermutet hatte; denn ich wußte ja nicht, wo ich ein passendes Grundstück suchen sollte und woher ich die dazu nötigen Information bekommen könnte.

Mein Nachbar und Vermieter, der mich in Abständen zum Tee besuchte, wies mich auf das gegenüberliegende Grundstück hin, das zum Verkauf stünde, als ich ihm meine Sorgen erzählte. Sein Hinweis versetzte mich sofort in eine euphorische Stimmung, obwohl ich den Preis des Grundstücks noch nicht kannte. Ich fragte mich nämlich, ob das nicht eine Fügung des Schicksals wäre.

Nach einem asiatischen Sprichwort heißt es: „"Dreimal umziehen kommt einem Hausbrand gleich". Wenn das schon für einen gewöhnlichen Haushalt gilt, was hat man dann im Falle einer Pagode zu erwarten? Der Umzug einer Pagode ist ja viel umständlicher als der eines gewöhnlichen Haushalts. Er schließt so viele Paraphernalien ein, die es in einem Durchschnittshaushalt gar nicht gibt. So erschien mir auch ein Umzug über eine größere Entfernung beinahe unmöglich, während ein Umzug in das gegenüber liegende Grundstück sich dagegen fast als eine Ideallösung anbot.

Ich erkundigte mich also nach dem Grundstückseigentümer. Das Land gehörte der Firma: Beton Union, die vier- bis sechstausend Quadratmeter davon zum Verkauf ausgeschrieben hatte. Es bestand sogar die Möglichkeit, die Gesamtfläche von sechzehntausend Quadratmetern zu erwerben. Ein Quadratmeter sollte 135,--DM ohne die Vermittlergebühr kosten. Der Vermittler selbst verlangte drei Prozent des Kaufpreises.

Nachdem ich das geklärt hatte, mußte ich mich natürlich auch danach erkundigen, ob das Land zur Bebauung freigegeben war und ob ich für den Bau einer Pagode die Baugenehmigung erhalten würde. Ohne die Bauerlaubnis wäre ja der Grundstückskauf sinnlos gewesen. Herr Steinmann versicherte mir, daß das Grundstück zur Bebauung freigegeben sei, da es sich ja in einem Industriegebiet befände. Ich ermahnte mich aber trotzdem zu besonderer Vorsicht, denn ich hatte schon davon gehört, daß Mönche in Amerika Land gekauft hatten, für das ihnen dann später die Bauerlaubnis für ihre Pagode verweigert wurde. Deren Land lag innerhalb eines Wohngebietes und war daher nicht für öffentliche Institutionen freigegeben. Nur Industriegebiete und Marktplätze galten dort als geeignete Plätze für eine Kirche oder eine Pagode. Wenn man auf diese Bestimmungen, die ja im Westen allgemein üblich sind, gleich zu Anfang geachtet hätte, hätte man sich viele unnötige Kosten ersparen können. Leider hat man allzu leichtfertig von den Bedingungen, die man aus Vietnam kannte, auf die Bauvorschriften der Asylländer geschlossen. In Vietnam ist es nämlich möglich, auf jedem Grundstück, das zum Bau zur Verfügung steht, auch eine Pagode zu bauen. Einschränkungen dieser Art sind dort unbekannt, denn die Pagode, die gebaut würde, würde ja auch dem Volk gehören. Wie so vieles, sind auch die Bauvorschriften in Europa und Amerika anders als in Vietnam.

Bei meiner Auseinandersetzung mit diesen Problemen bin ich von meinen Landsleuten danach gefragt worden, warum denn hier in Deutschland die Kirchen auch in Wohngebieten stünden, und sich niemand über das weithin hörbare Läuten der Glocken beschwerte. Ich wies sie daraufhin, daß viele dieser Kirchen schon vor sieben- oder fünfhundert Jahren gebaut worden seien und daß sich die Gemeinden erst nach dem Kirchenbau um die Kirche herum angesiedelt hätten. Darüberhinaus gehört die örtliche Kirche zur europäischen Alltagskultur, an die sich die Menschen hier jahrhundertelang gewöhnt hätten, während für die meisten Europäer oder Amerikaner eine buddhistische Pagode dagegen erst noch gewöhnungsbedürftig sei. Und weil man selten vorhersehen könne, wie die einheimische Bevölkerung auf den Anblick einer Pagode in ihrer Nachbarschaft reagierte, sei es nur gut, bei der Wahl des Ortes für eine Pagode sehr behutsam vorzugehen und alle Vorsicht walten zu lassen.

Wie jedes Bauvorhaben kann auch der Bau einer Pagode nicht von der Infrastruktur ihrer örtlichen Umgebung absehen, müssen also die Auswirkungen auf die Anwohner, die Verkehrsverhältnisse, die Gewährleistung von Parkplätzen, die Anbindung an öffentliche Verkehrsmittel und an die weiteren Verkehrsverbindungen wie die Autobahnen, die Haupt- und Landstraßen berücksichtigt werden. Diese Faktoren können unter Umständen sogar noch wichtiger sein als der Preis des Grundstücks.

Die Pagode, die wir gebaut haben, ist auch diesem Gesichtspunkt gerecht geworden. Sie ist nicht weit entfernt von einer U-Bahn- Station, sie ist in gut zehn Minuten zu Fuß von den Bus- und Bahnstationen zu erreichen, über die man auch problemlos zum Hauptbahnhof oder zum Flughafen gelangen kann. Über die Autobahnanschlüsse kann man die Pagode auch bequem von Hamburg, Dortmund, Berlin oder Göttingen aus ansteuern. Weil Hannover einen Flughafen besitzt, ist die Pagode sogar für Gäste aus dem ferneren Ausland sehr gut erreichbar und ihr Weiterkommen ist dadurch auch gewährleistet.

Der Name „"Hannover" ist für einen Ausländer, der die deutsche Sprache nicht versteht, relativ leicht auszusprechen, auch für eine alte Frau, die kein Wort Deutsch spricht. Dieser psychologische Aspekt ist für uns deshalb von Bedeutung, weil viele unserer Besucher über keine oder nur wenig deutsche Sprachkenntnisse verfügen, es sich aber unter diesen Voraussetzungen zutrauen können, mit der Bahn nach Hannover zu fahren.

Nachdem auch Probleme dieser Art überdacht worden sind, rief ich den Architekten Tran Phong Luu an und beauftragte ihn, den Plan für den Bau der Pagode zu entwerfen. Für das Grundstück waren viertausend Quadratmeter vorgesehen. Dreitausdend Quadratmeter sollten als Baugrund genutzt werden und die restlichen eintausend als Gartenanlage, für Aufenthalts- und Parkplätze.

Während der Architekt mit dem Entwurf des Bauplans beschäftigt gewesen ist, habe ich mit der Vorbereitung der „"Ein Quadratmeter-Aktion" begonnen. Ich erläuterte meinen Landsleuten unseren Plan und die Modalitäten seiner Durchführung. Der Erfolg war ermutigend. Bei jeder Veranstaltung in den verschiedenen Städten, wo sich vietnamesische Gemeinden gebildet hatten, wurden Hunderte von Quadratmetern gespendet. Für die viertausend Quadratmeter Baugrund zum Kaufpreis von 135,-- DM pro Quadratmeter, benötigten wir also 540000,-- DM und diese Summe schloß noch nicht die Vermittlungs- und Anwaltskosten ein.

In dem Zeitraum von ein und einem halben Jahr konnte ich auf diese Weise eine Summe von 350000,--DM zusammenbringen. Mitte 1986 standen uns also 350000,--DM zur Verfügung. Das war schon eine beträchtliche Summe, aber für den Grundstückskauf reichte sie noch nicht aus. Es fehlten uns immerhin noch 200000,-

-DM. Wir waren zwar auf unserem Weg dem Ziel ein gutes Stück näher gekommen, aber leider doch nicht nahe genug. Wieder einmal war ich am Ende meiner Weisheit angekommen und es blieb mir nichts anderes übrig, als darum zu beten, daß Buddha mir einen Wink gäbe, der uns aus dieser Sackgasse herausführte.

Wenige Tage später, es war kurz nach der Morgenadacht, kam mir die Idee, noch einmal mit dem Vermittler und dem Grundstückseigentumer zu sprechen. Ich wollte sie für einen anderen Zahlungsmodus gewinnen, nämlich für die Zahlung in zwei Raten. Die erste Rate sollte Dezember 1985 fällig sein und die zweite im Sommer 1986. Der Eigentumer erklärte sich wider Erwarten mit meinem Vorschlag einverstanden.

Daraufhin lud ich die Mönche und Nonnen aus der Kongregation ein, zusammen mit mir den Anwalt, Herrn Hoffschmidt, aufzusuchen, um gemeinsam einen entsprechenden Vertrag mit dem Alt- Eigentümer zu unterschreiben. Der Vertrag sah vor, daß zunächst ein Betrag von 300000,-- DM auf das Konto der Union Beton überwiesen werden sollte, während die restlichen 240000,-- DM im Sommer 1986 zur Überweisung fällig wären.

Nach der Abfassung des Vertrags gönnte ich mir einen kurzen Augenblick der Freude über diesen ersten Teilerfolg, besann mich aber auch bald schon wieder und dachte an die nächste Aufgabe, die noch vor mir lag, nämlich die Beschaffung der Restsumme, die auch nicht leichter war als die Aufgabe, die bis zu diesem Zeitpunkt gelöst worden ist. Wieder schickte ich Bittbriefe an alle Vietnamesen in Deutschland und in Europa mit der Aufforderung, einen Quadratmeter vom Grundstück der Pagode zu spenden. Auch diese zweite Aktion war ein Erfolg. Im Sommer 1986 sahen wir uns tatsächlich in der glücklichen Lage, auch die restlichen 240000,--DM auf das Konto unseres Gläubigers überweisen zu können. Nach dieser Erfahrung konnte ich gar nicht mehr anders als an die übernatürlichen Kräfte des Buddha zu denken.

Die Zeit erwies sich wirklich als ein Allheilmittel. Nur die Zeit konnte diese Probleme lösen. Selbst Wissenschaftler und die Strategen in den Generalstäben nehmen den Faktor Zeit in ihr Kalkül. Bei allem, was wir planen, sollten wir daher auch die Zeit nicht aus den Augen verlieren. Niemand lebt ewig oder hat ewig Zeit, um uns zu belehren. Tatsächlich müssen wir alle Erfahrungen selbst machen, niemand kann uns unsere Erfahrungen abnehmen.

Ich habe bis heute nicht aufgehört, alle, mit denen ich ins Gespräch gekommen bin, daraufhinzuweisen, daß ich ein ganz normaler Bauernsohn bin. Meine Erfolge verdanke ich allein der Gnade des Buddha und den glücklichen Umständen. So wird der Leser auch nicht mehr überrascht sein, wenn er in diesem Buch dem Lob der übernatürlichen Kräfte des Buddha noch öfter begegnet.

Nachdem wir nun die Eigner des besagten Grundstückes geworden sind, das wir uns für den Bau der Pagode ausgesucht haben, haben wir auch sofort um die Baugenehmigung nachgesucht, die uns im September 1987 vom Bauamt Hannover erteilt worden ist, und zwar ohne jegliche Änderungsauflage der vorgelegten Pläne. Der Architekt Luu freute sich darüber sehr. Aber auch dieser Schritt, der uns dem Ziel der Verwirklichung unserer Pagode ein Stück näher gebracht hatte, brachte wieder neue Sorgen mit sich. Er stellte mich nämlich vor das Problem der Finanzierung des Bauprojektes, welches nun in Angriff zu nehmen galt.

Jedes Bauvorhaben muß in Deutschland der Kommune und jedes Bauvorhaben von öffentlicher Bedeutung auch der Öffentlichkeit bekannt gemacht werden. Wir haben also auch unser Projekt der Stadt Hannover und in der Tageszeitung angezeigt. Der Sinn dieser Vorschrift ist, den Schaden, der entweder für einen Bauherrn oder dem Einspruchberechtigten aus rechtlich begründeten Einwänden entstehen könnte, so gering wie möglich zu halten, aber auch die Möglichkeit jeglichen Einwandes zeitlich so zu begrenzen, daß nach der gesetzten Frist auch das Recht auf ihn überhaupt erlischt. Wenn also innerhalb einer Frist von drei Monaten niemand einen Einwand gegen unser Vorhaben erhebt, dann kann auch später niemand mehr einen Einwand erheben, so daß der Bau genauso ausgeführt werden kann, wie er genehmigt worden ist. In dieser Form des Verfahrens kommt nach meinem Dafürhalten die Achtung vor der Meinung des Volkes zum Ausdruck. In anderen Ländern ließe sich ein derartiges Verfahren wohl nicht so leicht verwirklichen. Vor allem die Nachbarn hätten Einwände gegen unser Bauprojekt erheben können. Aber auch diesmal hatten wir Glück, um uns herum nur auf Menschen zu treffen, die uns wohlgesonnen waren und immer noch wohlgesonnen sind.

Unserem Grundstück gegenüber liegt das Grundstück der Firma von Herrn Steinmann, unserem ehemaligen Vermieter, der uns überhaupt erst auf unser Grundstück aufmerksam gemacht hatte. An die Rückseite unseres Grundstücks grenzt das Land des einstigen Eigentümers unseres jetzigen Grundstücks und auf dem Grundstück auf der gegenüberliegenden Seite der Straße befindet sich eine Fabrik. Ich glaube, die Umstände waren günstig und die Zeit war reif. Ich glaube auch, daß Herr Dr. Albrecht, der zu jener Zeit noch Ministerpräsident des Landes Niedersachsen gewesen ist, unser Vorhaben nicht aus den Augen verloren hat. Herr Dr. Albrecht verhielt sich uns und den vietnamesischen Flüchtlingen gegenüber wie ein gütiger Vater. Er war und er ist ein großer Gönner unserer Pagode. Um die Güte des Herrn Ministerpräsidenten ausreichend zu würdigen, habe ich seinen Namen auf die große Glocke, die 1985 in Taiwan gegossen worden ist, eingravieren lassen. Ich hoffe, daß auch spätere Generationen, sollten sie die Pagode in ihrer Zeit noch aufsuchen können und die Glocke noch an ihrem Platz hängen, ganz gleich ob es nun Buddhisten oder Andersgläubige sind, unseren Dank und unsere Wertschätzung für ihn erfahren.

Nachdem wir das Grundstück erworben hatten, und die Bauerlaubnis erteilt wurde, begann für uns alle ein neuer Abschnitt. Nun galt es den Bau der Pagode selbst zu realisieren.

ERSTER TEIL

DIE ERSTE PERIODE

Die Spenden-Aktion

Die Grundsteinlegung der Pagode fand am Tage der Geburtstagsfeier Buddhas 1987 statt. An der Zeremonie nahmen auch der Hochehrwürdige Thich Thien Dinh, der Ehrwürdige Thich Minh Tam und der Ehrwürdige Thich Minh Le teil. Das Wetter war schlecht. Der Regen wollte nicht aufhören und es wehte ein starker Wind. Als der Hochehrwürdige sich das Grundstück ansah, stand die ganze Fläche unter Wasser, was ihn zu der folgenden Bemerkung veranlaßte: „"Das Schichsal von Thay Nhu Dien ist das Sammeln von Wasser" (in Asien steht Wasser meist in Verbindung mit Geld!).

Sollte das tatsächlich der Fall sein? Nach der Terminologie der asiatischen Astrologie werde ich vom Element des Feuers beherrscht. Das hieße ja: Feuer müßte mit Wasser harmonieren. Sollte Feuer tatsächlich mit Wasser harmonieren? Oder war es umgekehrt?

Früher glaubte ich nicht an Horoskope genauso wenig an die Astrologie. Doch nach reiflicher Prüfung bin ich zu der Überzeugung gelangt, daß die Astrologie durchaus wissenschaftlich fundiert ist. Die Qualität der Vorhersagen hängt natürlich auch ganz wesentlich von der Kompetenz des Astrologen ab, nicht nur von der Theorie.

1984 hielt ich mich in Kanada auf, um Belehrungen über Buddhadharma zu halten. Während dieses Aufenthaltes spach mich nach einer Unterweisung ein alter Mann an und fragte mich nach meiner Geburtsstunde und meinem Geburtstag. Ich reagierte erstaunt: „"Wozu wollen Sie sie das wissen?" Seine Antwort: „"Ich möchte gern Ihr Horoskop stellen." Drei Tage später gab er mir ein Horoskop, das Tatsachen über mein Leben, meine Laufbahn, meine Ausbildung, meine Familie und meine geistliche Karriere beinhaltete.

Damals zweifelte ich noch an dem, was er mir auslegte. Doch nach zehn Jahren der Nachprüfung habe ich festgestellt, daß seine Prognosen zu 95% eingetroffen sind. Erst neulich gab er mir ein neues Horoskop für die nächsten 10 Jahre von 1994 bis 2004. Der alte Mann ist jetzt 85 Jahre alt und seit 60 Jahren ein Vegetarier. Jeden Tag übt er sich in der Meditation und in der Rezitation des Diamant- Sutras. Er ist keine Berufsastrologe und er stellt auch nicht jedem, der ihn darum bittet, ein Horoskop. Viele, die um seine astrologischen Fähigkeiten wußten, und ihn um ihr Horoskop baten, hat er abgewiesen. Er stellt nur Personen, die sein Interesse wecken, das Horoskop. Ist aber sein Interesse an einer Person erst einmal geweckt, dann kann er sogar Monate damit zubringen, um ihr Horoskop auszuarbeiten.

Mein Horoskop zeigt nach seiner Auskunft, daß die Sonne über meinen Ländereien scheint. Dies, so heißt es, ist ein sehr wunderbares Zeichen und eine seltene Konstellation. Da mein Lebensbereich aber nicht von einem Hauptstern besetzt wird, könne ich auch nur in caritativer Betätigung erfolgreich sein, nicht aber dann, wenn ich etwas für mich selbst anstrebe. Als er mir damals mein Horoskop stellte, standen der Grundstückserwerb und der Bau einer eigenen Pagode noch in den Sternen, ich jedenfalls wußte noch nichts davon. Damals vermochte ich ihm auch noch nicht zu glauben, hob aber aus mir unerklärlichen Gründen das Horoskop auf. Mein Horoskop zeigte ein großes, schönes Haus ohne Bewohner. Das Haus stand im Zentrum in einer ziemlich günstigen Gegend. In meinem Fall bedeutete es die Pagode. Der Astrologe riet mir aufgrund dieser Konstellation, mich von der Politik fern zu halten, denn nach meinem Horoskop wird es mir nur dann gut gehen, wenn ich den spirituellen Weg wähle. Im weltlichen Leben würde ich dagegen nur Schwierigkeiten haben, denn mein Lebensbereich wird eben nicht von einem Hauptstern beschützt. Meine Laufbahn beschrieb er als die eines Mandarinen, der im Schatten steht. Dieser Mandarin wird von vier Schirmen begleitet, die aber geschlossen sind. Dieses Bild deutete er als die Laufbahn eines Ordinierten, der lieber das geistige als das weltliche Leben führt, aber in seinem Leben vom Staat und von den hohen Beamten unterstützt wird.

Das ganze Horoskop besteht aus dem Text seiner Auslegung, der über zehn Seiten lang ist und unter dem Gesichtpunkt des Buddhismus und des Vajra-Prajna aufgestellt worden ist. Später habe ich dann entdeckt, daß seine Prognosen in vielen Punkten eingetroffen sind. Heute scheint es mir durchaus von Nutzen, sein Horoskop zu kennen, allerdings nur, wenn man es versteht, seine Hinweise als Warnungen vor bösen Überraschungen zu begreifen.

Unter dem Aspekt der Liebe, des Ehepartners und der Kinder fand der alte Herr damals nur Sterne mit negativen Ausstrahlungen. Für ein weltliches Leben war mein Horoskop also eher ungünstig, während es für einen Geistlichen recht ideal erschien. Tatsächlich bin ich in den dreißig Jahren meiner Ordination und den 45 Jahren meines Erdenlebens noch von keiner Frau ernsthaft in Versuchung geführt worden. Natürlich kann ich nie wissen, ob eine Frau, ihre Augen auf mich wirft, ohne daß ich es bemerke. Ein Mönchsleben ist ja ein langes Leben!

Der Hochehrwürdige Ho Giac sagte einst: „"Nur wenn der Deckel des Sarges geschlossen ist, könnte man das letzte Urteil über den betreffenden Geistlichen fällen". Ich bin immer noch am Leben, und immer noch nicht ganz der Herr meines Karmas. So hoffe ich mit der Hilfe der Vajra-Weisheit und der Suramgama-Versenkung alle Versuchungen überwinden zu können.

Selten erfährt man ja das, was jemand versteckt tut. Aber einmal erfuhr auch ich über den Umweg des Geredes von der Liebe einer

Frau zu mir, von der ich bis zu diesem Augenblick keine Ahnung hatte. Jemand in der Pagode hatte wohl ihre Gefühle entdeckt und seine Entdeckung irgendwie preisgegeben. Als die ganze Pagode davon wußte, konnte auch mir das Gerücht nicht mehr verborgen bleiben. So wurde die Liebe dieser Frau zu mir auch zu einer öffentlichen Angelegenheit, mit der ich mich auseinandersetzen mußte. Als man diese Frau fragte, wie sie dieses Gefühl in sich habe enstehen lassen können, obwohl sie um meine Gelübde wüßte, antwortete sie: „"Auch wenn der Thay mich nicht liebt, begeh ich doch keine Sünde, wenn ich ihn liebe." Das brachte mich natürlich in eine ziemlich schwierige Lage, die allerdings so alt ist wie das Gelübde eines Bhikkhu. Selbst der Buddha und sein Schüler Ananda wurden in Versuchung geführt. Es ist ja nur natürlich, daß auch ich, ein Mensch wie jeder andere, diese Erfahrung machen mußte. Ich ermahnte mich aber, noch intensiver darauf zu achten, daß sich der Staub des Lebens nicht auf meinem Geist niederläßt.

Im Leben gibt es Höhen und Tiefen. Bei den Pflanzen genauso wie bei allen anderen Lebewesen. Sie wachsen, blühen prächtig auf und verwelken. Ich habe die Wahrheit über die Vergänglichkeit verstehen gelernt und mir meinen Weg gewählt: eine Zukunft in der Erfüllung meiner Pflichten in dieser Welt. Man denke an eine schöne Blume, so schön sie auch blüht, eines Tages wird auch sie verwelken. Ein menschliches Leben ist in dieser Hinsicht nicht anders. Es wäre ein großer Fehler des Gärtners, wenn er es verabsäumte, sich um das Saatgut und die Nachzucht seiner Pflanzen zu kümmern.

Zum Vesakfest 1987 erhielten wir wieder großzügige Spenden, so daß ich es wagen konnte, mich nach einer Baufirma umzuschauen. Aber auch die Auswahl der richtigen Baufirma ist gar nicht so leicht, wie man sich das gewöhnlich vorstellt. Während ich mit dem Einholen von Baukostenvoranschlägen beschäftigt war, hörte ich zwei Begebenheiten, die für mich sehr lehrreich waren.

Die erste Begebenheit erzählte mir ein Zahnarzt, der, als er sein Haus bauen wollte, drei Architekten beauftragt hatte, für ihn einen Entwurf auszuführen. Von den drei Entwürfen wählte er aber nur einen aus, nach dem sein Haus gebaut werden sollte. Nach der Fertigstellung des Hauses schickten ihm alle drei Architekten ihre Rechnung über 10% der Baukosten, ihren Architektenlohn. Daß alle drei Architekten ihm eine Rechnung geschickt hatten, das überraschte ihn, zumal er ja nur einen der drei Entwürfe gebraucht hatte, und so stellte er die Frage, wieso er denn die Entwürfe der beiden anderen Architekten bezahlen sollte.

Sie antworteten ihm, daß sich ihre Rechnung auf die Arbeit ihres Entwurfs bezöge. Selbst wenn er Ihren Plan nicht in dem Bau seines Hauses umgesetzt habe, hatten sie doch mit ihren Entwürfen Arbeit, und da er sie dazu aufgefordert hatte, diese Entwürfe anzufertigen, er also ihre Dienste in Anspruch genommen hatte, müßte er diese auch bezahlen. Die Angelegenheit kam vor Gericht. Das Gericht verurteilte den Zahnarzt, alle drei Entwürfe zu vergüten. Er hatte es tatsächlich versäumt, ein „unverbindliches Kostenangebot" einzuhohlen.

Die andere Begebenheit betraf einen Vietnamesen, der obwohl er sehr fleißig war, nur über schlechte deutsche Sprachkenntnisse verfügte. Er hatte nach einigen Jahren Arbeit so viel Geld gespart, daß er ein Haus erwerben konnte. Später eröffnete er sogar noch zwei Geschäfte. Eines Tages rief mich seine Ehefrau an und klagte mir ihr Leid. Ich hakte nach und ging auf ihr schönes Haus und ihre zwei Läden ein, konnte mir aber gar nicht vorstellen, wieso es ihr und ihrem Manne so schlecht erginge. Darauf erzählte sie mir, daß sie höchstwahrscheinlich einen der Läden verkaufen müßten, um das Eigenheim zu bezahlen. Jetzt staunte ich noch mehr. Hattet ihr nicht, so fragte ich sie, das Haus schon gekauft. Daraufhin erzählte sie mir, daß sie zwar vor zwei Jahren das Haus erworben hätten, nun aber mit einer Zahlungsaufforderung für das Grundstück konfrontiert worden seien. Sie seien damals davon ausgegangen, daß im Hauskauf auch der Kauf des Grundstücks eingeschlossen gewesen sei, was sich nun als Irrtum herausgestellt hätte.

Auch dieses Beispiel ermahnt uns, es niemals an der nötigen Umsicht fehlen zu lassen, bei allem, was wir tun, ganz besonders, wenn es sich um Verträge handelt oder wenn es um Dinge geht, für welche juristische Kenntnisse erforderlich sind.

Die deutschen Gesetze sind ihrer Komplexität wegen selbst für einen Deutschen nicht ohne eingehende Vorbereitung und juristischen Beistand zu verstehen. Wie schwer muß es dann einem Ausländer fallen, dem nicht einmal die Sprache geläufig ist, sich in dem System der Gesetze zurechtzufinden. Der Fehler lag auch in diesem Beispiel bei dem Käufer, der die gesetzlichen Bestimmungen, die seinen Vertrag betrafen, nicht kannte. Der Verkäufer wollte ihn, so weit ich den Tatbestand übersehen kann, nicht betrügen.

Welche Vorteile es also mit sich bringt, die Sprache des Asyllandes zu üben, kann man sich auch am Beispiel des Fahrkartenkaufs klar machen. Wenn man mit der Bahn reisen will, sich aber am Fahrkartenschalter nicht nach den Sonderangeboten oder den günstigten Verbindungen erkundigt oder nicht erkundigen kann, darf man sich auch nicht wundern, wenn der Fahrschein einem teurer kommt als nötig. Ist man jedoch in der Lage, am Schalter verständliche Fragen zu stellen, wird man erfahrungsgemäß auch gut beraten. Der Vorteil ausreichender Sprachkenntnisse liegt auf der Hand. Sie erleichtern die Konversation allgemein und vermeiden das Aufkommen unnötiger Mißverständnisse in komplizierteren Situationen. Obwohl es natürlich auch sehr nette Verkäufer gibt, die einen auch dann gut beraten und auf mögliche Alternativen hinweisen, wenn sie nicht ausdrücklich gefragt werden, darf man nicht damit rechnen, stets nur auf Personen mit dieser Einstellung zu treffen. Ich habe die Erfahrung gemacht, daß die Deutschen kein gieriges Volk sind. Aber ihre Gesetze und ihre Mentalität sind für einen Asiaten doch gewöhnungsbedürftig.

Aus Indien hörte ich die folgende Geschichte. Ein vietnamesischer Mönch wollte dort für den Bau einer Pagode ein

Stück Land in der Nähe von Bodh- Gaya kaufen. Als er sich mit dem Verkäufer einig war, sollte der Kauf nur noch vertraglich besiegelt werden. Aber bei dem Notar, zu dem sie gingen, um den Vertrag zu fixieren, erfuhr er, daß die 3000 Quadratmeter gar nicht demjenigen gehörten, der sich da anheischig gemacht hatte, sie ihm zu veräußern. Als ich diese Geschichte hörte, fiel mir auch wieder die Erzählung über den Dummen ein, der Wildenten gekauft hatte. Obwohl auch die Wildenten Enten sind, ist ihr Kauf für die Hauswirtschaft jedoch sinnlos. Setzt man sie nämlich zuhause im Freilandgehege aus, fliegen sie anders als die Hausenten davon. So stand der Mönch genauso wie der Dumme mit leeren Händen da.

Diese Geschichten haben sich alle tatsächlich begeben. Sie ermahnen jeden, der in fremden Ländern handeln und wandeln will, ohne mit den Einheimischen in Konflikt zu geraten, zuerst die Mentalität der Bewohner und dann die Gesetze des Landes zu studieren.

Ich wandte mich also an sieben Baufirmen unterschiedlicher Größenordnung in Hannover und Umgebung um einen Kostenvoranschlag. Die meisten Firmen haben sofort nach Ansicht unseres Bauplans abgesagt und zwar wegen des eigenwilligen Baustils, der zwischen asiatischen und europäischen Stilrichtungen pendelte. Andere Firmen fragten sofort nach unserer finanziellen Lage, nachdem sie den Bauplan gesehen hatten, und verweigerten daraufhin jedes weitere Gespräch.

Das Geld schien also wieder das erste Tor zu sein, das man öffnen mußte, um die nächsten Schritte tun zu können. Aber mir erging es letzten Endes doch anders. Das Geld erwies sich nämlich längst nicht so stark wie der Wille zum Erfolg. Gibt es nicht viele Leute, die reich und trotzdem erfolglos sind?

Ich habe es vergeblich versucht, einige der von mir angesprochenen Firmen umzustimmen, niemand von ihnen setzte Vertrauen in mich. Schließlich machte uns die Firma Mehmel ein Kostenangebot. Die Firma Mehmel und Herr Dr. Meihorst sind

Bekannte von Herrn Steinmann, der sie mit mir bekannt gemacht hatte. Herr Mehmel stellte uns eine Kostenkalkulation für den Rohbau über zwei Millionen DM vor. Seine Kalkulation war sogar noch billiger als die der anderen Firmen. Das war durchaus ermutigend, aber auch dieser günstige Preis war für uns zu diesem Zeitpunkt unerschwinglich.

Mein Kontoauszug sagte mir, daß ich zwar der stolze Besitzer einer Summe von 300000,--DM war, aber in Relation zu der für den Bau nötigen Summe doch immer noch viel zu wenig besaß. Mir kam es so vor, als ob ich mit kleinen Steinchen den Himmel pflastern sollte, besonders als ich an die Kalkulationen der anderen Firmen dachte, welche die Gesamtkosten für unsere Pagode mit sieben Millionen DM veranschlagt hatten und mich daraufhinwiesen, daß man wenigstens über zwei Drittel der Bausumme verfügen müßte, wenn man überhaupt mit dem Bauen anfangen wollte.

Ich schilderte Herrn Mehmel unsere Lage und erklärte ihm, daß wir Flüchtlinge wären, die sich einen geistigen Stützpunkt in einem fremden Lande wünschten, aber leider nicht über die Summe verfügten, die man üblicherweise für den Beginn eines Bauvorhabens bräuchte, wenngleich ich auch nicht an unserem Willen zweifelte, diese Summe in vereinter Anstrengung aufzubringen. So machte ich ihm den Vorschlag, die von seiner Firma geleisteten Arbeiten Zug um Zug zu bezahlen und jeweils immer dann mit dem Bau fortzufahren, wenn die Geldmittel wieder vorhanden wären. Ich wies ihn auch daraufhin, daß speziell die Buddhisten versprochen hätten, weiter zu spenden, wenn der Bau erst einmal begonnen hätte. Er zeigte Verständnis für unsere Lage, gestand auch die Logik meiner Argumentation ein und willigte schließlich in meinen Vorschlag ein. Daraufhin haben wir uns für die Firma Mehmel als Baufirma unserer Pagode entschieden.

Bevor die Bauarbeiten richtig anfangen konnten, wurden verschiedene Vermessungen vorgenommen, statische Berechnungen durchgeführt, und natürlich auch wieder eine Sammelaktion.

Von dem ganzen Land der Firma Beton Union, das 16000 Quadratmeter ausmaß, haben wir ein Viertel erworben. Um mit dem Bau beginnen zu können, mußte das Land neu vermessen werden. Ingenieure des Katasteramtes mußten unser Land markieren. Vier Grenzsteine wurden jeweils in den vier Ecken des Grundstücks eingelassen. Die gesamte Arbeit, die ungefähr drei Stunden dauerte, kostete die Pagode nochmals 6000,-- DM. Der Preis wurde anteilig nach dem Grundstückspreis berechnet. 1986 kostete uns ein Quadratmeter 135,-- DM. Nach acht Jahren ist der Preis wegen der Expo 2000 um das dreifache gestiegen. 1994 kostete ein Quadratmeter dieses Baulandes 550,--DM. Wir hatten also auch im Hinblick auf den Zeitpunkt unseres Grundstückkaufs durchaus Glück.

Der Architekt, Herr Tran Phong Luu, hat uns Herrn Connen aus Konz für die statischen Berechnungen vermittelt. Die statischen Berechnungen wurden von der Firma Auer aus München übernommen. Die Erduntersuchung machte die Firma von Herrn Meihorst. Alle diese Dienstleistungen wollten natürlich auch bezahlt sein. Nur Herr Meihorst hat darauf verzichtet, uns eine Rechnung zu stellen und bot sich uns außerdem auch als Bauberater an. Er hat uns wirklich außergwöhnlich tatkräftig geholfen. Für uns ist er nicht nur ein großer Förderer der Pagode, sondern auch ein Freund.

Seit der Grundstückseinweihung am Geburtstage Buddhas 1987 bis zu der Feier von 1989 konnten die Buddhisten an unserem Bauprojekt rein äußerlich keine Fortschritte beobachten. Viele machten sich deshalb schon ernste Sorgen und manche wurden auch einfach nur neugierig. Kaum einer von ihnen wußte um unsere Probleme und keiner von ihnen konnte natürlich auch von außen unsere Schwierigkeiten erkennen. Eines dieser Probleme war z.B. die Entdeckung von Betonresten in dem Erdgrund, die man während der Aushubarbeiten entdeckt hatte. Was sollten wir jetzt machen?

Als wir das Land erwarben, sagte uns der Eigentümer, daß

das Land baufähig sei und daß vorher auch kein Haus auf dem Grundstück gestanden habe. Unter dieser Voraussetzung hatten wir das Land gekauft. Glücklicherweise schaltete sich Herr Dr. Meihorst für uns ein. In Deutschland läßt man in einem Konfliktfall die Papiere reden und nicht die Menschen. Herr Dr. Meihorst machte uns mit einem guten Anwalt bekannt, der uns vertreten sollte, um für den Schaden Ersatz zu verlangen. Der frühere Eigentümer erstattete der Pagode daraufhin 50000,--DM zurück, eine Summe, die leider nicht hinreichte, um das Ausheben des riesigen Betonklotzes zu finanzieren. Die Firma Mehmel veranschlagte allein für das Ausheben der Keller des östlichen Flügels und die Entfernung des Betons 150000,--DM. Für den Mehrbetrag von 100000,--DM mußte natürlich die Pagode aufkommen. Mit seiner Rückerstattung eines Teilbetrages hat sich aber auch der frühere Eigentümer unseres Grundstücks als eine ehrbare Persönlichkeit ausgewiesen, schließlich hätten wir auch nichts daran ändern können, wenn er uns gar nichts zurückerstattet hätte.

Die "Ein-Quadratmeter-Aktion" war eigentlich nach dem Erwerb des Landes abgeschlossen, aber einige Buddhisten spendeten immer noch weiter im Rahmen dieser Aktion mit der Begründung, daß die Pagode das weiter eingehende Geld in den Bau investieren könnte. Ich selbst hatte auch noch keinen anderen Plan, außer die Ortsvereine noch einmal um Unterstützung zu bitten. Die meisten Vertreter der Ortsvereine trafen bei ihren Leuten auf Entgegenkommen, aber nicht alle. Es gab auch Ortsvereine, denen unser Projekt gleichgültig war oder die wegen der geschilderten Umstände sogar Lästerungen über die Pagode ausstießen. Diese Zeit war für mich eine harte Prüfung. Wem konnte ich mich noch anvertrauen? Mir blieben nur noch die Buddhas und Bodhisattvas.

Ich zitiere hier nur exemplarisch einige der Verleumdungen, die ich zu ertragen hatte: Warum will Thay eine so große Pagode bauen? Die Grundsteinlegung war ja schon vor zwei Jahren und bis jetzt rührt sich noch gar nichts. Was macht er mit dem vielen Geld?

Wie sollten die Kleinmütigen auch unsere Schwierigkeiten kennen. Das Geld, das ich verwaltete, gehörte den Drei-Juwelen (der Gemeinde). Ich würde es nicht wagen, auch nur einen Pfennig für mich selbst zu verwenden. Bis heute halte ich alle Bewohner der Pagode zur Sparsamkeit an, damit nichts von den Spenden verschwendet werde. Was zu diesem Zeitpunkt niemand von ihnen wissen konnte, war, daß unser Bauvorhaben ein sieben Millionen Projekt gewesen ist, aber die Pagode nur über 300000,--DM verfügen konnte. Wir konnten damals also gar nicht mit dem Bau beginnen!

Andere sagten: Thay Nhu Dien ist noch zu jung, er weiß noch nicht was Arbeit ist. Bevor man etwas anfängt, muß man auch alles kalkulieren. Er fragt nicht einmal die Alten um Rat. Nun: Sie hatten ja recht, daß ich relativ jung bin, aber immerhin habe ich von meinen 40 Lebensjahren 30 Jahre in Pagoden zugebracht. Außerdem glaube ich, daß das Erfolgsalter eines Menschen zwischen dreißig und fünfzig Jahren liegt. Davor oder danach werden ihm nur selten größere Vorhaben gelingen. Der vietnamesische Held Quang Trung Dai De, der das mächtige China besiegte, war kein rüstiger Mann von siebzig Jahren, sondern nicht älter als Dreißig, und er stellte gerade in diesem Alter seinen Wagemut und seinen Ideenreichtum zum Wohle Vietnams unter Beweis. Außerdem plante ich ja den Bau einer Pagode und keineswegs den eines Hauses. Wen von den Älteren hätte ich in diesem Falle um Rat fragen können? Pagoden bestimmten für mich weit mehr Zeit als die Häfte meines Lebens. Welcher Laie könnte ähnliches von sich behaupten? Also wußte ich von allen Beteiligten hier in Deutschland schon am besten, wie man eine Pagode baut. Ich frage also jene: Warum wollten plötzlich all jene, die selbst kaum einen Tag in der Pagode zugebracht haben, gerade jetzt nach ihrer Meinung über den Bau der Pagode gefragt werden?

Müßte ich ein Haus bauen, dann würde ich mich bestimmt an sie wenden und sie um Rat bitten. Schließlich sollten sie auch nicht vergessen, daß ich zwar an Lebensjahren jünger bin als sie, aber auf dem spirituellen Weg habe ich sie doch alle an Jahren überrundet.

Einige wagten es sogar, in ihrem Spott zu wetten: Wenn es Thay Nhu Dien gelänge, die Pagode zu bauen, dann würden sie für den Rest ihres Lebens mit dem Kopf nach unten gehen.

Heute ist die Bauabschlußfeier der Pagode längst Geschichte, aber wir haben noch keinen gesehen, der sein Versprechen wahr gemacht hätte und jetzt mit dem Kopf nach unten ginge. Die lockeren Zungen sind ja leider auch so vergeßlich. Diese Spötter haben die Veranwortung, die sie für ihre Rede haben, vergessen.

Einige behaupteten sogar, daß der Thay Nhu Dien sich ein Privatkonto in der Schweiz eingerichtet hätte. Welch himmelshohe Lüge. Wohin das lose Mundwerk doch so manchen treibt.

Verschiedenen Buddhisten, die sich auch für das Projekt der Pagode eingesetzt hatten, ist es nicht viel anders ergangen. Sie klagten mir öfter ihr Leid. Ihnen vertraute man an, daß man nicht daran glauben wollte, daß man ein so großes Bauprojekt so einfach abgewickeln könnte, wie Thay sich das vorgestellt hätte.

So zog sich in jener Zeit die Aufmerksamkeit vieler Spötter und Intriganten auf mich. Gute und schlechte Meinungen über mich kamen mir zu Ohren. Selten Lob, am häufigsten war die Kritik. Wo also konnte ich Trost finden? Jedesmal, wenn sich die Gerüchte über mich zusammenbrauten, zog ich mich zurück und trank Kraft aus der „Abhandlung über den König der Versenkung." Sie bot mir immer einen Ausweg an. Auch die morgendliche Meditation beantwortete mir mache Frage. In diesen Augenblicken erfuhr ich immer wieder die Gnade des Buddha, an die ich fest glaube.

Es ist sehr hart mit meinen Landsleuten zu arbeiten, besonders wenn sie um ihren Besitz fürchten, um ein Stück ihres Lebens. Alle Vietnamesen versuchen der Umwelt zu beweisen, daß sie fähige, talentierte Menschen sind. Wenn fremde Menschen unseren Willen beugen, dann scheint es gut; sollen sie aber ihren eigenen politischen oder geistlichen Führern folgen, werden sie aufsässig. Ich persönlich bin davon überzeugt, daß meine Auffassung über den Charakter meiner Landsleute und ihr Verhalten durch meine bäuerliche Abstammung bedingt ist. Oft benutze ich das Beispiel eines Pferdes oder eines Wasserbüffels. Ein Pferd, ein Wasserbüffel oder eine Kuh tragen nur ein Zaumzeug oder ein Geschirr und dulden auch nur einen Reiter oder einen Führer. Niemals könnte sie zwei Reitern oder zwei Führern gleichzeitig gehorchen. Die einzige Möglichkeit dies zu erreichen, besteht darin, die Reiter oder Führer zu wechseln. Nur dann spart man auch viel Zeit und Kraft bei dem Versuch meherer Reiter oder Lenker. Das ist auch die einzige Methode, die ich akzeptiere. Es ist sinnlos, wenn zwei oder mehrere Leiter an einem und demselben Projekt gleichzeitig arbeiten. Viele Landsleute behaupten, daß ich diktatorisch oder intolerant sei. Doch ich glaube, daß kein Direktor oder Regent, ob er nun einen Staat, eine Firma oder ein Kloster zu leiten hat, wesentlich anders handeln würde als ich.

Es gab auch eine Zeit, in der selbst die Mönche und Nonnen in der Congregation verzagt gewesen sind, und nicht mehr wußten, wie sie sich zu diesem auch für sie recht gigantischen Projekt verhalten sollten. Aber in dem einen Punkt waren wir uns alle einig, daß wir mit unserem Projekt fortfahren müßten und es keineswegs abbrechen dürften. Ihre Zustimmung und Unterstützung war mir eine große Hilfe, die mir immer wieder die Kraft gab, weiter zu arbeiten. Im Dhammapada steht:

> *„Lang ist dem Wachenden die Nacht,*
> *Die Meile lang dem müden Mann,*
> *Weltwand' rung lang dem Torenvolk,*
> *Das nicht die rechte Lehre kennt."*
> (60. Vers; Übersetzung von Nyanatiloka)

Die Lehre des Buddha hat nicht aufgehört zu existieren, sie gilt auch heute, also klingt sie auch weiter in meinen Ohren. Wie könnte ich es wagen, sie zu vergessen.

Jeder wirklich gute Ratschlag hätte mir in meiner Lage auch geholfen und jeder gute Ratschlag zur rechten Zeit wird mir auch in Zukunft helfen. Aber niemand hat mir einen guten Rat unterbreitet. So blieb mir gar nichts anderes übrig, als meine Kraft aus dem Suramgama-Mantra zu schöpfen, der Abhandlung über den König der Versenkung und der Meditation. Häufig traf ich deshalb auch meine Entscheidungen gleich nach der Morgenandacht.

Zu dieser Zeit dachte ich auch noch nicht daran, einen Kredit bei einer Bank zu beantragen. Ich forderte weiter meine Landsleute auf, zu spenden. Jeder sollte zehn oder zwanzig Mark pro Monat spenden. Und tatsächlich kamen auf diese Weise schon im ersten Jahr monatlich 20000,-- DM zusammen. Doch in den folgenden Jahren nahm die Spendenbereitschaft wieder erheblich ab. Heute, acht Jahre später, können wir uns schon glücklich schätzen, wenn wir im Monat zweitausend Mark an Spenden erhalten.

Aber ich will hier nicht nur von meinen Problemen berichten. Es gab auch Helfer. Viele von ihnen unterstützen mich bis heute und sie freuen sich mit mir über jeden Erfolg. Sie standen unserem Unternehmen immer aufgeschlossen gegenüber und waren davon überzeugt, daß jeder schließlich auch das erhalten werde, was er verdient.

Alle, die von unserer Leistung überzeugt und von ihrem Ergebnis begeistert sind, sagen sich: Wenn Thay die Pagode nicht gebaut hätte, wüßten wir Buddhisten nicht, was wir den anderen zu sagen hätten? Wer sonst sollte die Verantwortung dafür tragen? Sie sind fest davon überzeugt, daß die Dharmabeschützer mir die Idee eingeben haben und sie danken mir, daß ich stark genug gewesen bin, all die Mühen und Sorgen auf mich zu nehmen.

Um weitere Mittel für den Bau der Pagode zu erhalten, machte man mir damals auch den Vorschlag, daß ich mich an die Bundesregierung, an die Landesregierung von Niedersachsen und an größere deutsche Unternehmen wenden sollte, um sie um

Unterstützung für unsere Pagode anzugehen. Ich nahm diesen Vorschlag auf und schrieb rund 100 Briefe an verschiedene größere Firmen, von denen mir einige auch mit einer kleineren Spende geantwortet haben. Alles in allem brachte diese Briefaktion Spenden in einem Umfang von ca 2000,--DM ein. Gemessen an dem Ausmaß unserer Finanzlücke, war das leider nur ein Tropfen auf den heißen Stein. Auch das Kultusministerium der Landesregierung Niedersachsen sammelte für uns zehntausend Mark. Diese Aktion ist bis heute die einzige Unterstützung gewesen, die wir von der Landesregierung Niedersachsens für unser Projekt der Pagode erhalten haben.

Ich bin davon überzeugt, daß wir mit dem Bau der Pagode auch die Stadt Hannover um einen kulturellen und religiösen Schwerpunkt bereichert haben. Nicht nur die in Hannover lebenden Vietnamesen leisten ihren wirtschaftlichen Beitrag für die Stadt, von den vielen Besuchern der Pagode aus dem In- und Ausland profitieren auch diverse Gewerbe in der Stadt und die Verkehrsbetriebe. Jedes Jahr besuchen ca. zwanzig- bis dreißigtausend Vietnamesen die Pagode in Hannover, die damit der Stadt zusätzliche Einnahmen verschafft, während im Gegenzug die Stadt Hannover selbst die Pagode bislang höflich ignoriert hat.

Die Bundesregierung unterstützt die Pagode seit 1980. Dank dieser Unterstützung konnten wir die Miete bezahlen, unsere Kulturabende veranstalten, unsere Zeitschrift herausgeben und unsere Bücher drucken. Jedes Jahr bekamen wir ca 100000,-- DM von der Bundesregierung. In den 15 Jahren, in denen wir die Unterstützung der Bundesregierung erhielten, hat uns die Bundesrepublik Deutschland mit einem Betrag von einer Million und fünf hunderttausend Mark (1,5 Mio DM) geholfen. Das war und ist immer noch eine sehr großzügige Hilfe, für die wir Buddhisten und alle Vietnamesen uns auch ganz herzlich bedanken.

Auch mein leiblicher Bruder, Ehrwürden Thich Bao Lac, der in Australien wirkt, wurde von der australischen Regierung großzügig unterstützt. Er ist Abt der Pagode Phap Bao, die auf einem 5000 Quadratmeter großen Grundstück steht. Für dieses Grundstück muß Ehrwürden Thich Bao Lac nur einen symbolischen Betrag von einem australischen Dollar pro Jahr bezahlen. Diese Regelung gilt dort für 60 Jahre. Viele meiner Bekannten kommentierten unsere Arbeit: „"Die Brüder Nhu Dien und Bao Lac sind ein gutes Beispiel für die übernatürliche Begünstigung der Buddhas." Sie kamen wohl zu diesem Schluß, weil wir beide, mein Bruder und ich, in unser beider Leben mehr Nutzen als Nachteile erfahren haben. Beide wurden wir von den Regierungen unserer Asylländer unterstützt, was manche mit möglichen karmischen Verdiensten diesen Ländern gegenüber in unseren vergangenen Leben in Verbindung bringen.

Man fragt mich auch oft, warum die deutsche Regierung uns so herzlich hilft? Ich antworte dann, daß die Deutschen gutherzig seien und ihr Land reich ist und glaube damit recht zu haben. In Asien kennt man das Sprichwort „Reichtum paart sich mit Schicklichkeit". Mehr als das aber bin ich davon überzeugt, daß die Religionen viel zu einem stabilen sozialen Gefüge beitragen. Ungefähr 80% aller Vietnamesen sind Buddhisten. Die deutsche Regierung half den Vietnamesen mit dem Aufbau ihrer religiösen Aktivitäten auch, die Ordnung ihres sozialen und kulturellen Lebens wiederherzustellen. Andere europäische Länder könnten sich daran ein Beispiel nehmen.

Der Hochehrwürdige Thich Ho Giac lobte einst meine Familie: „Ihre Eltern haben diesem Leben und der Religion zwei Rosen geschenkt." Auch der Hochehrwürdige Thich Giac Nhien sowie andere Hochehrwürdige ehrten meine Familie verschiedentlich mit ihrem Lob, der alles in allem auch etwas über eine Familie aussagt, die zwei Ordinierte hervorgebracht hat.

Während der Jahre von 1987 bis 1989 erinnerte ich mich des öfteren an die Worte des Hochehrwürdigen Thich Thien Dinh, und zwar immer dann, wenn ich das Grundstück der Pagode anschaute.

Er sagte damals, daß es mein Schicksal sei, Wasser aufzufangen, und das Grundstück ideal für mich und unser Projekt wäre. Könnte es sein, daß er recht behalten hat? Jedes Mal, wenn wir eine Veranstaltung haben, regnet es oder es ist im günstigsten Falle bewölkt. Während der Himmel eine Woche vorher noch strahlte und nachher schon wieder strahlt, hat es noch jede Woche, in der wir unser Fest feiern wollten, geregnet, ganz gleich ob wir es in die Monate Mai, Juni, August oder September verlegten, es regnete immer. Anders als mir erging es dem Ehrwürdigen Thich Tanh Thiet in Lyon, dessen Feiern immer von gutem Wetter begleitet wurden, selbst dann, wenn es kurz zuvor noch geregnet hatte und nach seinen Festen der Regen wieder einsetzte. Offensichtlich gibt es noch vieles in dieser Welt, auf das wir keine Antwort wissen, und es scheint auch niemand da zu sein, den wir über diese Dinge befragen könnten.

Nach der Auskunft des Astrologen, von dem ich schon sprach, steht mein Leib in dem Feld, das Geld bedeutet. Vielleicht ist das der Grund, warum mir das Geld wie Wasser zufließt, aber auch ebenso schnell wieder von mir abfließt. Damals als ich in die Hauslosigkeit ging, dachte ich weder an eine akademische Ausbildung noch an die Gründung einer der größten Pagoden in Europa. Das alles muß mit meinem guten Karma des letzten Lebens zusammenhängen. So wurde mir prophezeit, immer mit sehr viel Geld in Verbindung zu stehen, während mein persönliches Schicksal nicht unter der Obhut eines Hauptsterns stünde, weshalb ich auch all das Geld, mit dem ich in Verbindung stehe, nicht für mich und bei mir behalten kann. Die Unbeständigkeit dieser Welt liegt ja für alle sichtbar auf der Hand. Die buddhistische Lehre über das Sein und seine Leerheit ist allgemein gültig.

Ich habe die Linden, die das Grundstück der Pagode umsäumen, immer mit großer Freude betrachtet. Ihre Blätter haben eine ähnliche Form wie die Blätter des Bodhibaums. Jede Jahreszeit hinterläßt ihre Spur an den Bäumen. Bei der Betrachtung der Pflanzen empfinde ich die Vergänglichkeit und die Unendlichkeit dieses Universums sehr tief. Die Pflanzen wuchsen wie aus dem Nichts hervor, welkten und verfaulten zu Dünger, der wieder anderen Pflanzen das Wachstum ermöglicht. Das stete Werden in der Vergänglichkeit offenbart uns ein wundersames Etwas. Wenn wir den Pflanzen die richtige Beachtung schenken und sie mit Liebe hegen und pflegen, dann gedeihen sie auch gut und richtig. Diese Erfahrung macht man auch am Gegenteil. Wären wir kein Naturgeist, die Natur würde sich uns nicht öffnen. Auch wenn der Bohdibaum, der Baum der Erleuchtung, hier in diesem kalten Land nicht gut gedeiht, heißt das noch lange nicht, daß sich die Heilslehre nicht den Menschen des Okzidents öffnen könne und auch ihnen die von allen Menschen ersehnte Erleuchtung zu bringen vermöchte.

Ich habe die Deutschen als sehr sensible Menschen kennengelernt, die auch sehr intelligent sind und stolz auf ihre Kultur. Auch die Kultur läßt sich mit einer schönen Blume vergleichen. Deshalb sollten auch die Deutschen die buddhistische Blume in ihrem geistigen Garten einpflanzen. Je mehr Pflanzen sie in ihrem Garten haben, desto schöner ist er. Der Buddhismus existiert nun in Deutschland. Sicher wird der Buddhismus seinen Duft der Barmherzigkeit in dem geistigen Garten der Deutschen und der Menschen auf der ganzen Welt verbreiten.

Die Zwei Periode

Auf der Suche nach der geeigneten Firma

Endlich ist der ersehnte Tag gekommen. Der Tag des Baubeginns war der 19. Mai 1989. Es war der vierte Vollmondtag im Jahr 2533 des buddhistischen Kalenders. Kurz zuvor habe ich bei der Firma Mehmel vorgesprochen und sie gebeten, die Bauarbeiten rechtzeitig zu unserem Vesakfest zu beginnen. Das erschien mir aus psychologischen Gründen besonders wichtig, damit die Buddhisten, die zum Fest kämen, etwas zu sehen bekämen, was sie erfreuen würde. Endlich könnten auch die Sinne etwas von dem Prozeß wahrnehmen, in dem das Projekt unserer Pagode sich befand. Herr Mehmel hatte Verständnis für meine Gründe und wies seine Arbeiter an, genau zu diesem Termin ihre Arbeiten auf unserem Grundstück aufzunehmen. Und obwohl dieser Tag ein Samstag war, an dem in Deutschland die Arbeit in vielen Branchen ruht, haben die Schachtarbeiter und die Maurer an diesem Tag auf unserem Grundstück gearbeitet. Die Freude unserer Besucher fand ihren Ausdruck in einer gesteigerten Spendenbereitschaft, zu der sie der Anblick der endlich beginnenden Bauarbeiten zu motivieren vermochte.

Die unschönen Gerüchte und die üblen Nachreden hatten sich genauso wie meine Sorgen in der Freude der Aufbruchstimmung verflüchtigt. Mag sein, daß die Mißgünstigen auf eine neue Gelegenheit warten, um wieder drauflos zu schwatzen, zu diesem Zeitpunkt jedenfalls hatte ihnen das Geschehen allen Wind aus den Segeln genommen. Komme es wie es wolle, ich halte mich so gut ich kann an die Regel der Abhandlungen über den König der

Versenkung. Diese Regel ist ein Hilfsmittel für jeden Menschen, der sich in einer verzwickten Situation befindet.

DIE ZEHN REGEL DES GEISTES

1. Wünsche niemals einen völlig gesunden Körper, denn mit ihm verfällt man leichter der Begierde.

2. Wünsche niemals ein Leben frei von Beschwernis, denn es ist ein fruchtbares Feld für den Hochmut.

3. Wünsche niemals einen allzu scharfen Verstand bei der Prüfung des Geistes, denn er verschließt sich dem Lernen.

4. Wünsche niemals eine Praxis ohne Störung, denn der Wille würde dann leicht an seinem Ziel irre.

5. Wünsche niemals eine Leichtigkeit des Könnens, denn sie provoziert nur den Leichtsinn.

6. Wünsche niemals eine Bekanntschaft nur des Vorteils wegen, denn die Vorteilssucht würde alles andere verschlucken.

7. Wünsche niemals, daß sich die Menschen nach dir richten, denn der Stolz würde dich blenden.

8. Wünsche niemals die Dankesschuld der Anderen, denn deine Taten würden nur noch von Absichten bestimmt sein.

9. Wünsche niemals die Beteiligung an einem günstigen Geschäft, denn es würde die Verblendung nur verstärken.

10. Wünsche niemals, dich von einer Verleumdung reinzuwaschen, denn das ist nur ein Ausdruck der Ich-Verhaftung.

Deshalb, lehrte Buddha:

- Betrachte Krankheit als eine zauberhafte Medizin

- Betrachte das Unglück als eine Erlösung

- Betrachte Unverständnis als eine reizvolle Ermunterung zum Lernen

- Betrachte den Widersacher als spirituellen Freund
- Betrachte Schwierigkeiten mit Freude
- Betrachte Verräter als Hilfsbedürftigte
- Betrachte den Gegner als Freund
- Betrachte die geleistete Hilfe als weggeworfene Schuhe
- Betrachte das Loslassen von Gewinnstreben als eine Auszeichnung
- Betrachte den Verruf als Tor zum Dharma

Wenn wir den Hindernissen als Tatsachen begegnen, werden wir besser über sie hinwegkommen, als wenn wir sie fliehen. Der Buddha erlangte die Erleuchtung auf dem Weg der Überwindung von Hindernissen. Devadatta und Angulimala waren Übeltäter, die Buddha schaden wollten, aber Buddha hat sie trotzdem bekehrt. Genau besehen, waren es gerade die Hindernisse, die er überwand, welche Buddha den Menschen so kraftvoll und großartig erschienen ließen.

Heute wagen die Schüler der Lehre sich nicht, den Schwierigkeiten auszusetzen. Wenn sie dann tatsächlich einem echten Hindernis begegnen, werden sie daher von ihm überfahren. Die elde Lehre wurde dadurch geschwächt und und sie wird es weiter bis sie schließlich ganz verschwindet. Wie Schade!

(Abhandlung über den König der Versenkung)

Kommen wir zu unserem Bericht über den Bau der Pagode zurück. Zuerst sollte die Andachtshalle fertiggestellt werden. Aber bevor das möglich war, mußte der Keller des Westhauses gebaut werden. Von der gesamten Klosteranlage ist nur das Westhaus unterkellert. Bei den anderen Teilen der Anlage haben wir darauf verzichtet.

Der Architekt Tran Phong Luu war in Vietnam bis 1975 ein Dozent an der architektonischen Fakultät der Universität Saigon. Er hatte schon in Vietnam Pläne für verschiedene Kirchen entworfen, brachte also auch für unser Projekt die nötigen Erfahrungen mit. Nach dem er nach Deutschland kam, zog er 1983 nach Hannover in die Pagode. Er bot uns sein Wissen über die vietnamesische Architektur und seine beruflichen Kenntnisse an und die Möglichkeit, sie auch in diesem Land zu verwirklichen. Ich bin gerne auf sein Angebot eingegangen. Er versuchte eine Synthese zwischen den Traditionen der vietnamesischen und der westlichen Architektur. Aus diesem Grunde stellt unsere Pagode weder eine Kopie einer traditionellen asiatischen Bauform dar, noch den Versuch eines westlichen Zweckbaus. Sie ist wie jede Synthese anders als die Ausgangselemente, die sie in sich vereinigt hat. Sie zeigt genug Anspielungen auf asiatische Stilmittel und genügt dennoch den technischen Erfordernissen eines Bauwerks des 20. Jahrhunderts. Unsere Pagode hat jede Einrichtung, die für eine Pagode erforderlich ist: eine Andachtshalle, eine Mehrzweckhalle mit Bühnensaal, einen West- und Ostflügel, einen Turm, eine Glocken- und eine Trommelecke und manches andere mehr. Aber die Zimmer wurden nach den Erfordernissen und dem Geschmack unserer Zeit gestaltet.

Der Bericht des Architekten Tran Phong Luu, den er anläßlich unseres Richtfestes über den Bauablauf vom 19.05.1989 bis zum 18.05.1990 angefertigt hat, beschreibt das unmittelbare Geschehen am Bau selbst besser als ich es könnte. Daher gebe ich ihn hier wieder. Nach der Lektüre dieses Berichtes wird nicht nur die Situation deutlicher, in der wir uns befanden, sondern ausgehend von ihr werden auch unsere Bemühungen und Entscheidungen noch besser zu verstehen sein.

Zeremonie der Grundsteinlegung am 16.05.1987 unter Leitung des Hochehrwürdigen Thích Thiền Định und des Ehrwürdigen Thích Minh Tâm aus Frankreich.

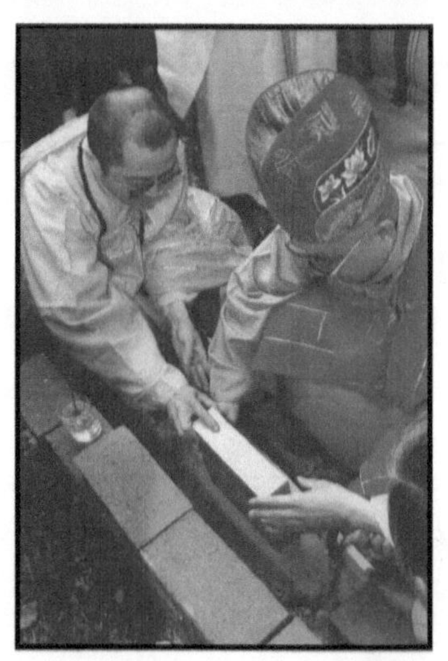

Bauablauf der Pagode Vien Giac

(von Architekten Tran Phong Luu)

Früh morgens um 6 Uhr 30 am Freitag, den 19 Mai 1989, das ist der vierte Vollmond des Schlangenjahres 2533 im buddhistischen Kalender, begannen die Bauarbeiten. Ihnen voraus gingen mühselige Vorbereitungen und bange Erwartungen. Die Grundsteinlegung lag zwei Jahre zurück, sie fand am 16. Mai 1987 statt. Am Tag des Vesakfestes 1988 wurden verschiedene Vermessungen durchgeführt. Die Bautafel wurde zum Ullambanafest des gleichen Jahres aufgestellt. Im September traf die Baugenehmigung der Stadt Hannover ein. Ab jetzt konnten die detailierten Pläne angefertigt werden. Die statischen Berechnungen haben wir einem Ingenieur in München anvertraut. Danach mußte eine Baufirma gefunden werden, die bereit war, mit uns und nach unseren Vorstellungen zusammenzuarbeiten. Unter sieben Firmen chinesischer, französischer und deutscher Provenienz, entschieden wir uns für die Firma Mehmel.

Die Firma Mehmel hat beispielsweise in den 20ger Jahren das Anzeigerhochhaus der Hannoverschen Allgemeinen Zeitung in der Nähe des Haltepunktes Steintor von Hannover gebaut, ein Gebäude mit einem Halbkugeldach.

Am Tag des Baubeginns brachten ihre Arbeiter das technische Gerät und ihre Baucontainer auf unser Grundstück. Sie halfen uns vorher schon bei der Aufstellung der Bautafel. Auf der Bautafel wurden die Namen aller am Bauprojekt beteiligten Firmen und Personen angeschlagen. Der Name des Bauprojekts hieß „"Lotus Begegnungsstätte".

Die Aushubarbeiten wurden von einem älteren Arbeiter, der 58 Jahre alt war, durchgeführt. Mit der Stahlschaufel seines Baggers hob er solange den anfallenden Sand, die Steine und die Erde aus, bis er auf einen Betonklotz stieß. Dieser Betonklotz war für uns keine angenehme Überraschung.

Bevor die Arbeiten weitergehen konnten, mußte eine Untersuchung der oberen Erdschicht des Grundstücks durchgeführt werden. Jeder Quadratmeter Erde wurde geprüft. Das brachte neue Probleme und neue Kosten mit sich, auf die wir nicht vorbereitet waren. Unsere finanziellen Mittel waren ja begrenzt.

Dementsprechend wurde auch die Anzahl der Mitarbeiter sehr reduziert. Auch hatte die deutsche Firma nur wenig Erfahrung mit unserem, für sie fremdartigen Baustil.

Ein Bauprojekt dieser Größenordnung beansprucht technisch hochentwickelte Maschinen. Auch hier bei uns wurde die modernste Technik eingesetzt. Das kostet natürlich Unmengen Geld. Leider erreichten unsere eigenen Finanzmittel nicht einmal ein Zehntel der benötigten Bausumme.

Über mich stürzten jetzt eine Vielzahl von Problemen ein, ich wußte kaum noch, wo mir der Kopf stand. Angesichts der überraschenden Entdeckung des Betonklotzes auf unserem Baugrund mußten alternative Entwürfe und Baupläne gezeichnet werden. Die Bauarbeit mußte aber auch weiterhin beaufsichtigt werden. Die Aufteilung der Arbeiten galt es außerdem so zu koordinieren, daß auch vietnamesische Hilfskräfte eingesetzt werden konnten, um wenigstens auf dem Sektor der Arbeitskosten einiges wieder einzusparen.

Unser Projekt wurde in die höchste Stufe der Bauordnung des deutschen Baugesetzes eingestuft. Wegen seines kulturellen Charakters war für das Projekt die 4. Bauordnung maßgeblich, wegen seiner religiösen Funktion außerdem noch die 5. Bauordnung.

Die vietnamesische Baukonstruktion war auch für die an sich erfahrenen westlichen Bauarbeiter immer wieder ein Anlaß des Staunes und der Überraschung. Die detaillierten Pläne wurden in 22 Stufen gezeichnet, die kleineren Pläne nicht mitgerechnet. Außerdem wurde ein farbiger Plan angefertigt, um die Anweisungen besser erklären zu können. Darüberhinaus stand uns auch ein Modell der Andachtshalle zur Verfügung. Dieses Modell war das Ergebnis der Diplomarbeit eines vietnamesischen und eines deutschen Ingenieurs an der Fachhochschule Münster.

Das Projekt bebaut ein Grundstück von 4000 Quadratmetern (80m x 50m) an der Ecke der Karlsruher Straße und der Eichelkampstraße. Laut Katasterkarte ist es das Flurstück 92/14, Flur 3, Gemarkung Wülfel und Gemeinde: Landeshauptstadt Hannover.

- Die bebaute Fläche beträgt 1505,76qm. Davon beanspruchen die Hauptgebäude 815,38qm, die Nebengebäude 665,76qm und der Turm 25,07qm.

- Die Gesamtbauoberfläche beträgt 3351,22qm. Davon kommen auf das zweistöckige Hauptgebäude 1630,76qm, auf die zweigeschossigen Nebengebäude 1550,67qm und auf den siebenstöckigen Turm 175,49qm.

- Die Nutzfläche beträgt insgesamt 2106,24qm: Auf das Hauptgebäude entfällt 942,79qm, auf die Nebengebäude kommen 1015,25qm und der Turm beansprucht 148,19qm.

- Die gesamte Konstruktion erfaßt ein Volumen von 12734,50 Kubikmeter: Auf das Hauptgebäude kommen davon 8113,02 Kubikmeter, auf die Nebengebäude 4257,97 Kubikmeter und auf den Turm 363,51 Kubikmeter.

Das Hauptgebäude besteht aus zwei Stockwerken. Der obere Stock dient als Andachtshalle mit einem Altarraum. Das Erdgeschoß wurde als Mehrzweckhalle ausgelegt, besitzt eine Bühne und zwei Erhebungen, die als Getränke-Ecke und Ausstellungsplatz für Kunstwerde oder Photographien verwendet werden können.

Die gleichfalls zweigeschossigen Nebengebäude besitzen insgesamt 56 Räume. Von diesen werden 8 als Lagerräume und

13 als Sanitärräume genutzt. Die deutschen Bauvorschriften geboten uns, die Installation von 32 Waschbecken, 10 Duschen, 2 Badewannen und 30 Toiletten.

Im Kellerraum wurden die Heizungsanlage untergebracht, die Gefrierschränke, die Lagerräume für Konserven und getrocknete Lebensmittel sowie andere Nutzgeräte.

Im Erdgeschoß des Westflügels befinden sich die Küche, das Eßzimmer und der Ruheraum für das Küchenpersonal. Im Erdgeschoß des Ostflügels wurden die Büroräume, die kleine Halle für den Religionsunterricht und die Gästezimmer für die Gastmönche eingerichtet.

Im Dachgeschoß haben wir die Option, weitere 20 Räume auszubauen, die dann den Novizen zur Verfügung stehen. Auch sollten viele Fenster eingebaut werden, damit die Flure des Ost- und des Westflügels Licht erhalten. Darüberhinaus besteht die Möglichkeit, dort oben einen Wintergarten einzurichten. Und wenn dann noch Mittel zur Verfügung stehen, kann die Pagode auch noch Sonnenenergieanlagen einbauen.

Am Abend des 23. Mai 1989 hatte der Kragemeister endlich mit seiner Gruppe den Betonklotz freigelegt. Der Klotz lag unglücklicherweise genau an der Stelle, an der wir den Keller ausheben wollten. Er sollte 9,9m lang, 7,2m breit und mindestens 1,55m tief sein.

Der Kragemeister setzte eine Stahlkugel ein, die 1,5 Tonnen wog. Ihr Gewicht ließ er von ausreichender Höhe auf den Klotz fallen, um ihn zum Bersten zu bringen. Dabei stellte sich heraus, daß an einigen Stellen im Beton Stahlbünde eingezogen waren, die genau das erwartete Bersten verhinderten. Diese Betonbewehrung gehörte offensichtlich zu einem früheren Gebäudekomplex. Um sie völlig entfernen zu können, mußte ein sog. Krupphammer mit einem Bohrdruck von 600kg eingesetzt werden. Die Beseitigung jenes unvorhergesehenen Hindernisses hat uns drei volle Arbeitstage zusätzlich gekostet.

Also konnten die eigentlichen Unterkellerungsarbeiten erst am 1.6.1989 anfangen. Vorher wurde auch noch ein Kran aufgestellt, der eine Höhe von 26 Metern maß und dessen Hebelarm 40m lang war. Der Kran fuhr auf Schienen mit einer Streckenlänge von 30 Metern.

Während die eine Arbeitsgruppe noch mit dem Abtransport der Betonreste beschäftigt war und die ausgehobene Erde abfuhr, zimmerte eine andere schon die Formen für die Einschalungen des Fundaments.

Seit dem 5. Juni floß ab 10.°°Uhr der erste Beton in die Fundamenteinschalungen der Unterkellerung. Die Betonwagen kamen im 5 Minutentakt. Der Beton wurde in große Trichter gefüllt, die dann vom Kran zu den Schalungsöffnungen transportiert wurden. Dort ließen die Arbeiter den Beton in die Schalungen laufen und sorgten dann mit Rüttlern dafür, daß sich der Beton gleichmäßig absetzten und die Luft aus der Betonmasse befreien konnte. Am darauffolgenden Tag konnten die Einschalungsbretter schon wieder entfernt werden. Nachdem die Unterkellerung soweit vorbereitet war, konnten auch die Erdarbeiten für das Fundament des Hauptbaus beginnen. Der Keller wurde dann zusammen mit dem Fundament des Hauptbaus gegossen.

Die Stahlbewehrungen, Matten und Stangen, wurden für die Betonierung vorbereitet, nach Maß zugeschnitten, zurechtgebogen und gebunden. Weil es sehr trocken und heiß war, mußte der frisch ausgegossene Beton in regelmäßigen Abständen gesprenkelt werden.

Am 22.Juni wurden die Stahlarbeiten vom Bauamt abgenommen.

Am 30.Juni, fing die erste vietnamesische Hilfsgruppe mit ihrer Arbeit an. Das Kellergemäuer mußte mit Teer versiegelt werden.

Nachdem die Wände mit Teer ausgestrichen waren, wurden sie mit Styropor- Platten beklebt.

Im Monat Juli konnte dann schon innerhalb des Kellers selbst gemauert werden. Weitere Teile des Fundaments vom Hauptbau wurden gegossen. Die Außenwand des Kellers hat eine Stärke von 36,5cm. Das Fundament der Wände ist 2,2m breit und 1m tief. Die Stahlstangen der Bewehrung ragten aus dem Beton heraus wie die Arme eines Polypen. Schon der Anblick des Fundaments ließ die Größe des Baukomplexes erahnen. Ein Politiker der alten vietnamesischen Regierung wagte bei seinem Besuch der Pagode einen prognostischen Vergleich: „Man braucht nur das Fundament der Pagode zu sehen, um zu erkennen, wie stark der vietnamesische Buddhismus in Deutschland werden wird".

Vor jeder Betonierphase wurde der Stahl von den Mitarbeitern des Büros von Herrn Dr. Meihorst geprüft und das Bauamt schickte auch immer seine eigenen Prüfer um die Arbeiten abzunehmen.

Am 12.Juli wurde die Erde um das Fundament des Hauptbaus schon wieder festgestampft. Unterdessen stellten die Arbeiter die Einschalungen für den Boden des Westhauses her. Auch die Form für ein Kreisfenster wurde gebaut.

Im August wurden die Säulen, die Wände und die Bühne des Untergeschosses vom Hauptbau gegossen. Diese Arbeit dauerte bis Mitte September. Danach trafen die Arbeiter ihre Vorbereitungen für die Betonierung des Fußbodens der Andachtshalle, d.h. das Obergeschoß des Hauptbaus wurde in Angriff genommen. Auf diesen Arbeitsgang folgte der Guß der Säulen und Wände des Altarraums. Die Säulen der Andachtshalle sollten besonders stabil sein. Der Durchmesser der Säulen beträgt 35cm, ihre Höhe mißt 5 Meter. Im Innern jeder Säule wurden 27 Stäbe mit einem Durchmesser von 2,5cm eingebaut. Die Arbeiter mußten sie in 2 Kreisen binden, so daß Beton und Kies durchfließen konnten.

Je länger wir mit den Deutschen arbeiteten, je mehr der Bau seine Gestalt annahm, desto deutlicher wurde mir, daß die Anforderungen an die Stabilität seitens der deutschen Normen zu hoch waren. Der Sicherheitfaktor wurde zu hoch veranschlagt und dementsprechend wurden auch die Kosten hoch getrieben. Ein Rohbau nach den deutschen Normen kostet mehr als das Doppelte als nach den amerikanischen Normen und mehr als das Fünffache eines Baus nach den französischen Normen, aber mehr als das Zehnfache eines Baus nach den vietnamesischen Normen.

Die Außenwände des Hauptgebäudes wurden mit Porotonsteinen gemauert, während für die Innenwände der Kalkstein genommen wurde. Im Abstand von 3 Metern wurde ein Ringanker gegossen. Die Betonarbeiter fertigten auch die Rundfenster der Vorder- und der Hinterseite. Auf den Mauern ließ man den Platz für den Stahl und die Anker frei, um die späteren Dacharbeiten zu erleichtern. Die Gießer haben für uns auch Schmuckelemente im vietnamesischen Stil gegossen, die dann später über der Säule vor der Halle angebracht wurden.

Ende November 1989 bemühten wir uns um die Kostenvoranschläge für die Holzarbeiten des Dachs. Mitte März 1990 hat sich dann der Abt für die Firma Steinmann entschieden.

Als am 26.03.1990 der Kran ausfiel, schlug der Polier vor, schon mit den Arbeiten am Westflügel zu beginnen. Das war zwar eine Woche früher als geplant, aber uns war das nur recht.

Am Morgen des 29.06 wurden die Holzformen für die runden Fenster abgenommen. Zu diesem Zeitpunkt konnten wir den Rohbau des Hauptgebäudes als abgeschlossen betrachten. Allerdings mußten wir noch die Holzarbeiten für das Dach abwarten, bis wir auch die noch frei gelassenen Spalten zwischen dem Holz und dem Mauerwerk füllen konnten.

Nach dem Abschluß der Deckenarbeiten in der Mehrzweckhalle machten sich 2 Arbeiter daran, die Betonreste zu entfernen und alle

Löcher zu stopfen, denn wir wollten die Decke in diesem Zustand belassen und nicht verkleiden.

Freitag mittag hatten wir dann für die Betonarbeiter ein Dankesessen vorbereitet, da sie erst wieder zur Betonierung der Böden der Nebengebäude wiederkommen sollten.

Auch die Holzarbeiter wurden zu einem Vorgespräch eingeladen, denn wir hatten geplant, am 18. Mai das Richtfest der Pagode zu feiern.

In dem nächsten Bauabschnitt wurden der Ostflügel, der Turm und das Tor gebaut. Auch das Dach wurde gedeckt. Wenn alles so weiter verläuft, wie wir es geplant haben, dann so hoffen wir, kann die Pagode schon im Juli des nächsten Jahres, also 1991, eingeweiht werden.

Tran Phong Luu, Architekt (9.4.1990)

Die letzten Schritte zum Richtfest

Herr Tran zog mit dem Beginn des Bauprojekts zu uns in die Pagode. Er beaufsichte den Bau und betreute die deutschen Arbeiter, während ich mich um die Beschaffung des Geldes und die Kontakte mit den Vietnamesen kümmerte.

Als die Außenwände des Kellers fertig waren, übernahmen zwei Buddhisten, Thien Luong und Quang Niem, die Fixierung des Wasserschutzes für den Keller. Bei Vertragsabschluß mit der Firma Mehmel hatten wir ja, wegen der Knappheit unserer Finanzmittel, auch Eigenleistungen vereinbart, d.h. auch den Arbeitseinsatz von Vietnamesen, die sowohl ihre Arbeitskraft als auch ihre speziellen Qualifikationen als Spende in unser Projekt einbringen wollten. Dies geschah also im Einvernehmen mit der Firma Mehmel.

Viele unserer Landsleute nahmen hocherfreut die Arbeiten an der Unterkellerung der Pagode zur Kenntnis, andere aber machten sich immer noch Sorgen um die Finanzierung des Projekts. Nach einem Monat Arbeit stellte die Baufirma uns eine Rechnung über 150000,-- DM. Wir hatten auf unserem Konto der Pagode noch 300000,--DM und während des Vesakfestes wurde wiederum großzügig gespendet. Also bezahlte ich die Rechnung mit ruhigem Gewissen, obwohl die Pagode in dieser Zeit häufiger Rechnungen erhielt, die eine Größenordnung von 100000,-- DM überstiegen.

Ich war ständig darauf vorbereitet, irgendeine Rechnung zu bezahlen. Hier die Übersicht zu bewahren, das war wahrlich keine leichte Aufgebe für mich. Manchmal fühlte ich mich wie ein Schwimmer, dem die Kraft ausging, weil er schon zu lange geschwommen ist, und der, obwohl ihn die Kräfte verließen, weit und breit kein rettendes Ufer ausmachen konnte. Bei unserem Projekt mußte die Bauarbeit unbedingt weitergeführt werden.

Selbst wenn wir die Arbeit abgebrochen hätten, hätten wir doch die Löhne fortzahlen müssen. Das schrieb das deutsche Gesetz vor. Es war also unsere Pflicht, die Arbeiter kontinuierlich zu beschäftigen. Der Schlüssel, für mich, war nicht das Geld, sondern die Zeit und der Wille. Das waren für mich zwei sehr wichtige Faktoren. Was hätte uns das Geld genutzt, wenn es uns an dem nötigen Willen gefehlt hätte, und was hätte uns das Geld genutzt, wenn wir keinen guten Plan gehabt hätten.

Die großen Helden der vietnamesischen Geschichte waren stets Menschen mit Willensstärke. In Vietnam sagt man: „Klug ist der, welcher aus Wasser Leim herstellen kann oder aus leeren Händen etwas zu schaffen vermag." Dieses Sprichwort ist mehr wert als tausend Kilogramm Gold, doch nur wenige Menschen achten auf seinen Sinn.

Ich war immer froh, wenn ich sah, daß der Bau voranging. Jedesmal wenn ich auf den Kran schaute und dort den Kranführer so hoch oben sah, wurde mir stets auch meine eigene Lage klar. Ich befand mich in einer vergleichbaren Situation, weit entfernt vom Boden und nur mit Selbstsicherheit und starkem Willen ausgerüstet.

Im Dezember 1989 machten der Ehrwürdige Thich Minh Tam, einige Buddhisten und ich eine Pilgerfahrt nach Indien. Dr. Lam, Doktor der indischen Philosophie, war unser Reiseleiter. Er zeigte uns die heiligen Stätten und erklärte uns alles sehr ausführlich. In Delhi gab es eine Säule, die einst als Prüfmedium diente. Diejenigen nämlich, welche die Säule mit den Händen von hinten zu umarmen und zu berühren vermochten, galten als befähigt für die Beamtenlaufbahn. Man hielt früher jeden, der das mühelos schaffte, für sehr befähigt. Auch ich bestand diese Probe ohne Mühe. Meine Begleitung staunte nicht wenig. Einige von ihnen versuchten das gleiche, doch ohne Erfolg.

In Bodhgaya, wo der Buddha seine Erleuchtung erfuhr, gibt es eine Statue des Bodhisattva Avalokiteshvara. Auch über diese

Statue werden wundersame Geschichten über den Beweis ihrer Heiligkeit erzählt. So heißt es: Wer einen Wunsch habe, der möge die Augen schließen und ungefähr 5m von der Statue entfernt stehen bleiben und seinen Wunsch in Gedanken formulieren. Ob der Wunsch dann erfüllt werde, könne man daran erkennen, daß die wünschende Person ohne Mühe die Statue erreichte. Ich hatte einen Wunsch gehabt und versuchte mein Glück gleich zweimal, beide Male erfolgreich.

Dr. Lam meinte zu mir, daß sich jeder Mensch glücklich schätzen würde, der wüßte, daß sein Wunsch in Erfüllung ginge. Bei mir seien es überdies gleich zwei. Die Dharmabeschützer müßten es gut mit mir meinen. Natürlich fragten mich alle meine Begleiter nach meinen Wünschen, doch ich behielt sie lieber für mich. Damals betete ich: "O, Bhagvan, ich bin gerade mit einem Bauprojekt beschäftigt, doch ich habe viele Schwierigkeiten, da der Bau sehr groß ist. Ich fürchte, meine Kraft reicht dafür nicht aus. Bitte laß es zu, daß die Dharmabeschützer mir beistehen". Mein Gebet wurde erhört, weshalb ich Febuar 1995 noch einmal nach Indien reiste, um dem Buddha zu danken und ihm meine Verehrung zu erweisen.

Der zweite Wunsch betraf meine fernere Zukunft. Ich wünschte mir, diese Welt erlöst verlassen zu können.

Ob dieser Wunsch in Erfüllung gehen wird, das kann ich natürlich jetzt noch gar nicht wissen. Aber ich orientiere mein Denken, Reden und Verhalten auf dieses Ziel. Die Pagode ist mittlerweile fertig und man könnte fast anehmen, daß ich fürs erste meine religiösen und sozialen Pflichten erfüllt hätte.

In der Tradition des Buddhismus wird auch die folgende Geschichte überliefert. Es war einmal ein Mönch, der im Begriff war, eine Pagode zu bauen. Leider starb er, bevor er das Projekt vollenden konnte. Also kehrte er noch einmal zurück, um das Werk, das er begonnen hatte, zu vollenden. Ich, für meinen Teil, wünsche, nicht wieder in diese Welt hineingeboren zu werden. In dieser Welt gibt es zu viel Leid, Kummer und allzuviel Tollheit.

Nach meinem ersten Indienbesuch dachte ich, daß es auch mein letzter sein würde. Aber Indien ist ein heiliger Kontinent, der viele Erleuchtete und nicht minder viele hervorragende Denker hervorbracht hat. Deshalb hatte ich das Bedürfnis Indien noch einmal zu besuchen.

Manche Buddhisten denken, daß ich ihre Spenden verschwenderisch für meine Reisen ausgebe. Eigentlich habe ich immer nur einen Zweck verfolgt, Ehre und auch manchmal Geld für unsere Pagode Vien Giac zu gewinnen. Wenn beispielsweise einzelne Pagoden in Amerika und Kanada mich zu Belehrungen einluden, dann haben sie auch immer meine Reisekosten getragen und mir außerdem noch eine Spende für den Bau unserer Pagode mitgegeben. Wer soviel Mühen und Kosten auf sich nimmt, der verschwendet sie nicht an unerwünschte Gäste, sondern ist vielmehr um Gäste besorgt, die sich ihrer Einladung würdig erweisen. Meine Besuche sollten von den Laien auch einmal unter diesem Gesichtspunkt betrachtet werden.

Wenn mich, wie das häufig der Fall ist, auf meiner Reise Gruppen von 16 oder manchmal auch 32 Personen begleiten, dann brauche ich nicht einmal die Flugkosten selbst zu bestreiten. Hier entstehen also der Pagode überhaupt keine Kosten. Die Spenden der Pagode Vien Giac kommen außerdem nicht nur von den Buddhisten in Deutschland. Auch andere Spender haben einen Anspruch auf meinem Besuch.

Wie oft muß ich auch dem Vorwurf des Hochmuts, der Selbstsucht und der Selbstzufriedenheit begegnen, allein aus dem Grunde, weil ich meine Entscheidungen selbst treffe. Doch ich glaube, daß meine Entschieden- und Entschlossenheit sich weniger dem Hochmut, der Selbstsucht, oder der Selbstzufriedenheit verdanken und schon gar nicht dem Selbstmitleid, sondern allein meinem Selbstvertrauen. Auf dieser Welt unterscheiden sich die Menschen nicht wirklich durch ihre Positionen, ihren Reichtum oder ihren Ruhm. Tatsächlich ist ja nur der Wille des Einzelnen entscheidend. Wer etwas wirklich ernsthaft will, der verfehlt selten sein Ziel. Das bestätigt die Erfahrung immer wieder.

Aus Indien kehrte ich also zurück bestärkt im Glauben und voller Zuversicht, den Bau der Pagode erfolgreich zum Abschluß zu bringen.

Als das Fundament der Pagode gegossen wurde, haben einige Vietnamesen schon begriffen, daß das Fundament der Pagode auch ein Fundament für den Buddhismus in Deutschland ist.

Die Andachtshalle der Pagode faßt gut 700 Leute. Zusammen mit der Mehrzweckhalle können gleichzeitig mehr als 1000 Leute an einer Andacht teilnehmen. Auch unsere Andachtshalle zählt wie die Pagode selbst zu den größten Gebetsräumen einer vietnamesischen Pagode im In- und Ausland.

Mit der Höhe der Mauern unserer Pagode wuchs auch meine Freude, aber mit beiden zusammen wuchsen auch meine Sorgen. Als Ausdruck meines Erfolges freute ich mich über jede Steinreihe, die die Mauer wuchs, als Hinweis auf die Wegstrecke, die wir noch zu bewältigen hatten, erinnerte sie mich auch an meine Sorgen. Immer neue Erwartungen wurden in mich gesetzt und nicht nur einmal stellte sich mir die bange Frage, ob ich all dem auch wirklich gewachsen sei. Undenkbar die Folgen, wenn ich die in mich gesetzten Erwartungen enttäuschte! In diesen sorgenvollen Augenblicken konnte ich meine Gedanken nur auf Buddha lenken und hoffen, daß er seine Gnade walten lasse.

Der Architekt schlug vor, zuerst die Andachtshalle fertigzustellen und erst dann, wenn wieder Mittel zur Verfügung stünden, die Mehrzweckhalle. Aber ich erinnerte ihn an die Lehre des Buddha: „Man sollte den zweiten und dritten Stock erst dann bauen, wenn das Erdgeschoß fest gegründet ist". Also bauten wir zuerst die Mehrzweckhalle bevor mit der Andachtshalle begonnen wurde. Während die Wände der beiden Hallen gemauert wurden, lieferte die Firma Steinmann schon das Holz für die Giebel und die Dachkonstruktion. Das Richtfest sollte am 18. Mai 1990 ausgerichtet werden. Der Anblick der starken Holzgiebel war zwar herrlich, aber das Geld für ihre Bezahlung mußte noch beschafft werden. Wir brauchten eine Summe von über 500000,--DM für alle Holzarbeiten. Die Zahlen flimmerten nur so vor meinen Augen. Viele Leute leiden unter dem Druck der Sorgen auch unter Apetitlosigkeit oder können vor Streß nicht einschlafen. Beide Gebrechen sind an mir glücklicherweise vorübergegangen.

Seit Baubeginn habe ich fast immer gut geschlafen, selbst dann, wenn sich die Probleme manchmal zu überschlagen schienen.

Das Richtfest ist ein großes Fest für die Zimmerleute und die Maurer, weil dieser Tag ihre Arbeit abschließt. Aus diesem Anlaß haben wir ein kleines Fest und eine würdige Zeremonie organisiert. Während der Feier wurde eine kleine Truhe am Dach befestigt, in welche ich alle Dokumente des Bauprojekts hineingelegt hatte, außerdem noch einen Lunar- und einen Solarkalender, meinen Lebenslauf und den Bericht des Architekten über den ersten Bauabschnitt. Diese Dokumente sollen späteren Generationen helfen, das Handeln ihrer Vorfahren zu verstehen oder nachzuvollziehen.

Wenn ich den Faden der Geschichte unserer Pagode hier wieder aufgreife, dann bleibt noch zu berichten, daß wir bis zum Richtfest an die Firma Mehmel 1,1 Millionen DM überwiesen hatten und unsere Mittel wieder einmal erschöpft waren. Wir mußten uns also wieder etwas einfallen lassen, wenn wir unser Projekt auch zuende führen wollten. Aus diesem Grunde bat ich Herrn Mehmel um eine Unterredung. Ich erklärte ihm, daß wir bisher stets in der Lage waren, unsere Rechnungen zu bezahlen, obwohl die Pagode selbst kaum über Bargeld verfügte. Das Spendenaufkommen der

Laien- Buddhisten hat bisher die Durchführung jedes Arbeits- und Bauabschnitts ermöglicht. Die bislang aufgebrachte Summe hat inzwischen die Millionenhöhe erreicht. Ich habe ihn auch darauf aufmerksam gemacht, daß die Buddhisten immer erst dann gespendet hatten, wenn sie einen Fortschritt am Bau erkennen konnten, eine Beobachtung, die er auch selbst machen konnte. So erklärte ich ihm weiter, daß wir Vietnamesen, jeder einzelne, zwar arm seien, aber gemeinsam im Geist auch stark sein können, wenn wir uns für eine gemeinsame Sache zusammentun.

Mit dieser Argumentation wollte ich ihn für meinen Vorschlag gewinnen, daß seine Firma den Abschluß des noch ausstehenden Rohbaus vorleistet und wir ihm ihre Leistungen in Raten abbezahlen. Es handelte sich um eine Summe über 600000,--DM, die wir in vier oder fünf Raten bezahlen wollten. Zu unserem Glück erklärte er sich mit meinem Vorschlag einverstanden.

Die Bekanntgabe seines Entgegenkommens wurde am Festtisch mit großem und nachhaltigem Applaus aufgenommen.

Ich wußte gar nicht, woher ich den Mut nahm und woher ich diese Idee hatte, ich glaube, das war wieder eine Eingebung des Dharmabeschützers. Ich war richtig überrascht, wie wenig Mühe es mich gekostet hatte, das Einverständnis von Herrn Mehmel zu gewinnen.

Wären uns damals keine zusätzlichen Kosten entstanden, und hätte der Kostenvoranschlag von 2 Millionen DM deshalb nicht erheblich überschritten werden müssen, dann hätten wir damals der Firma Mehmel nur noch zwei Raten geschuldet.

Leider sind uns aber im Verlaufe der Arbeit noch zusätzliche Kosten in einem erheblichen Umfange entstanden, welche die Gesamtkostensumme um über eine Million DM mehr als veranschlagt ansteigen ließen. Bis 1994 schuldete die Pagode Herrn Mehmel noch 1,4 Millionen DM. Diese Summe sollte in

Jahresraten von 200000,--DM pro Jahr abgezahlt werden und ich hoffe, daß wir in 6 oder 7 Jahren schuldenfrei sein werden.

Während des Richtfestes, daß wir nun endlich feiern konnten, lachten sich die Arbeiter gut gelaunt zu, denn auch sie waren mit ihrer Arbeit zufrieden. Ich war froh, zu sehen, daß mein Vorhaben Schritt für Schritt Realität gewann. Aber meine größte Freude war, daß sich in den 5 Jahren der Bauarbeit kein Unfall ereignete. Denn, wenn es auf unserer Baustelle einen Unfall gegeben hätte, hätte ich mir immer Vorwürfe machen müssen.

Biographie des Ehrwürdigen Thich Nhu Dien, des Gründers der Pagode Vien Giac in der Bundesrepublik Deutschland.

Ehrwürden Thich Nhu Dien wurde am 28. Juni 1949 im Dorf My-Hat geboren, das zum Ortsteil Xuyen-My der Gemeinde Duy-Xuyen gehört, einer Verwaltungseinheit der Stadt Quang-Nam in Viet-Nam. Sein weltlicher Name lautet Le Cuong. Er ist der Sohn des Bauern Le Quyen, der den Dharmanamen Thi Te führt. Le Quyen wurde 1898 geboren und starb 1986 im 89. Lebensjahr. Seine Frau Ho Thi Kheo, deren Dharmaname Thi Sac ist, die Mutter Ehrwürden Thich Nhu Diens, lebte von 1908 bis 1966. Er hat vier Brüder und drei Schwestern und ist das jüngste Kind der 10 köpfigen Familie. Einer seiner Brüder, der siebte in der Geschwisternreihe, ist jetzt der Ehrwürdige Thich Bao Lac und Abt der Pagode Phap Bao in Sydney, Australien. Ehrwürden Thich Bao Lac studierte in Japan von 1974 bis 1979 und schloß sein Studium der Religion und der Soziologie an der Kamazawa Universität ab, bevor er 1980 nach Australen ging und dort die Pagode Phap Bao gründete.

Ehrwürden Thich Nhu Dien sprach sein Laiengelübde mit 13 Jahren bei dem Ehrwürdigen Thich Long Tri, dem Abt der Pagode Vien Giac in Hoi An in der Provinz Quang Nam. In diesem Jahr, 1962, verließ er auch die Grundschule. Am 15. April 1964 wurde er mit dem Einverständnis seiner Eltern von seinem Wurzel- Lehrer in der Pagode Vien Giac ordiniert. Danach schickte ihn sein Lehrer zum Patriachen-Tempel Phuoc Lam, wo er seine Ausbildung unter der Obhut des Ehrwürdigen Nhu Van fortsetzte. Er blieb dort bis 1966, dem Jahr, in dem er auch wieder zur Pagode Vien Giac zurückkehrte. Bis 1967 absolvierte er die Mittelstufe an der Bodhi-

Schule Hoi An- Quang Nam, die unter der Leitung der Ehrwürdigen Thich Chon Phat und Thich Nhu Hue stand. In den Jahren 1966 und 1967 nahm er an den Sommerklausuren in der Pagode Long-Tuyen teil. Am 31.07.1967 nach der dreimonatigen Klausur wurde er Novize der Zehn Gebote und erhielt den Novizennamen Giai Minh. 1968 wurde er in die 10. Klasse der Tran Quy Cap Schule in Hoi An aufgenommen. Ende 1968 zog er nach Saigon und machte sein erstes Zertifikat (Tu Tai) am 29. Juli 1970 auf dem Cong Hoa Gymnasium (Sai Gon). Am 16. Juni 1971 erwarb er nach Vollendung der Oberstufe sein zweites Zertifikat und damit sein Abitur. In Saigon wohnte er in der Pagode Hung Long. Abt dieser Pagode war Hochehrwürden Thich Phap Y. Nach dem bestandenen Abitur sprach Ehrwürden Thich Nhu Dien am 3. Oktober 1971 die Mönchsgelübde während einer Feierlichkeit in dem Quang Duc Kloster in Thu Duc. Er erhielt den Mönchsnamen Tri Tam. Die Feierlichkeit leitete Ehrwürden Thich Quang Lien.

Am 22.2.1972 wurde Ehrwürden Thich Nhu Dien von der Buddhistischen Congregation der Stadt Quang Nam und von dem Hochehrwürden Thich Tri Giac und Ehrwürden Thich Long Tri zum Studium nach Japan geschickt. 1972, während er die japanische Sprache an der Yottsuya Universität in Tokio erlernte, ging er bei dem Zen- Meister Omori Sogen zur Schule. 1977 hat er sein Diplom in Pädagogik an der Universität Teikyo in Tokio mit dem zweiten Rang abgeschlossen. Im gleichen Jahr wurde er für das Magisterstudium an der Universität Risso in Tokio immatrikuliert. Während der vier Jahre seines Studiums wohnte er in der japanischen Pagode Honryuji 7 Ueuomachi, Hachiojishi, Tokio, um dort die Praxis des Buddhismus weiter zu üben.

Am 27.04.1977 besuchte er einen Freund in Deutschland und blieb dort, um Deutsch an der Universität Kiel zu lernen. Nach einem Jahr wurde er an der Universtät Hannover, im Fachbereich Pädagogik, immatrikuliert. In Hannover gründete er die Buddha-Gedenkstätte Vien Giac in der Kestnerstraße. Die Gedenkstätte wurde von den vietnamesischen Studenten unterstützt. Anläßlich des Ullambana-Festes zelebrierte er 1978 zum ersten Mal die Zufluchtnahme für seinen ersten Laien- Schüler Ngo Ngoc Diep. Er gab Herrn Ngo den Dharmanamen Thi Chon. Mit der Unterstützung des Innenministeriums der Bundesrepublik Deutschland zog er 1981 in die Eichelkampstraße, Hannover- Mittelfeld, wo er eine Pagode einrichtete. Dort wirkte er bis 1990.

In diesen 10 Jahren ist er auch der Herausgeber einer Zeitschrift geworden, die alle zwei Monate erscheint. Bis heute (1990) sind 60 Nummern von dieser Zeitschrift erschienen. Die Zeitschrift erscheint in Vietnamesisch und Deutsch. Die Redaktion der Zeitschrift leitete Thi Chon-Ngo Ngoc Diep. Während der 13 Jahre, die Ehrwürden Thich Nhu Dien in Deutschland zubrachte, hat er 12 Bücher geschrieben, zusammen mit den zwei Büchern, die er in Japan verfaßt hat, sind es also 14 Bücher, die er bis heute veröffentlicht hat. Es folgt die Liste ihrer Titel:

1. Vietnamesische Märchen I (auf Japanisch), Tokio, 1976

2. Vietnamesische Märchen II (auf Japanisch), erschien in einer japanischen Zeitschrift 1976-1978

3. Der Regentropfen am Sommeranfang, unter dem Pseudonym Hoang Van, Frankreich, 1979

4. Bestürzung, Deutschland, 1979

5. Poesie-Album (zusammen mit anderen Autoren)

Von 1982 bis 1990 subventionierte das Bundesministerium des Innern die Veröffentlichung von sieben Büchern:

6. Die Geschichte des Vietnamesischen Buddhismus im Ausland vor und nach 1975

7. Das Leben eines Mönchs

8. Die buddhistische Gebetsmusik

9. Auf der Suche nach der Buddhistischen Lehre

10. Das geistige Leben der vietnamesischen Buddhisten im Ausland

11. Weg ohne Grenzen

12. Bilder der zehnjährigen Aktivität des vietnamesischen Buddhismus in Deutschland

Die zuletzt genannten Bücher wurden von den Buddhisten Nguyen Ngoc Tuan und Nguyen Thi Cuc ins Deutsche übersetzt. Zwischen 1985 und 1989 schrieb Ehrwürden Thich Nhu Dien zwei weitere Bücher:

13. Das Weltliche im Angesicht des Geistlichen

14. Die Barmherzigkeit des Buddha

Im Augenblick übersetzt er ein Buch aus dem Japanischen: „Die Untersuchung der buddhistischen Urgemeinde I".

Am 9 Juni 1988 wurde er während der Ordinations-Feierlichkeit Dai Nguyen in Marseille von dem Abt der Pagode Phap Hoa, dem Hochehrwürdigen Thich Thien Dinh, und anderen hohen Mönchen zum Ehrwürdigen ernannt. Ehrwürden Thich Nhu Dien gilt heute als einer der fähigsten vietnamesischen Mönche im Ausland.

Er kann sich in nicht weniger als 6 verschiedenen Sprachen ausdrücken. Er spricht Vietnamesisch, Chinesisch, Englisch, Französisch, Deutsch und Japanisch.

Als das Bedürfnis der Vietnamesen für eine eigene Pagode nicht mehr abgewiesen werden konnte, setzte 1984 sein Engagement für den Bau der neuen Pagode ein. Aber erst 1987 konnte die vietnamesische Gemeinde das 4000 Quadratmeter große Grundstück an der Ecke Karlsruher- Straße und Eichelkampstraße erwerben. Der Quadratmeterpreis betrug damals 135,--DM. Die Kosten von über 540000,--DM wurden mit den Spenden der Laien-Buddhisten bezahlt. Der Architekt Tran Phong Luu entwarf den Bauplan, für den am 22. April 1988 endlich die Baugenehmigung erteilt wurde. Die Genehmigung kostete noch einmal 6000,--DM.

Nach diesen Vorbereitungen konnte man sich endlich auf die Suche nach einer geeigneten Baufirma machen. Die Firma Mehmel mit ihrem Kostenvoranschlag für den Rohbau von 2 Millionen DM erhielt den Zuschlag. Sie erstellte einen Kostenvoranschlag für einen Rohbau mit einem zweistöckigen Hauptgebäude, einem vierstöckigen West- und einen drei stöckigen Ostflügel sowie einem siebenstöckigen Turm.

In dem ersten Bauabschnitt wurden das Erdgeschoß, der Westflügel und das Hauptgebäude gebaut. Diese Arbeit kostete 1,4 Millionen DM. Die Bauarbeiten begannen am vierten Vollmond des buddhistischen Jahres 2533, das ist nach dem gregorianischen Kalender der 19.05.1989. Fast genau ein Jahr später, am 18.05.1990, wurde das Richtfest ausgerichtet. Die Kosten wurden aus Mitteln bestritten, die sich einmal aus den Spenden der Laien- Buddhisten zusammensetzen, und zum anderen aus einem zinslosen Darlehen. Im April 1990 wurde der zweiten Teil des Baukomplexes gebaut. Die Einweihungsfeier sollte Juli 1991, im buddhistischen Jahr 2535, stattfinden.

Von dem Tag, an dem er in die Hauslosigkeit ging, bis heute verbrachte Ehrwürden Thich Nhu Dien 26 Jahre als buddhistischer Mönch. Er begann mit dem Bau dieser Pagode im Alter von 39 Jahren und wurde darüber 41 Jahre alt. In den 13 Jahren (1977-1990) hier in Deutschland hat er für Tausende von Buddhisten die Zufluchtnahme geleitet und vier Schüler ordiniert, welche die Linie der Rinzai Schule fortführen sollen. Ehrwürden Thich Nhu Dien mit dem Novizenname Giai Minh und dem Bhikkhunamen Tri Tam gehört zu der 41. Generation der Rinzai- Chuc Thanh Linie. Er ist nicht nur der erste vietnamesische Mönch in Deutschland, sondern auch der Gründer der Pagode Vien Giac in Hannover und der deutschen Abteilung der Kongregation der Vietnamesischen Buddhistischen Kirche sowie des Vietnamesischen Buddhisten Vereins.

Selbstverständlich wird er sich auch wie bisher weiter um die Übersetzungen, das Schreiben und die Erziehung der Mönche kümmern, damit die Kraft des Vietnamesischen Buddhismus in Deutschland nicht erlahme.

Seine persönliche religiöse Disziplin bestimmt sich aus dem Rezitieren der Sutras, der Meditation, und den Niederwerfungen. Verschiedene Niederwerfungsriten hat er bereits abgeschlossen, so die 500 Namen des Bodhisattva Avalokiteshvara, das 3000- Buddha- Namen- Sutra und das Zehntausend- Buddha- Namen- Sutra. 1990 begann er mit der Niederwerfung zu Ehren des Lotussutra. Beim Rezitieren eines jeden Wortes aus dem Sutra wird eine Niederwerfung ausgeführt. Diese Pflicht wird in 5 Jahren abgeschlossen sein, wenn er sich jedes Jahr drei Monate Zeit dafür nehmen kann. Er muß also insgesamt über 60000 Niederwerfungen ausführen.

Dies ist in groben Zügen die Biographie des Ehrwürden Thich Nhu Dien. Ihre Wiedergabe hier dient dem Zweck, eine historischen Quelle bereitzustellen, die späteren Generationen bei ihren historischen Forschungen nützlich sein kann; denn man kann schon heute sagen, daß Ehrwürden Thich Nhu Dien eine historisch markante Gestalt in der Geschichte des Buddhismus in Deutschland ist.

DRITTE PERIODE

Der Bau der West- und Ostflügel

Seit 1984 haben sich die Mönche und Nonnen der Pagode Vien Giac zwischen dem vierten und dem siebten Vollmond eines jeden Jahres in die Sommerklausur begeben. In diesen drei Monaten konzentrieren wir uns verstärkt auf unsere geistlichen Übungen, auf die Verbesserung unserer eigenen Disziplin und beschäftigen uns daher so wenig wie möglich mit den weltlichen Angelegenheiten. Wir halten morgens und abends jeden Tag Andachten, führen Opfergabezeremonien durch und pflegen die Gehmeditation. Außerdem sitzen wir jede Nacht 30 Minuten, um unser Gemüt zu beruhigen und unseren Geist zur Ruhe zu bringen.

Während der Klausurtage machen wir auch unsere Niederwerfungen und veranstalten die Atthangasila-Tage für die Laien. 1990 habe ich gelobt, dem Lotus-Sutra die Ehre zu erweisen, in dem ich bei jedem Wort des Sutras eine Niederwerfung ausführe. Ich habe also bis zum Abschluß dieses Gelübdes, 1994, über 60000 Niederwerfungen gemacht. Das Lotus-Sutra gilt als eines der wertvollsten Sutren der Mahayanatradition. Der Buddha lehrte es in den letzten acht Jahren seines Lebens. Er begann damit, als er 72 Jahre alt war und vollendete es im Alter von 80 Jahren.

Will oder muß jemand ein großes Werk vollbringen, für das ihm selbst die Kraft fehlt, dann bleibt ihm keine andere Wahl, als diese Kraft bei Buddha zu suchen. Auch das Projekt der neuen Pagode war größer als mein eigenes Stehvermögen. Ich begann deshalb mehr und intensiver zu üben.

Im Vinaya-Text empfahl der Buddha den Bhikkhus, jedes Jahr in Klausur zu gehen, weil die Klausur ihnen ein zusätzliches

Jahr an Reife vermittele. Erst, der Mönch, der an fünf Klausuren teilgenommen hat, erreicht die Befähigung zu lehren. Und erst nach zehn Klausuren ist ein Mönch befähigt, Schüler anzunehmen. Ein Mönch braucht keine hohe Stellung in der Gesellschaft, er soll nur hohe Taten vollbringen. In der Geschichte Vietnams gibt es viele große Mönche. Ich nenne hier nur Ly Quoc Su. Obwohl er ein verdienstvoller Mensch war, bekleidete er doch kein Amt; und in die Hauptstadt begab er sich nur, wenn man ihn von dort um Hilfe rief.

Die Gesellschaft lebt von dem Bedürfnis der Menschen nach Status und Ruhm, von ihrem Geltungsdrang und ihrem Machtstreben. Leider gibt es nur wenige, die sich einem hohen Ideal verpflichtet haben wie die Herren Phan Boi Chau, Phan Chu Trinh, Nguyen Thai Hoc und andere. Auch der Buddha hatte in jener Zeit alles aufgegeben, was ihm in der Welt zu Rang und Namen, Ehren und Würde, Reichtum und Wohlergehen verhalf. Er verließ Frau und Kinder, gab Ansehen und Macht auf, allein um der Wahrheit willen. Er lebte ein erwachtes und genügsames Leben und wurde zum Beispiel und Vorbild seiner Anhänger. Wie aber steht es mit dem Vorbild seiner Lebensführung heute? Hat nicht so mancher Ordinierte sein mühseliges Leben verlassen, nur um ein erholsames Leben im Kloster zu genießen. Wie traurig sind solche Irrtümer.

Sinn der klösterlichen Disziplin ist die Entdeckung und Schulung der eigenen Fähigkeiten und die Ausbildung des Wissens und der Weisheit. Hier folgt jeder dem Ziel, daß er sich selbst gesetzt hat. Heute verlangen die Menschen mehr nach Kurzweil und Unterhaltung, denn nach einer echten Lebensaufgabe. Man vergleicht sich lieber mit den anderen als daß man bei sich selbst anfragt. Die Buddhisten sollten nicht vergessen, daß der Buddhismus eine Lehre der Introspektion und nicht eine Lehre der Weltbeherrschung oder des Weltgenusses ist. Zunächst versuche ich stets, meine Aufgaben aus eigener Kraft zu erfüllen, erst wenn die eigenen Kräfte versagen, suche ich die Gnade der Buddhas. Meine Reise nach Indien hat mein Vertrauen in die Lehre des Buddha und in die Drei Juwelen sehr gestärkt. Ich glaube, daß die Ordinierten, die sich durch äußere Umstände ablenken lassen, nicht sehr stark sind in ihrem Glauben. Das ist zwar schade, aber jeder kann sich nur selbst ändern.

Als die Arbeiten am Westflügel begannen, bat ich auch die vietnamesischen Helfer, die Elektro- und Heizunganlagen in der Gebets- und Mehrzweckhalle zu installieren. Mit diesen Arbeiten haben wir trotzdem schon angefangen, obwohl das Dach noch nicht gedeckt war. Die Gebrüder Son und Phong installierten die elektrischen Anlagen in der Andachtshalle die anderen Elektroarbeiten führten Tuan und Dong aus. Tuan, ein sehr gläubiger Buddhist, machte seine Arbeit sehr gewissenhaft und schlug jeden Bezahlungsversuch von uns aus. Unsere staatlich anerkannten Bauberater haben den Wert seiner Arbeit auf 100000,- -DM geschätzt.

Als nächstes mußten wir die Ziegel für das Dach des Hauptbaus aussuchen. Ich hatte Herrn Dr. Meihorst gebeten, die Ziegel aus China zu prüfen. Die Universität Hannover erklärte, daß diese Ziegel eine Temperatur über 40 Grad minus nicht aushalten würden. Also mußten wir uns dann für die deutschen Ziegel entscheiden. Als ich in den Prospekten die gelben Mönchs- und Nonnenziegel sah, freute ich mich sehr, denn genau diese Farbe hatte ich mir gewünscht. Als die Ziegel dann aber geliefert wurden, stellte sich heraus, daß ihre Farbe, im Gegensatz zur Abbildung im Prospekt, dunkelbraun statt gelb war. Also wollte ich die Sendung nicht annehmen. Der Rücktransport und die Neuanlieferung hätten den Bauabschluß nur wieder hinausgezögert. Was blieb uns also übrig, als irgendeinen Kompromiß zu finden. Nachdem die Firma uns nach zäher Verhandlung einen Preisnachlaß von 10% gewährte, erklärten wir uns auch mit der falschen Lieferung einverstanden.

Zur gleichen Zeit wurden auch weitere Rechnungen fällig. Ich mußte mich um ihre Bezahlung kümmern. Die Rechnung der Rohbauforma Mehmel, der Holzfirma Steinmann, der

Dachziegelfirma und die Löhne für Herrn Dragenmeister, der die Fußbodenheizungsanlage installierte, fielen jetzt an. Die Spenden der Buddhisten lagen weit unter den Summen, die ich jetzt zu überweisen hatte. Woher kommt mir die Hilfe? Von Buddha!

Eines Tages wieder nach der Morgenandacht und der Meditation kam mir die Idee, den Beitrag der Buddhisten für unsere geistlichen Dienste zu erhöhen. Ich erbat den Beitrag für die Totenzeremonien, die die Pagode für die Verstorbenen zelebriert und die sie auch für die noch Lebenden zelebrieren wird. Außerdem sollte auch unsere Zeitschrift nicht mehr kostenfrei bezogen werden können, auch für sie forderte ich einen Beitrag, damit sie weiter erscheinen könne.

Kaum waren meine Beitragswünsche mit der Post abgeschickt, kamen auch schon die ersten Kommentare: zustimmende wie abschlägige. Viele fürchteten um ihre Finanzen. Im Buddhismus ist es üblich, die religiösen Dienste und Auslagen über Spenden zu bestreiten, nun befürchtete man die Einführung eines Kirchensteuersystems durch die Hintertür. So kam wider mein Erwarten eine allgemeine Finanzierungsdiskussion in Gang. Auch in dieser Frage erklärten sich einige Buddhisten sofort öffentlich einverstanden, während andere ihre Hilfe im Stillen leisteten. Ihr Argument war: „Ein Mönch braucht Hilfe, wir Laien sollten diesen Ruf nicht ignorieren." Aber auch die abweisenden Reaktionen machten sich bemerkbar. Einige bestellten unsere Zeitschrift ab und andere nahmen die Bilder ihrer Verwandten aus der Pagode heraus.

Die Ehrwürdige Nonne Dieu Tam war zwar mit diesen Reaktionen nicht einverstanden, aber sie zeigte für sie Verständnis. Trotzdem ermahnte sie alle: „Bitte legt doch dem Erhrwürdigen nicht noch mehr Hindernisse in den Weg. Die Arbeit des Ehrwürdigen ist gut. Wenn wir sie nicht selbst vollbringen können, dann laßt sie doch wenigstens den Ehrwürdigen ungehindert machen." Ihre Ermahnung hat mich sehr getröstet.

Die Nonne Dieu An war die erste, die auf meinen Hilferuf antwortete. Sie stimmte mir zu. Auch die Nonne Dieu Hanh und der Mönch Minh Phu hatten die Laien ermutigt, ihre Bemühung en zu verstärken. Ich fühlte mich wie ein Kapitän, der gleichzeitig das Steuerruder führen und die Navigation durchführen mußte. Ich bin aber wie alle anderen auch nur ein Mensch, nur daß meine ganze Bemühung der Religion gilt und dem Gedeihen der Gemeinschaft. Des öfteren saß ich lange in der Gebetshalle, um herauszufinden, ob ich in meinen Bemühungen von Begierde, Haß oder Verblendung, in welcher ihrer Erscheinungsformen auch immer, geleitet würde?

Tatsächlich hatte man mir in diesem Zusammenhang Gier vorgeworfen. So hieß es: „Thay Nhu Dien ist sehr gierig, andauernd fordert er Beiträge, Beiträge für die Zeitschrift, Anleihen für den Bau, Spenden für dies und das. Nach einer Ein- Quadratmeter-Aktion, erfand er eine Ein- Baustein- Aktion, was fällt ihm wohl als nächstes ein? Wie kann ein Mönch nur so gierig sein!"

Irgendwie kann ich ja ihre Äußerungen verstehen. Aber ich war dabei, nicht nur eine Pagode zu bauen, sondern mit dem Erfolg des Projekts auch die westliche Kultur um Elemente der östlichen Kultur zu bereichern. Wenn ich gierig war, dann im Namen aller Vietnamesen in Deutschland, nicht nur für diese Generation, sondern auch für die noch folgenden. Ich hoffe, den Nachkommen einen Platz zu schaffen, auf den sie stolz sein können, einen Platz, in dem sie unangefochten ihre Religion ausüben können. Was ihnen also als Gier erschien, war durchaus keine Selbstsucht. Aus diesem Grunde scheute ich mich auch nicht, andauernd das Thema „Geld" ins Gespräch zu bringen. Ich sammelte auch nicht nur für die Pagode Vien Giac, sondern auch für andere Pagoden.

Auch der Haß hat viele Gesichter. Eines davon kenne ich selbst sehr gut, denn ich bin sehr aufbrausend. Ich schimpfe zu oft mit meinen Schülern wegen ihrer Nachläßigkeit bei der spirituellen Übung und beim Studium. Ja es konnte sogar passieren, daß ich mich selbst dabei ertappte, wie ein Marktweib zu schimpfen, nur weil etwas nicht so lief, wie ich mir das vorgestellt hatte. Andererseits gehört zu jeder guten Erziehung auch ein gewisses

Maß an Strenge. War es möglich, daß mich die Verblendung mit sich riß? War ich so stark mit dem Projekt beschäftigt, daß ich alles um mich herum vergaß? Ja so könnte es vielleicht manchmal gewesen sein. Doch wo ein Wille ist, muß auch ein Weg sein, und man darf nicht sofort aufgeben, wenn es einmal schwieriger wird. Der Wille beweist sich erst, wenn man für das, was man will, auch zu kämpfen bereit ist. Obwohl ich natürlich nicht direkt mit der handwerklichen Arbeit beschäftigt war, kreisten meine Gedanken seit 1989 doch ständig um das Geschehen am Bau. Die härteste Zeit durchlebte ich 1991. Das Geld wurde immer knapper und der Widerstand in der Gemeinde immer größer. Selbst der Bau wurde wegen dieser oder jener Unwägbarkeit stetig teurer.

Und obgleich sich die Schwierigkeiten nur so aufzutürmen schienen, hatten die Laien in dieser Zeit 400000,--DM gespendet. Das war ein großer Trost. Das Geld floß wie Wasser durch meine Finger, aber genauso wie es in meine Hände hineinfloß, so floß es auch immer wieder hinaus. Ich erkenne jetzt mein Schicksal. Als ich klein war, wagte ich gar nicht davon zu träumen, daß ich jemals ein Auslandsstudium absolvieren und dann auch noch eine Pagode bauen würde, die mehrere Millionen DM kostete. Dafür kommt mir das jetzt alles um so mehr wie ein Traum vor.

So analysierte ich meine Lage und meine Gefühle. Ich sah mich schlingern, kam dabei aber nicht zu Fall. Manchmal dachte ich mir, wenn auch die Menschen meine Gefühle und Absichten nicht verstehen, die Götter tun es bestimmt.

Das I-Ching sagt: Wenn es zu Ende geht, wird es sich umwandeln, wenn es sich umgewandelt hat, dann gibt es keine Verstrickung mehr, ohne Verstrickung existiert es ewig. Das ist genauso wie mit einer Pflanze. Wenn wir sie beschneiden, dann entstehen neue Sprößlinge, die oft auch noch schönere Blüten bringen. Aus diesem Grunde habe ich mich nie entmutigen lassen. Ich versuchte Zeit zu gewinnen, das war alles. Die Zeit aber war mir sehr hilfreich.

Ende 1989 fiel die Mauer zwischen Ost und West. Der Kommmunismus in Osteuropa ist zusammengebrochen. Viele Vietnamesen, die in Ostdeutschland, in der Tschechoslowakei, in Rußland oder Ungarn von der vietnamesischen Regierung als Leiharbeiter verdungen worden waren, flüchteten nach Deutschland. Natürlich suchten sie zuerst Hilfe bei den Pagoden. Die Pagode war in der Geschichte Vietnams stets ein Hort des Asyls. Mit den Flüchtlingen kamen auch Hilfskräfte zur Pagode. Zwar waren es selten gelernte Arbeitskräfte, aber sie alle erwiesen sich als geschickt und hatten eine schnelle Auffassungsgabe. So lernten sie auch schnell die Arbeiten auszuführen. Es war wie ein Wunder. Diese Helfer waren in der Mehrzahl Vietnamesen aus dem Norden Vietnams. Sie waren teilweise gläubig, aber doch ohne jede religiöse Vorkenntnis. In der kommunistischen Gesellschaft gab es keinen Platz für die Religion. Deshalb waren sie auch nicht vertraut mit den Anredeformen gegenüber dem buddhistischen Klerus. Uns störte das gar nicht. Sie kamen mir vor, mir wie meine Verwandten, die lange verreist waren und nun heimkehrten. Die Zahl der Helfer nahm mit jedem Tag zu, ständig hielten sich zwischen 15 und 20 junge Männer bei uns auf, nur um zu helfen. Ohne ihre Hilfe wären die Arbeiten an der Pagode bis heute noch nicht abgeschlossen. Mögen diese verdienstvollen Taten der Erleuchtung der Lebewesen gewidmet sein.

Die Hilfe, welche die Vietnamesen, die schon länger in Deutschland lebten, leisteten, konnte aus den verständlichen Gründen nur am Wochenende kommen. Aber die Asylsuchenden haben uns über längere Phasen jeden Tag geholfen. Sie arbeiteten von Montag bis Samstag. Ja manchmal sogar, wenn es nötig war, auch am Sonntag.

Als das Westhaus fertig gemauert war, fingen die Arbeiter sofort mit dem Osthaus an. Das Dach des Hauptgebäudes wurde auch gedeckt. Die Tischler der Firma Steinmann begannen daneben auch mit dem Dachwerk des Westflügels. Die Arbeit lief in dieser

Zeit wie am Schnürchen. Ich mußte gleichzeitig überall sein. Hier ein ermutigendes Wort, dort ein aufmunternder Zuspruch; hier ein Lob, dort eine Korrektur.

Weil sie mit dem Ziegeltypus nicht vertraut waren, hatten die deutschen Dachdecker das Dach über den Altarraum fehlerhaft eingedeckt. Von unten konnte man noch das Licht zwischen den Ritzen der Dachziegeln durchscheinen sehen. Der Architekt und ich wiesen sie daraufhin und verlangten die nötigen Reperaturen. Sie stellten sich zunächst uneinsichtig, so daß ich mich an das Bauamt wenden mußte, um mir meine Rechte bestätigen zu lassen. Sie hatten zwar die Ausbesserungen zugesagt, aber sie dann doch nicht ausgeführt. Nachdem ich mir einen Wertminderungsrabatt von 10% gesichert hatte, habe ich dannn auch nicht mehr auf die Ausbesserungen bestanden. Ich ließ das Dach nach der Einweihungszeremonie einfach neu decken. Diese Arbeit leitete der Laie Chuong. Als das Dach aber richtig eingedeckt war, forderte die Dachdeckerfirma die volle Summe. Ich schickte ihnen die Photos unserer Eigenarbeiten und die Rechnung für das zusätzliche Material. Seitdem haben wir von dieser Firma nichts mehr gehört.

Als das Dach der Gebetshalle gedeckt wurde, beauftragte ich Herrn Dragenmeister und den Buddhisten Phuc, die Fußbodenheizung nach den Vorgaben des Buddhisten Le Hieu Xuan zu installieren. Die Gebetshalle ist sehr weiträumig. Ohne den Einbau einer Fußbodenheizung, d.h. allein mit einer Wandheizung, wären alle Gläubigen in der Mitte der Andachtshalle verurteilt gewesen, an den kälteren Wintertagen zu frieren. Die Heizungsleitungen verlaufen quer unter dem Estrich. Wenn man sich dort aufhält, wo die Leitungen liegen, spürt man ihre Wärmestrahlung. Danach wurde die Paneele für die Decke und die Leuchtröhren angebracht. Die Beleuchtungsanlage der Andachtshalle kostete 20000,--DM. Eine riesige Summe, die aber angesichts der Größe des Baus auch nicht verwunderlich ist.

Der Ostflügel wurde hoch gemauert, während die Inneneinrichtung der Andachtshalle weitgehend fertig gestellt wurde. Ich bereitete mich auf das Jahr 1991 vor. Es sollte mit seinen vier Zeremonien ein bedeutendes Jahr werden: Im Frühjahr war die Tagung der Welt- Buddhistischen Sangha vom 13. bis zum 17. April vorgesehen, das Vesakfest stand vom 7. bis zum 9. Juni auf dem Programm, die Einweihung der Pagode sollte vom 24. bis zum 30. Juli stattfinden und das Ullambanafest wurde auf den 31. August und den 1. September festgesetzt.

Der Bau war zwar noch nicht fertig, aber das, was fertig war, war so viel versprechend, daß wir es uns zutrauten, schon mit der Planung derart bedeutender Feierlichkeiten zu beginnen. Diese Vorhaben brachten uns neue Sorgen und eine neue Betriebsamkeit in die Pagode.

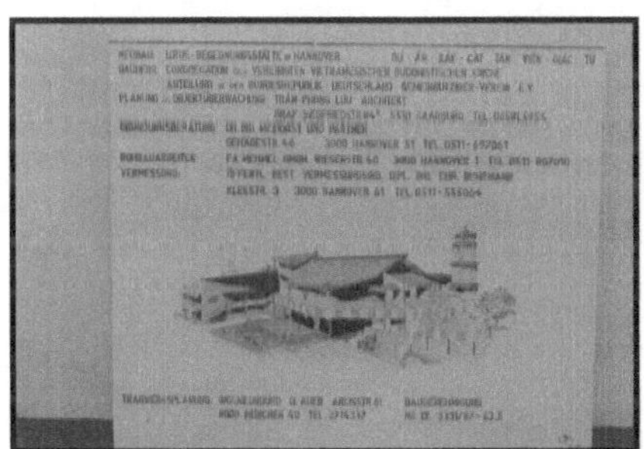

Fotos von der Bauphase

Die Vierte Periode

Die Vorbereitung der Feste des Jahres 1991

Um die ins Auge gefaßten Feste tatsächlich veranstalten zu können, mußten die Andachts- und die Mehrzweckhalle fertig sein. Ich kümmerte mich um den Wandverputz dieser Baubereiche. Einer Empfehlung der Firma Mehmel folgend, hatte ich die Firma Memo in Hildesheim mit dieser Arbeit beauftragt. Sie setzte Maschinen ein, und konnte ihren Auftrag dementsprechend zügig durchführen. Jede Kante wurde durch eine Leiste verstärkt, welche es erlaubte, die Wand gerade auszurichten und sie selbst darüberhinaus vor Beschädigungen zu schüttzten. So sauber und schnell diese Arbeit erledigt wurde, so teuer kam sie uns auch.

Als Termin der Fertigstellung hatte ich den Beginn der Tagung der Welt- Buddhistischen Sangha festgelegt. Als die Eröffnungszeremonie in der Andachtshalle abgehalten wurde, fehlten noch die Fenster im Raum. Die Fenster mußten in einem speziellen Verfahren angefertigt werden und waren deshalb zum Termin noch nicht fertig. Sie stellen eine buddhistische Fahne dar, mit einer farbigen Scheibe in der Mitte, die außen und innen aus Autoglas besteht. Deshalb kostete uns jedes Fenster zwischen 8000,--DM und 12000,--DM. In der Andachtshalle wurden sechs und in der Mehrzweckhalle ebenfalls sechs Fenster eingesetzt. Alle Fenster zusammen kosteten etwa 100000,--DM. Als wir mit dem Einbau der Fenster im West- und Osthaus begannen, lernten wir glücklicherweise durch die Vermittung des Thay Tu Tri den Buddhisten Viet kennen, der für die Firma Schuko in Bielefeld arbeitet. Über ihn konnten wir die Fenster bei seiner Firma günstiger einkaufen. Trotz seines Rabatts kosteten die über hundert Fenstersegmente immer noch mehr als 50000,--DM. In diesen

Gebäudeteilen gibt es mehr als 100 Türen und genau 99 Fenster. Die Kosten summierten sich.

Über die kommende Tagung hatte ich schon 1993 ein Buch geschrieben, weshalb ich hier nur so weit auf sie einzugehen brauche, wie sie mit der Geschichte der Pagode in Verbindung steht.

Diese Tagung wurde auf meinen Vorschlag hin in Deutschland ausgerichtet, nachdem das Hauptbüro in Taiwan zugestimmt hatte. Die Buddhisten in Deutschland waren zwar stolz darauf, sie hier ausrichten zu können, aber eine Veranstaltung dieser Größenordnung stellte für sie auch eine Herausforderung dar. Der Vorsitzende des Vietnamesischen Buddhisten Vereins, Thi Tam Ngo Van Phat, half mir bei der Korrespondenz. Die Versorgung der Gäste haben die Restaurants übernommen. Als Übersetzer standen die Buddhistin My Anh und das Ehepaar Andreas zur Verfügung.

Die Andachtshalle im Hauptbau wurde ganz festlich geschmückt. Jeder, der sich kurz zuvor noch in ihr aufgehalten und die Baugerüste und Werkzeuge dort gesehen hatte, vermochte sie nicht mehr wiederzuerkennen. Wir haben uns große Mühe mit den Aufräumarbeiten gegeben. Thay Nguyen Hoi malte die Säule, Chu Hanh Tan die Wände. Auch die anderen Ordinierten und Helfer hatten alle Hände voll zu tun, um dem Fest einen würdigen Rahmen zu verleihen. Selbst die Mitglieder der Congregation packten mit allen Händen zu.

An jenem Tag wurde der Altarraum von dem Sitzraum durch ein weißes Tuch abgetrennt. Auf dieser Leinwand brachten wir die buddhistische Flagge an. Vor der Leinwand stand die große Buddhastatue, die ich vor Jahren in Taiwan gekauft hatte. Diese Statue ist auch die Hauptstatue des Altarraumes.

Diesmal war uns der Himmel freundlich gesonnen, denn das Wetter war an jenem Tag warm und schön. Und da der Termin auf einen Samstag fiel, versammelten sich viele Buddhisten in der Pagode. Die Ordinierten und die hohen Ehrwürdigen, aber auch die Hochehrwürdigen Thich Tam Chau, Thich Huyen Vi, Thich Thien Dinh, Thich Man Giac waren anwesend. Ich war unterdessen natürlich sehr beschäftigt. In der Andachtshalle waren wenigstens 500 Menschen. Die roten und gelben Gewänder der Ordinierten leuchteten in der Menge. Die Buddhisten saßen und standen an den Seiten, um an dem Gebet teilzunehmen. Der 13. April 1991 war überraschend warm für die Jahreszeit. Es war wie ein Wunder, denn acht Tage später, als wir die Tagung in Altenau abschlossen, lag ein weißer Teppich aus Schnee über der Landschaft.

Kaum war diese Tagung vorüber, mußten sofort die Vorbereitungen für das Vesakfest getroffen werden. Diese Feier findet jedes Jahr statt, deshalb bedurfte es keiner besonderen Vorkehrungen. Die Festteilnehmer feierten das Fest in der neuen Gebetshalle, obwohl ihr Bau noch nicht vollständig fertiggestellt war. Trotzdem freuten sich alle über die neue Halle und waren von ihr beeindruckt. Das Fest war ein Erfolg.

Hannover den Rücken zukehren, hieß für uns auch, Kraft zu sammeln für die Einweihung im Juli. Alle konnten zwar sehen, daß die neue Pagode noch nicht bezugsfähig war, aber trotzdem machten alle auch weiterhin mit. Das Programm der folgenden Veranstaltungen stand außerdem fest.

Die Einweihung einer Pagode ist eine wichtige Feier, deshalb bereiteten sich Buddhisten in allen Erdteilen darauf vor, um an diesem Fest teilnehmen zu können.

Zuerst hatte ich die Einladung an die Ordinierten abgeschickt, dann wurde ein ausführliches Programm ausgearbeitet.

Die Feier sollte sieben Tage dauern, wobei die ersten zwei Tage einen eher vorbereitenden Charakter hatten. Am Abend des 25. Juli 1991 gab es eine Versammlung der Vereinigten Vietnamesischen Buddhistischen Congregation in Europa mit der Teilnahme der Hochehrwürdigen. An dieser Versammlung nahmen auch die Hochehrwürdigen Thich Ho Giac und Thich Chon Dien aus

Amerika, die Ehrwürdigen Thich Nhu Hue, Thich Bao Lac und der Reverend Thich Quang Ba aus Australien sowie viele andere Ordinierte teil.

Am Morgen des 26. Juli gab es eine Ordination für zwei Novizen und eine Novizin, der Novize Hanh Bao von unserer Pagode, der Novize Quang Tan und die Novizin Hue Hoa der Pagode Khanh Anh. Quang Tan kehrte ins weltliche Leben zurück. Das Mönchsleben ist zwar nicht sehr schwierig, doch auch nicht jedermanns Sache. Manche Mönche hatten sich sogar nach einigen zehn Jahren der Hauslosigkeit wieder für das weltliche Leben entschieden. Nur denjenigen, die wirklich genug Verdienste angesammelt haben, gelingt es, ein Leben lang Mönch zu bleiben. In der vietnamesischen Tradition ist ein Mönchsleben eine Entscheidung fürs Leben. Bei der Ordination werden deshalb die Verse gesprochen:

> *"Vernichte die Form, um des reinen Strebens willen.*
> *Schneide ab alles weltliche Verlangen.*
> *Verlasse deine Familie, um den Pfad zu verwirklichen.*
> *Gelobe, alle Lebewesen zu erlösen."*

Ein Ordinierter hat seine alte Erscheinung abgelegt und gleichzeitig sich ein neues Ziel gesetzt: nämlich, sich selbst und andere zur Erlösung zu führen. Der Ordinierte strebt nach Erleuchtung und Erlösung und nicht nach materiellem Vorteil. Das Verlangen der Weltlichen ist Reichtum ohne Last, Armut ohne Scham und ein Leben ohne Angst. Der Ordinierte lebt zufrieden in Armut und übt sich mit Freude in der Vollendung seines Ziels. Die materielle Armut kann einem Ordinierten nichts anhaben, denn er ist reich an Freude, die er aus seiner Übung und Disziplin schöpft.

Ein Ordinierter pflegt keine persönliche Liebe, weder für die Verwandten noch für die Freunde. Die Kette der Liebe ist nämlich formlos. Sie hat zahllose Menschen seit unendlichen Zeiten zusammengekettet. Deshalb gibt es die Behauptung, daß die Ordinierten gegen den Lebensstrom gehen.

Ein Ordinierter muß sich ein hohes Ziel setzen. Es ist die Übung der Lehre und das Wohl der Lebewesen. Mit dem Wunsch, daß alle Lebewesen die gleiche Weisheit der Erleuchtung besitzen, geht der Ordinierte ins Leben.

Der Hauptpunkt im Leben des Ordinierten ist, die Lebewesen vor weiteren unheilsamen Taten zu bewahren und sie zu heilsamen Taten zu ermutigen.

In der Ordinationszeremonie gibt es daher auch die folgende Belehrung:

> *"Oh guter Sohn,*
> *Verwirkliche die Einsicht über die Unbeständigkeit,*
> *Vernichte den unendlichen Kreislauf der Wiedergeburten,*
> *Verwirkliche das Nivarna,*
> *Dies sind die wirklich unschätzbaren Verdienste"*

Diese Belehrung soll sich dem Geist des neu Ordinierten einprägen, denn sie ist sehr nützlich. Sich für ein Ordiniertenleben zu entscheiden, ist das Gegenteil der Flucht vor der Verantwortung und vor dem Leben. Ein Ordiniertenleben soll die Welt verschönern und dem Leben Freude schenken. Das sind die wirklichen Aufgaben der Ordinierten.

Nach der Ordination am Morgen gab es eine weitere Ordination für die Nonnen. Den Nonnen Hanh Niem, Hue Niem, Hanh An, Hanh Chau und Hanh Tinh wurden die 215 Gebote überreicht, eine Vorbereitungsstufe für die Vollordination als Bhikkhuni. Diese Nonnen sind schon sehr alt und lebten teils mehr als 10 Jahre in unserer Pagode. Obwohl sie verheiratet waren, bevor sie Nonnen wurden, waren sie enge Mitarbeiterinnen der Pagode, und zwar von Anfang an. Sie haben keine besondere Ausbildung erfahren, doch sie sorgten sich unermüdlich um die Versorgung der Mitarbeiter unserer Pagode. Es war eine sehr harte Arbeit für diese alten Nonnen, jeden Tag mehr als 30 Menschen zu bekochen und zu bewirten. Manchmal wurde 25kg Reis in weniger als 2 oder 3 Tagen verbraucht. Trotz der schweren Arbeit haben sie nie die Morgen- und Abendandachten versäumt. Hin und wieder mußte ich sie tadeln, trotzdem blieben sie weiterhin geduldig und ließen in ihrem Fleiß nicht nach.

Die meisten Ordinierten sagen mir nach, daß ich sehr streng bin. Doch meine Strenge beschränkt sich meistens nur auf die Übung der Lehre und auf die Zucht des Lernens, ansonsten glaube ich, bin nicht so streng.

In diesem Leben ist nichts einfach, genauso ist es mit dem Ordiniertendasein. Wir können niemals alle zufrieden stellen. Sogar der Buddha, Jesus, oder der Himmel, sie alle wurden schon von den Menschen verflucht.

Am Nachmittag und am Abend wurden die Zeremonien der „Bodhisattva-" und der „Zehn- Heilsamen Gebote-" Initiationen durchgeführt. Die Zeremonialleiter waren:

Hauptleiter: Hochehrwürden Thich Thien Dinh

Zeremonienlehrer war Ehrwürden Thich Minh Tam

Gebotelehrer war Ehrwürden Thich Tanh Thiet

I. Zeuge war Ehrwürden Thich Tin Nghia

II. Zeuge war Ehrwürden Thich Tri Minh

III. Zeuge war Ehrwürden Thich Thien Vien

IV. Zeuge war Ehrwürden Thich Quang Binh

V. Zeuge war Ehrwürden Thich Nhat Chon

VI. Zeuge war Reverend Thich Quang Ba

VII. Zeuge war Reverend Thich Phuoc Nhon

Gebotevorleser war Ehrwürden Thich Bao Lac

Zeremonienmeister war Ehrwürden Thich Nhu Dien

Von den Nonnen waren die Hochehrwürdigen Nonnen Dam Luu, Thich Nu Nhu Tuan, die Ehrwürdigen Nonnen Thich Nu Dieu

Tam, Thanh Ha, Nguyen Thanh, die Reverend- Nonnen Thich Nu Nhu Vien, Nhu Thien, Dieu Phuoc, Dieu An, Dieu Hanh anwesend.

In den folgenden Tagen gaben die Hochehrwürdigen Thich Ho Giac, Thich Giac Nhien, Thich Chon Dien und der Reverend Thich Quang Ba den Laien wertvolle Belehrungen und Unterweisungen.

Die Ordinierten wurden in einem Hotel nahe der Pagode untergebracht. Die Laien, ungefähr 7000 an der Zahl, schliefen in den Gebäuden der neuen und der alten Pagode, im Zelt oder gar in ihren Autos. Die Veranstalter befanden sich in höchster Einsatzbereitschaft. Am Morgen des 27. Juli 1991 fand eine Zufluchtnahmezeremonie statt. Am Nachmittag hielt Hochehrwürden Thich Tam Chau in der Mehrzweckhalle eine Lehrrede, während eine andere Gruppe eine Stadtrundfahrt machte. Die Einweihungsfeier war eine bisher einmalige Veranstaltung in der buddhistischen Geschichte Deutschlands. Nach der Feier gab es viele Berichte und farbige Abbildungen von der Feier und der Stadtrundfahrt in den verschiedenen Zeitungen regional und überregional. Die Wagen, die an der Stadtrundfahrt teilnahmen, wurden von den Nonnen Dieu An und Minh Loan geschmückt. Sie hatten sich große Mühe gegeben, die Wagen mit den leuchtendsten Farben und den kunstvollsten Dekors zu verzieren. Auf einem Wagen standen die Novizen, welche den Schirm über der Buddhastatue hielten und die Mädchen, welche die Blumen als Opfergaben über die Statue streuten.

Die Neue Presse Hannover reservierte diesem Ereignis sogar ihre Titelseite. Die Hannoversche Allgemeine berichtete über das Fest mit einem Farbphoto. Auch die Radio- und Fernsehstationen waren dabei.

Während des Festes gab es eine Photo- Ausstellung des Photographen Pham Thuong mit Bildern der Heimat. Die Besucher freuten sich über seine Bilder und studierten die Ereignisse in der Heimat und die Aktivitäten im Ausland.

Am Abend gab es eine musikalische Darbietung in der Stadthalle Hannover, welche die Herzen der Teilnehmer höher schlagen ließ.

Der 28. Juli war der erste Tag des siebentägigen Programms. Reverend Thich Hanh Tuan, assistiert von Hanh Tan, übernahm die Rolle des „Moderators" bei diesem Fest. Reverend Hanh Tuan war gerade dabei sein Magister Artium an der Harvard University abzuschließen. Er ist dann nach seinem Magisterabschluß nach Indien gegangen, um seine Doktorarbeit zu schreiben.

Genau 10°° Uhr morgens fand der Einzug der Partriarchentafel in die neue Pagode statt. Vier Novizen trugen die Tafel auf einer geschmückten Bahre, zwei andere gingen neben der Bahre und hielten die Baldachinschirme darüber. Bevor der Zug die Straßen überquerte wurde der Sieben- Drachen- Tanz aufgeführt, um auf diese Weise den Weg zu räumen. Als die Partriarchentafel die Gebetshalle erreichte, wurde das Band durchschnitten und es regnete Blumen als Opfergabe herab.

Das Programm der Zeremonie:

Die Einweihungsfeier

9:00 - Generalprobe der Technik
    - Akustik
    - Gong und Trommel
    - Die Reihenfolge der Geschenke
    - Sitzplätze
    - Räucherstäbchen und Kerzen
    - Der Spalier der Jungen
9:30 - Nochmal Mikrophonprüfung
    - Vorrede
    - Die Eröffnungsrede
    -Ansprache
10:00 - Der Hauptteil
    - Die Ansprache des Abtes
    - Gardinen, Blumen und Schirm

- Die Bahre
- Drachentanz
- Trommel und Gong (nach dem Ende des Drachentanzes)

Namo Shakya Muni Buddha

Sehr geehrte Hochehrwürdige, Ehrwürdige, Reverends, Mönche und Nonnen,

der wichtige Zeitpunkt der Einweihung ist gekommen. Dies ist ein Ereignis, auf das alle Ordinierten und Laien in Deutschland seit langem gewartet haben. Das Band zur neuen Pagode soll durchschnitten werden.

Sehr geehrte Damen und Herren,

wir bitten die Hochehrwürdigen Thich Tam Chau aus Kanada, Thich Thien Dinh aus Frankreich, Thich Ho Giac aus den USA und Thich Giac Nhien aus den USA das Band durchzuschneiden. Von nun an haben wir einen Platz, wo wir den Buddha verehren, unsere religiöse Disziplin ausüben können und wo gleichzeitig die heimatliche Kultur im Ausland weiterwirkt.

Sehr geehrte Damen und Herren,

die Hochehrwürdigen und die Ordinierten sind in die Gebetshalle gegangen. Wir bitten, die Hochehrwürdigen zu den Stühlen auf dem Altarraum, hinter den Opfergabentisch. Wir bitten die Mönche zu den Stühlen auf der rechten Seite. Wir bitten die Nonnen zu den Stühlen auf der linken Seite. (eine Minute Pause, bis alle ihre Plätze eingenommen haben) Wir bitten alle, Platz zu nehmen. (Eine weitere Minute Pause. Beginn der Vorstellung der Ordinierten) Sehr geehrte Gäste, die Vorstellung ist abgeschlossen. Als nächtes bitten wir den Abt der Pagode um seine Rede.

Namo Shakya Muni Buddha,

lasset uns beten. Wir bitten die Ordinierten, vor den Altarraum zu treten, um mit der Zeremonie zu beginnen. Wir bitten alle Gäste, sich dem Buddha zuzuwenden und den Geist auf das Gebet zu richten.

Namo Shakya Muni Buddha,

das Gebet ist nun zu Ende. Wir bitten alle wieder ihren Platz einzunehmen. Nun folgt die Ansprache der Hochehrwürdigen und der geladenen Gäste.

Als ersten bitte ich Hochehrwürden Thich Tam Chau um seine Rede.

Dann bitte ich Hochehrwürden Thich Thien Dinh.

Wir bitten den Hochehrwürdigen Thich Ho Giac um eine weitere Rede.

Als letzten der Ordinierten bitten wir Ehrwürden Thich Minh Tam ans Mikrophon.

Wir bitten den Herrn Architekten Tran Phong Luu um sein Wort.

Wir bitten Herrn Dr. Meihorst, zu uns zu sprechen.

Wir bitten Herrn Frenz, Stellvertreter des Buddhistischen Vereins Österreich, einige Worte an uns zu richten.

Namo Shakya Muni Buddha, Sehr geehrte Ordinierte und Laien, aus Zeitmangel waren wir so frei, nur vier Vertreter aus der Reihe der Ordinierten und drei aus der Reihe der Gäste um ihre Ansprache zu bitten. Wir glauben, daß es unter Ihnen noch viele kostbare Meinungen gibt, die noch nicht geäußert wurden, deshalb haben wir ein Andenkenbuch vorbereitet, worin sie alle bitte ihre Meinungen eintragen können.

Der letzte Akt dieser Zeremonie war die Geschenkübergabe.

Namo Shakya Muni Buddha, auch die Geschenkübergabe ist abgeschlossen. Wir bitten alle aufzustehen, die Hände zu falten, um den Ordinierten auf ihrem Weg aus der Gebetshalle die Ehre zu erweisen.

Sehr geehrte Damen und Herren, die Einweihungsfeier der Pagode Vien Giac in Deutschland ist beendet. Sie hat die Zustimmung aller Teilnehmer gefunden. Wir danken allen Teilnehmern der Feier für Ihr Erscheinen. Obwohl viele der Teilnehmer schon hoch betagt sind, scheuten sie den weiten Weg nicht, um an der Feier teilzunehmen. Es lassen sich bei einer Festveranstaltung dieser Größenordnung Fehler wohl kaum vermeiden, wir bitten sie daher, uns unsere Fehler nachzusehen.

(Die Glocken und Trommeln werden geschlagen)

Die Totengedenkzeremonie findet im Verstorbenandachtsraum statt, wir bitten die Verwandten der Verstorbenen, sich dort zu versammeln. Danach ist die Opfergabezeremonie an die Ordinierten.

Wir bedanken uns herzlich für Ihre Aufmerksamkeit.

Die meisten Zeitungen in Hannover haben aufgeschlossen über das Fest berichtet. Das Fest hatte auch eine nachhaltige Wirkung auf die deutsche Öffentlichkeit. Seit jenem Tage wußten viele Deutsche etwas mehr von der Pagode und über den Buddhismus.

Am 28 Juli, abends, gab es eine Redaktionssitzung der Mitarbeiter der Zeitschrift Vien Giac. Auch viele Buddhisten nahmen an dieser Redaktionssitzung teil.

Am nächsten Tag, Montag, den 29. Juli, verließen mehrere Wagen Hannover, um nach Hamburg zu fahren. Die Delegation sollte sich dort einschiffen, um eine Zeremonie zu veranstalten für die Verstorbenen, die ihren Tod auf dem Meere gefunden haben. Man besuchte vorher kurz die Pagode Bao Quang, um das Mittagsmahl einzunehmen.

Ein kleines Schiff wurde gemietet. An der Meereseinmündung wurde ein Gebet zur Erlösung der Seelen jener Verstorbenen gesprochen, die auf dem Meer ertrunken sind. Der Klang der Zeremonialinstrumente und die Gebete pflanzten sich tief in das Bewußtsein der Teilnehmer ein und schwebte mit dem Wind über die Meere fort, um auch von den Verstorbenen vernommen werden zu können.

Nach einer Stunde im Gebet legte das Schiff wieder im Hafen von Hamburg an. Die Delegation kehrte nach Hannover zurück, um dort die Dana-Zeremonie abzuhalten.

Reverend Thich Quan Khong, Ehrwürden Thich Tin Nghia, Reverend Thich Quang Ba, Thich Vien Dieu, Thich Quang Hien, Thich Minh Giac und Thich Tri Minh waren die Zeremonialleiter. Das Trommelspiel des Ehrwürden Thich Tri Minh versetzte alle in eine gespannte und zugleich wohltuende Stimmung.

Der Gesang von Reverend Thich Quan Khong, dem Oberzeremonial, war so schön, wie der Gesang des Phönix bei seinem Versuch, die verstorbenen Seelen anzulocken. Reverend Thich Quang Ba als linker Assistent zeigte eine beachtlich starke und warme Stimme. Ehrwürden Thich Tin Nghia bewies sein rhetorisches Können bei den Gebeten, die er sprach.

Die Zeremonie dauerte 4 Stunden. Alle Teilnehmer waren danach sehr erschöpft, befanden sich aber doch in einem gehobenen Zustand. Denn, sie alle hatten das Gefühl, ihre Pflicht gegenüber den Verstorbenen erfüllt zu haben. Die Lebenden ernähren sich von den Speisen, die guten Speisen der Verstorbenen sind die Gebete und die Lehre des Buddha.

Dienstag, den 30. Juli 1991, verließen die Besucher die Pagode. Nach all der Betriebsamkeit und der Aufregung kam uns die Pagode jetzt ganz still und leer vor. Auf jedes Treffen folgt der Abschied. Das ist nur natürlich.

Am 1. August kam endlich auch mein Meister aus Vietnam an. Auch er wollte an unserem großen Fest teilnehmen, aber die vietnamesische Regierung brauchte etwas länger, um ihm eine Reise-Erlaubnis auszustellen. 4 Monate vor dem Einweihungsbeginn habe ich meinem Meister die Einladung zugeschickt. Endlich, nach so langer Bearbeitungszeit seines Reiseersuchens, erteilte die kommunistische Regierung ihre Erlaubnis. Am 30.Juli bekam er das Visum für Deutschland. Wie seltsam auch in diesem Falle alles zugegangen war.

Doch ein Gutes hatte diese Verzögerung. Nach fast 20 Jahren sollte ich meinen Meister wieder treffen. Wäre er rechtzeitig zur

Feier gekommen, hätten wir vor einem Dilemma gestanden. Was auch immer er der Presse mitgeteilt hätte, in keinem Falle, hätte er die Regierungen beider Länder zufrieden stellen können. Hätte er die kommunistische Regierung in Schutz genommen, wäre es für mich peinlich gewesen. Wenn er jedoch über die Verhältnisse in Vietnam die Wahrheit gesagt hätte, hätte er kaum dorthin zurückkehren können. Seine Anwesenheit in der Heimat ist aber unerläßlich.

Nach einem Aufenthalt von einem Monat wollte mein Meister nach Vietnam zurück, obwohl sein Visum noch zwei Monate gültig war.

Während er sich hier aufhielt, habe ich ihn zu den Ortsvereinen in Deutschland gebracht. Reverend Thien Son begleitete ihn nach Paris, um ihm die Stadt zu zeigen, die für die Vietnamesen noch heute einen legendären Ruf genießt. Überall erkannte mein Meister den Unterschied der Lebensbedingungen und er vermochte sich gut und schnell anzupassen, obwohl er schon älter als 60 Jahre war.

Thay Hanh Tuan blieb noch ein paar Tage nach der Feier, um mit meinem Meister zu sprechen und die Pläne für Initiativen des Buddhismus zu diskutieren. Ich hatte leider nicht so viel Zeit, wie ich es mir gewünscht hätte, um meinen Meister ständig zur Verfügung zu stehen. Jeden Morgen nach der Andacht erkundigte ich mich nach seinem Schlaf und seiner Gesundheit. Mit seiner weiteren Betreuung mußte ich aber meine Schüler beauftragen.

Nicht ohne Bedeutung ist auch die Tatsache, daß der Kampf der Vereinigten Vietnamesischen Buddhistischen Congregation um ihre Rechte in der Heimat und im Ausland hier in der Pagode Vien Giac in Hannover seinen Anfang nahm und der Reverend Thich Hanh Tuan einer seiner Anstifter gewesen ist.

Als Thay Hanh Tuan mir bei der Veranstaltung der Feier zur Seite stand, war er voller Freude und sagte: „Es ist eigentlich erstaunlich, zu sehen, daß so viele Laien und Ordinierte Ihrer Einladung gefolgt sind. In den USA gibt es mehr Laien und Buddhisten als hier, und trotzden sind wir bis jetzt noch nicht dazu gekommen, uns wenigstens zusammen zu setzen und über gemeinsame Aktionen zu sprechen, geschweige denn gemeinsam etwas zu unternehmen."

Er sagte weiter: „In den USA gibt es viele Mönche mit guter Ausbildung und hoher akademischer Qualifikation. Doch jeder schien bislang zufrieden mit seinen persönlichen Belangen. Ich glaube, wenn ein Hochehrwürdiger aus der Heimat sich um diese Angelegenheit einmal kümmerte und ein Schreiben dorthin schicken würde, dann könnte es vielleicht doch noch ein gemeinsames Zusammenwirken geben." Das war ein sehr einfacher Gedanke, der zunächst schwer realisierbar erschien, aber sich dann doch als sehr wirkungsvoll erwies.

Die Frage war nun, wen man in der Heimat dieses Ansinnen antragen könnte. Die Hochehrwürdigen Thich Tri Quang, Thich Huyen Quang, Thich Quang Do erschienen zwar geeignet, doch galt der Hochehrwürdige Thich Don Hau, als derjenige, dem die Ordinierten dort die meiste Verehrung entgegengebrachten. Er war der Geschäftsführer der Vereinigten Vietnamesischen Buddhistischen Congregation. Er war nicht nur beliebt bei den Buddhisten, die Regierung zeigte ihm auch gebührenden Respekt. Zum Glück kannte Thay Hanh Tuan den Schüler des Hochehrwürdigen, Thay Hai Tang. Thay Hanh Tuan nahm Kontakt mit Thay Hai Tang auf, und bat ihn, an den Hochehrwürdigen zu schreiben. Der Hochehrwürdige schickte Briefe ins Ausland, besonders in die USA, rief die Ordinierten und die Laien auf, sich zusammenzusetzen und ein neues gemeinsames Arbeitskonzept ausarbeiten.

In den USA entstand die Vereinigte Vietnamesische Buddhistische Congregation der USA. Im Mai 1992 starb der Hochehrwürdige. Hochehrwürden Thich Huyen Quang wurde sein Nachfolger und übernahm das Vermächtnis seines Vorgängers.

Thay Hanh Tuan ist ein junger Mönch mit guter Zukunft. Er hat einen akademischen Abschluß und ein empfindliches Gefühl für alle Sachen. Er ist der Schüler des verstorbenen Ehrwürden Thich Nhu Van, dem vorherigen Abt des Partriarchen Tempels Phuoc Lam in Hoi An Quang Nam.

Das Ullambanafest fand in jenem Jahr vom 30. August bis zum 1.Sept. 1991 statt. Diesmal kamen nicht so viele Buddhisten nach Hannover wie sonst. Die meisten Buddhisten hatten schon an den drei vorangegangenen Festen teilgenommen, so daß sie keine Zeit mehr fanden für dieses Fest. Doch eine Besonderheit gab es auch bei diesem Fest, nämlich die Anwesenheit meines Meisters. Ich bat ihn, die Zeremonie zu leiten und eine Lehrrede über die Bedeutung des Ullambanafestes sowie über die Pietät der Kinder gegenüber ihren Eltern zu halten. Die Buddhisten genossen die Unterweisung sehr und spendeten für sein Werk in der Heimat. Mit dieser Spende baute er die zweite Etage der Mehrzweckhalle in seiner Pagode.

Nach der Einweihungsfeier habe ich 7kg abgenommen. Kein Wunder. Schließlich mußte ich mich um alles kummern und habe mir bei der Erledigung aller meiner Aufgaben auch sehr viel Mühe gegeben. Doch der Erfolg schien eher gering. Das Lob wurde nur geizig verteilt, freigiebiger war man dagegen mit dem Tadel. Ich war wieder ein bischen entmutigt. Obwohl ich mein Bestes gegeben hatte, schien es so, als ob ich keinem Fehler ausweichen könnte.

Nachdem nun diese Feierlichkeiten vorüber waren, sagte man mir nach, daß ich es mit der Einweihung viel zu eilig gehabt hätte. Die Pagode war noch gar fertig gebaut. Wieso sollte man sie dann schon einweihen? Die Organisation der Veranstaltung, hieß es weiter, war nicht gelungen. Das Gebäude, so wollte man jetzt feststellen, hätte überhaupt keinen richtigen Stil, es sei weder westlich noch östlich, und so ging das Gerede weiter.

Nicht nur die Laien fanden keinen Gefallen an dem Gebäude, so wie es bis zu diesem Zeitpunkt dastand. Auch manchem Ordinierten gefiel die Konstruktion nicht. Die Zeitschrift der Pagode Khanh Anh veröffentlichte diese Meinungen einige Zeit später. Der Architekt war davon sehr betroffen und zitierte mir einige Stellen in seinem „Brief an den Abt".

Es war tatsächlich wahr, daß bei der Einweihung nur die Andachtshalle einigermaßen vorgezeigt werden konnte. Doch die Altarschränke und der Schmuck für den Raum, die in Vietnam bestellt wurden, waren nicht rechtzeitig zur Feier angekommen. Erst einen Monat nach der Einweihung trafen alle diese Utensilien ein.

Vieles war noch zu tun. Der Westflügel war noch nicht gestrichen und seine Fenster waren auch noch nicht eingebaut. Der Ostflügel wurde während dieser Zeit erst fertig gemauert. Das Dach war auch noch nicht gedeckt. An dem Turm wurde unterdessen gearbeitet. Das Drei-Flügel-Tor war überhaupt noch nicht gebaut. Die Ordinierten und die Laien hatten damals also gar nicht ganz unrecht mit ihrer Behauptung. Doch die Pagode war noch nicht fertig, deshalb hätte man mit dem endgültigen Urteil über sie auch noch warten können. Unsere Pagode glich damals tatsächlich einem Mann, der zwar schon einen Anzug hatte, mit ihm aber noch nicht ausgehen konnte, weil ihm die anderen Kleidungsstücke dafür fehlten.

Nur mein Meister lobte: Andere bräuchten zwei oder drei Generationen, um eine Pagode zu bauen. Du brauchtest nur ein paar Jahre, um diese Pagode zu bauen, und das auch noch im Ausland. Das ist schon beachtlich.

Der Vater lobt den Sohn, der Meister lobt den Schüler, das erscheint den meisten ganz normal. Aber selbst wenn mein Meister voreingenommen gewesen wäre, hätte mich seine Anerkennung getröstet. Sie hat mich tatsächlich wieder aufgerichtet nach all dem destruktiven Gerede.

Fotos von der Einweihungszeremonie

Teil 1

KÍNH MỪNG ĐẠI LỄ KHÁNH THÀNH
CHÙA VIÊN GIÁC TẠI HANNOVER

KÍNH MỪNG ĐẠI LỄ KHÁNH THÀNH
CHÙA VIÊN GIÁC TẠI HANNOVER

DIE FÜNFTE PERIODE

Die zeremoniellen Gegenstände der Pagode

Als ich am 22. April 1977 nach Deutschland kam, führte ich in meinem Gepäck außer meinen Kleidungstücken auch noch einige andere Dinge mit mir: einen Teller und ein paar Eßstäbchen. Den Teller habe ich noch, während die Eßstäbchen verloren gingen. Zu meinem Gepäck gehörten auch eine Glocke und eine kleine Holztrommel aus Japan. Ich hatte auch ein Bild des Amitabha und eins von Shakya Muni Buddha bei mir. Ein Gebetbuch in chinesischen Lettern, das mir der Hochehrwürdige Phap Y, der Abt der Pagode Hung Long in Sai Gon (Vietnam), zum Abschied schenkte, als ich Vietnam verließ, war auch unter meinen Sachen. Unter meinen religiösen Gegenständen befand sich außerdem das Lotussutra in chinesischer und japanischer Fassung. Die Lotusschule in Japan rezitiert nur zwei Kapitel aus diesem Sutra, das zweite Kapitel „"Geschicklichkeit" und das sechszehnte „"Tathagatamitayus" (Die unendliche Lebensdauer des Buddha). Ich hatte mich in Japan immer an der Rezitation beteiligt und habe deshalb auch diese beiden Kapitel auf Japanisch auswendig gelernt. Ihre vietnamesische Fassung kann ich dagegen nur mithilfe einer Textfassung rezitieren.

Das also war meine ganze zeremonielle Habe als ich in Deutschland ankam. In Kiel bezog ich ein Zimmer in einem Studentenwohnheim, wo ich mir auch einen kleinen Altar aufgebaut habe, um meine tägliche Opfergabe zu verrichten. Nach einem Jahr zog ich von Kiel nach Hannover.

Es war Frühling als ich in Hannover ankam. Zum Vesakfest 1978 habe ich mir vom Ehepaar Tuan und Cuc eine Buddhastatue für die Dauer der Zeremonie ausgeliehen. Nach Abschluß der Feier bin ich dann nach Paris gefahren, um mir eine Statue aus der Pagode Khanh Anh zu besorgen. Die Statue wurde später hier in Hannover in Anwesenheit des Ehrwürdigen Thich Minh Tam aus Paris geweiht. Sie steht noch heute in unserer Pagode. An der Einweihung der Statue nahmen ungefähr 30 Leute teil. Den Altartisch zimmerten Hieu und Tinh nach einem Entwurf von mir. Der Tisch war zweistufig konzipiert und wurde aus Spanplatten gebaut. Die Konstruktion des Altartischs vergegenwärtigte die Drei Juwelen. Wir haben diesen Tisch bis 1980 genutzt.

Ende 1980 kehrte ich kurz nach Japan zurück, um von dort eine Buddhastatue nach Deutschland zu holen. Ich wollte jene Statue abholen, welche die Congregation der Vereinigten Vietnamesischen Buddistischen Kirche 1969 nach Japan schickte, als sie dort ihre Zweigstelle eingerichtet hatte. Die Statue wurde dem Joenji Tempel in Shinjuku (Tokio) zur Aufbewahrung anvertraut. Sie zählte zu einer der drei Statuen, welche die Congregation ins Ausland brachte. Die anderen beiden Statuen kamen in den vietnamesichen Tempel zu Bodhgaya und in die Khanh Anh Pagode nach Paris.

Anfang 1981 zog die Pagode innerhalb von Hannover um in die Eichelkampstraße. Alle zeremoniellen Gegenstände nahmen wir dorthin mit. Da in dem neuen Gebäude eine große Halle als Andachtshalle zur Verfügung stand, wurde auch ein neuer Altartisch gebaut. Der Tischler Phung aus Hildesheim erledigte diese Arbeit. Am Vesakfest 1981 wurde die neue Pagode eingeweiht. Die Buddhastatue aus Japan stand von 1980 bis 1991 als Hauptfigur in der Andachtshalle dieser Pagode.

1984 entstand der Plan, in Deutschland eine eigene vietnamesische Pagode zu bauen. Die neue Gebetshalle brauchte eine Buddhastatue, die ihrer Größe entspräche. So bat ich Hochehrwürden Thich Duc Niem in Taiwan eine 2,50m große Statue für unsere Pagode zu bestellen. Die Statue des Shakya Muni Buddha, die wir von dort haben, steht jetzt in der Mitte des Altarraumes.

Die Holztrommel und die Glocke, die wir heute in der Pagode nutzen, aber auch die Statue des Avakoliteshvara am Teich auf dem Platz vor der Pagode hatte der Ehrwürdige Thich Minh Tam in unserem Auftrag bestellt. 1985 kam diese Lieferung aus Taiwan in Deutschland an. Ehrwürden Thich Thien Nghi aus Kanada bestellte in meinem Auftrag die Prajnatrommel und die Prajnaglocke, die wir 1986 aus Taiwan erhalten haben. Alle diese Statuen und Gegenstände mußten wir damals aus Taiwan beziehen, weil die vietnamesischen Ausfuhrbeschränkungen eine Bestellung in Vietnam nicht zuließen. Erst zwei Jahre später wurden die Außenhandelsrestriktionen von der vietnamesischen Regierung gelockert.

1985 erhielt die Pagode auch eine chinesische Ausgabe des Tripitaka aus Taiwan. Diese einhundert Bände sind ein Geschenk des Innenministeriums der Bundesrepublik Deutschland. Die Prajnaglocke schenkte uns die Familie Chiem aus Hamburg. Auf dieser Glocke habe ich den Namen des Ministerpräsidenten von Niedersachsen, Dr. Albrecht, eingravieren lassen. Dr. Albrecht hat sich als Ministerpräsident des Landes Niedersachen und auch nach seiner Amtszeit immer wieder für die vietnamesischen Flüchtlinge eingesetzt. Das Material der Glocke berechtigt zu der Hoffnung, das sie selbst viele Generationen überdauern wird und so der Nachwelt kund zu tun vermag, was sich hier und heute bei uns abgespielt hat, daß Vietnamesen in Deutschland gelebt und ihre buddhistische Religion gepflegt haben.

Den Erwerb der Statue des Avalokiteshvara machten die Spenden der Familien Tran Van Qui und Dieu Tung Le Thi Khang, aber auch einige andere Buddhisten aus Hamburg möglich. Die Familie Ly aus Rotenburg stiftete zusammen mit anderen Buddhisten die Statue des Shakya Muni Buddha. Als wir die Statuen damals bestellten, stand der Dollarkurs bei 3,-- DM für 1,-- US$. Die Statuen haben uns also 12000,-- DM (4000,-- US$) gekostet. Wäre es uns damals schon möglich gewesen, sie aus Vietnam zu beziehen, dann hätte wir 3000,-- US$ sparen können.

Die Prajnatrommel und die Prajnaglocke kosteten 10000,-- DM, und der Preis der Statue von Avakoliteshvara lag bei 3000,-- DM. Es waren diese Summen, die von den genannten Buddhisten gespendet wurden, welche uns die Anschaffung der Zeremonialgüter und Statuen erst ermöglicht haben.

Nachdem 1989 die vietnamesischen Handelsrestriktionen aufgehoben wurden, habe ich die Nonne Nhu Vien beauftragt, mir aus Vietnam eine Statue des Amitabha Buddha, eine Statue des Dharmabeschützers und eine Statue des Anführers der Höllenwesen zu bestellen. Diese Statuen erfreuen heute unseren Anblick, ganz besonders die Statue des Amitabha Buddha. Sie ist 3m hoch und 2 Tonnen schwer. Die Gesichtszüge des Buddha Amitabha drücken die Barmherzigkeit aus und seine Hände zeigen mit der einen Hand das Mudra der Barmherzigkeit und mit der anderen das Mudra der Erdberührung, durch welches er sein Erbarmen mit den Lebewesen der sechs Bereiche bekundet, denen er den Weg zur Erleuchtung weist.

Die vietnamesischen Bildhauer sind an sich durchaus kunstfertig. Leider steht ihnen die erforderliche Technik nicht zur Verfügung. Deshalb benötigen wir für das Aufstellen der Statuen aus Taiwan, auch nur ein Viertel der Männer, die wir brauchen, wenn wir die vietnamesischen Plastiken zu ihren vorgesehenen Plätzen in der Pagode transportieren.

Vor der Einweihung der neuen Pagode bat ich die Firma Mehmel die Statue aus der alten Pagode mit einem Kran in die neue Pagode hinüberzutransportieren. Die Statue war so schwer, daß die Männer fast 8 Stunden brauchten, nur um sie 100m weit zu bewegen. Die deutschen Arbeiter wandten alle erdenklichen Techniken an, um die Statue richtig auszurichten. Jetzt steht sie endlich dort, wo sie stehen soll. Leider ist bei diesem Schwertransport eine Hand der Statue abgebrochen. Hanh Tan reparierte aber den Schaden sofort. Heute ist diese Bruchstelle kaum noch zu erkennen.

Eine andere Geschichte, die sich im Zusammenhang mit

dieser Statue ereignete, möchte ich ihrer Komik wegen hier nicht verschweigen. Als die Statue in Deutschland eintraf, kam nämlich die Polizei mit ihren Spürhunden zu uns, um die Statue nach Konterbande zu untersuchen. Sie konnte sich schließlich davon überzeugen, daß die Statue nur aus Zement bestand, und auch gar nichts in ihr hätte versteckt werden können. Die Polizisten haben zwar nur ihre Pflicht getan, aber für uns war die Situation doch komisch; denn es gibt in Deutschland so viele Schmuggler, die an den Grenzen nicht erwischt werden, während man bei uns im Kloster nach Konterbande sucht, wo nun wirklich kein Platz für solche Güter ist.

Vor der Einweihung der Pagode habe ich einige Buddhisten auch um Spenden für das Holzrelief gebeten, das die Andachtshalle dekoriert. Diese Holztafel wurde in Vietnam angefertigt. Ich bat Reverend Thich Hanh Tam in Vietnam Reverend Dong Dien von der Pagode Dong damit zu beauftragen. Aus den Werkstätten dieser Pagode haben wir außerdem noch erhalten:

- 1 Altarschrank in den Maßen 4x1m zu 5x2m

- 1 Gebetsschrank in den Maßen 4x0,6m x 0,8m

- 1 Räucherschrank in den Maßen 5x0,6mx1m

- 1 Tafel mit der Aufschrift „"Vien Giac Tu" (in chinesischen Zeichen)

- 1 Tafel mit der Aufschrift „"To To Tuong Truyen" (in chinesischen Zeichen)

- 1 Tafel mit der Aufschrift „"Pagoda Vien Giac"

- 1 Altarschrank für den Patriarchen

- 1 Tafel mit der Aufschrift „"Dai Hung Buu Dien" (in chinesischen Lettern)

- 3 Holztafelpaare mit buddhistischen Versen.

Diese Paraphernalien sollten noch vor der Einweihung unserer Pagode eintreffen, kamen aber erst im August 1991 hier an. Wir bedauerten das sehr, denn sie fehlten uns bei der Einweihung und auch die Ordinierten, die aus diesem Anlaß angereist waren, hätten sie gerne gesehen.

Zu dieser Sendung, die leider zu spät in Hannover eingetroffen ist, gehörten auch die Gestelle für die Glocke und für die Trommel, die Zepter des Bodhisattva der Hölle und die Meditationsstöcke, die ich gar nicht bestellt hatte, von Reverend Dong Dien aber einfach mitgeschickt wurden. Auch sie mußten natürlich bezahlt werden.

Den großen Altarschrank, der in der Apsis steht, hat die Familie Dieu Anh aus Rotenburg gestiftet. Dieser Schrank war so schwer, daß wir 40 Männer zusammenrufen mußten, um ihn überhaupt in die Gebetshalle bringen zu können. Im Innern dieses Schrankes könnte ein kleinwüchsiger Mensch mit einer Körperhöhe von 1,60m nicht nur bequem stehen, sondern auch noch auf und ab gehen.

Die Vorderansicht des Altarschrankes zeigt drei Pagoden, die für die drei Regionen Vietnams stehen. Die einsäulige Pagode repräsentiert die historische Architektur Nordvietnams. Sie wurde während der Ly- Dynastie im 11. Jahrhundert gebaut. Der Turm der Heiligen Frau in Mittelvietnam stellt eine Architektur der Nguyen-Dynastie aus dem 17. Jahrhundert dar, während der Turm der Reliquien- Pagode ein Symbol ausdrückt, das der südvietnamesische Buddhismus erst im 20. Jahrhundert entwickelt hat. Die beiden Seitenwände des Schranks sind mit Lotusblumen ausgeschmückt. Die Schnitzereien sind blattvergoldet. Auf diesem Altarschrank haben wir die große Statue des Shakya Muni Buddha aufgestellt.

Vor dem Altarschrank steht der Gebetsschrank. Diesen Schrank haben die Buddhisten aus Kanada gespendet. Auf seiner Vorderseite sind Lotusblüten und Enten eingeschnitzt. Auch diese Schnitzereien sind blattvergoldet. Sie sind hübsch anzusehen. Jedesmal wenn ich vor dem Schrank sitze, betrachtete ich sie mit großer Aufmerksamkeit. Die Statue des Buddha, die ich aus Japan geholt hatte, haben wir auf diesem Gebetsschrank aufgestellt. Auf seiner Schrankfläche stehen auch die Holztrommel, die Glocke und die Lampen für die Opfergabe an den Medizin- Buddha. Dort liegen auch die Gebetsbücher, die täglich gebraucht werden.

Der freie Platz vor dem Gebetsschrank ist als Sitzbereich der Ordinierten vorgesehen. Direkt hinter den Sitzplätzen der Ordinierten befindet sich der Opfergabentisch. Dieser Tisch ist in roter Farbe gehalten, während seine Schnitzelreien mit Goldfarbe übermalt wurden. Alle vier Seiten des Tisches zeigen Schnitzereien. Auf der Vorderseite sind die mythischen Tiere: Drache, Hundlöwe, Schildkröte und Phönix abgebildet. Die Rückseite zeigt die vier Jahreszeiten: die Orchidee steht für den Frühling, der Bambus für den Sommer, Chrysamthemen für den Herbst und die Pflaumenblüte stellt den Winter dar. Die Seiten rechts und links zeigen Pflaumen und Pfirsische.

Diese Symbole werden in Asien sehr häufig gebraucht. Die vier mythischen Tiere sind die seltenen Lebewesen, die ein langes und glückliches Leben verheißen. Die vier Pflanzen stellen die Zeit dar, das Werden und Vergehen. Auch dieser Tisch ist sehr schwer. Für seinen Transport brauchten wir 20 Männer. Er wurde uns von Herrn Dr. Meihorst, dem Ratgeber der Pagode, gespendet. Auf diesen Tisch haben wir eine Buddhastatue aus Vietnam gestellt. Wir erhielten sie 1992. Die Statue, die von zwei Vasen, die traditionell in Lack gearbeitet und mit eingelegtem Perlmut verziert sind, flankiert wird, strahlt ihre eigene Schönheit aus. Die Vasen zu beiden Seiten dieser Statue wurden uns von den Buddhisten Thi Phap Nguyen und Thi Ngoc Le aus Berlin gespendet.

Ein zentrales Schmuckelement ist der Nimbus der großen Buddhastatue. Er wurde uns von der Pagode Phap Bao und den australischen Buddhisten gespendet. Der Nimbus hat einen Durchmesser von 1,50m und besteht aus einem Farbdia der Sonne, das mit einem Filter aufgenommen worden ist, mit dem sich das Licht in seine verschiedenen Spektralfarben differenzieren läßt.

Auf dem Altartisch stehen ebenfalls zwei jener traditionell in Lack gearbeiteten Vasen mit Perlmut, die uns die Buddhisten Dieu Tri und Quang Tan aus Paris gespendet haben. Vor dem Opfergabentisch befindet sich ein Räucherbehälter, der eine Höhe von 1,30m hat. Dieser Behälter kam aus Hongkong und wurde uns von der Familie Chung aus Hamburg gespendet.

Auch die anderen Gegenstände, die wir im Altarraum aufbewahren, so die Räucherbehälter, die Kerzenständer und die anderen Zeremonialgegenstände dort, wurden uns von den Familien Vo Xuan Khoi aus Hamburg, Tieu Thi Thi aus Erlangen und einigen Familien aus Paris gespendet.

Rechts und links vom Opfergabentisch stehen die Altäre des Avalokiteshvara und des Mahasamantabhadra Bodhisattva. Ihre Statuen hat Hochehrwürden Thich Duc Niem in Taiwan bestellt. Avalokiteshvara ist der Bodhisattva der Barmherzigkeit und Mahasamantabhadra ist der Bodhisattva der Weisheit. Die Schränke, auf denen sie stehen, hat der Buddhist Ly Chan Loi gestiftet.

Der Altarraum wird von einer Bogentafel eingerahmt, in die neun Drachen eingeschnitzt sind und die Inschrift „Dai Hung Buu Dien" (kostbarer Raum für den Buddha). Diese Tafel hat die Pagode Bao Quang in Hamburg gestiftet.

Auch die mit einzelnen Versen versehene dreiteilige Tafel der Pagode ist vergoldet. Die Inschrift der inneren Tafel trägt den Namen der Pagode „Vollkommene Erleuchtung".

Der Vers der rechten Tafel lautet: „Vollkommenes Verstehen der Lehre. Betrachtet die Schönheit der Pagode, während ihr der Lehre andächtig zuhört."

Der Vers der linken Tafel sagt: „Erleuchtung kommt durch den Geist. Mögen die Lebewesen heilsam leben, während sie die Erlösung anstreben."

Die beiden mittleren Tafeln preisen die Leerheitsphilosophie des Buddhismus in dem Sinn des Prajnaparamita- Sutra und des Madhyamakakarikasastra.

Auf der rechten, der beiden mittleren Tafeln lehrt der Vers: „Die Dhamma sind leer, sie haben weder eine subjektive noch ein objektive, noch eine prädikative Form."

Auf der linken der beiden mittleren Tafeln heißt es: „Der Avalokita hat eine Buddhanatur, eine heilsame Natur, eine erleuchtende Natur."

Die äußeren Tafeln sind eine Kopie der Tafeln, die sich in der Tu Dam Pagode von Hue, der Stadt der annamitischen Könige Vietnams, befinden. Sie sind das Geschenk des Ehrwürdigen Thich Tanh Thiet aus Lyon.

Auf der rechten Außenseite steht der Satz: „Mensch, Mensch, Buddhanatur Mensch, diese Welt, andere Welten, kehren zum Erleuchtungsmeer zurück" (Alle Lebewesen auf dieser Welt und in anderen Welten haben die Buddhanatur, deshalb kehren sie zum Erleuchtungsmeer zurück)

Auf der linken Außenseite heißt es: „Dhamma Dhamma gleichwertige Dhamma, Stein, Blume, Wild, Gras, alles wahre Beständigkeit" (Alle Wesen sind gleichwertig, ob sie Steine, Planzen oder Tiere sind, aufgrund ihrer wahren Beständigkeit)

Diese Verse drücken die essentielle Lehre des Buddhismus aus, welche die undifferenzierte Gleichheit lehrt. Diese Idee des Buddhismus hat auch im Westen sehr viel Anklang gefunden.

Über der Eingangstür der Pagode hängt auf der Innenseite eine Tafel mit der Aufschrift: „Vien Giac Tu" in chinesischen Schriftzeichen. Sie wurde von den Buddhisten Thi Minh Van Cong Tram und Nguyen Dao Van Cong Tuan aus Hamburg gespendet. Die Kaligraphie auf der Tafel, die sehr schön ist, wurde auch vergoldet. Die Tafel ist so schwer, daß sie nur in gemeinsamer Anstrengung von 6 Männern an ihren derzeitigen Platz gebracht werden konnte.

Im Patriarchen- Altarraum steht ein Altarschrank mit einer Patriarchentafel. In diese Tafel wurde der Name des Patriarchen Minh Hai geschnitzt, der im 17.Jahrhundert den Buddhismus nach Vietnam brachte und die Pagode Chuc Thanh in Hoi An- Quang Nam gründete. Auf den Seiten dieses Schranks haben die Holzschnitzer Szenen von Tieren und Pflanzen geschnitzt. Der Schrank ist braun lackiert und seine Schnitzereien sind vergoldet. Er ist eine Spende der Buddhisten aus der Schweiz. Zu beiden Seiten des Schranks stehen die Meditations- und die Zeremonialstöcke, die uns die Reverends Thich Hanh Tam und Thich Dong Dien geschenkt haben.

An der Wand des Patriarchenzimmers haben wir die Tafel mit der Aufschrift „To To Tuong Truyen" (Von Patriarch zu Patriarch weitergereicht) angebracht. Diese Tafel hat die Familie der Nonne Hue Niem gespendet. Auf allen Tafeln ist außerdem auch noch ihr Herstellungstag eingeschnitzt.

Im Frühjahr 1993 waren wir finanziell wieder in der Lage, weitere liturgische Gegenstände und religiöse Kunstwerke aus Vietnam zu bestellen. Unsere zweite Bestellung faßt die folgende Liste zusammen:

- 1 Dekorationsbogen für den Altarraum
- 4 Altarschränke für den Dharmabeschützer, den Höllenwe-senanführer, den Chunda- und den Avalokiteshvarabodhisattva.
- 6 Tafelsockel
- 2 Regale für die Gebetshalle
- 3 Baldachine und verschiedene Fahnen
- 2 geschnitzelte Drachen als Treppengeländer vor der Gebetshalle
- 1 Bogenrahmen für den Patriarchenraum
- 7 große und 1000 kleine Buddhastatuen für den Turm.
- 1 Wohnzimmergarnitur, 1 Teezeremoniengarnitur, 1 Kleiderschrank und 1 Bettliege.
- 2 Eßtische und 20 Stühle.

Diese Dinge bestellten wir bei der Reverend- Nonne Nhu Vien, welche nicht nur ihre Herstellung baufsichtigt hatte, sondern auch ihren Versand bis zur Einschiffung betreute.

Der Dekorationsbogen ist ein 9m hohes und 8m breites, sehr schönes Schnitzwerk. Die aufwendige Arbeit stellt die 5 Drachen mit 5 Perlen und die 4 Drachen, die Wasser spucken, dar. Diese Drachen symbolisieren die 5 Kontinente und die 4 Ozeane. Da der Bogen sehr groß und sehr schwer ist, war es nicht leicht, ihn anzubringen. Nach dem Vesakfest 1993 haben wir eine Gerüstbaufirma beauftragt, die erforderlichen Gerüste und drei Flaschenzüge in dem Altarraum aufzustellen. 20 junge Männer waren mit der Aufstellung des Bogens beschäftigt. Der Tischler Dung aus Hildesheim leitete die Einbauarbeiten. Daß wir diesen Bogen in der Pagode aufstellen konnten, verdanken wir der Spende des Buddhisten Ly Ngoc Phuong aus Aschaffenburg, dessen Spende uns vermittelt worden ist durch den Buddhisten Phuong Thi Dai.

Unter die Tafelpaare haben wir 6 Sockel aufgestellt. Die Schnitzereien der Sockel zeigen Fasane, Phönixe, Chrysanthemen, Orchideen, und anderes Zierwerk. Einen dieser Sockel hat der Buddhist Minh Thien aus Hannover gespendet. Die Baldachine, die jetzt zu beiden Seiten der Halle aufgestellt sind, sollten eigentlich die beiden Bodhisattvastatuen beschirmen. Da sie für eine Verankerung im Dach zu schwer waren, haben wir uns nun für diese Lösung entschieden.

Allein die Transportkosten und Steuern dieser Baldachine betrugen gut 8000,-- US$. Den zweiten Baldachin haben wir bis heute noch nicht aufgehängt, weil die baustatische Auslegung der Decken die Anbringung derartiger Gewichte nicht zuläßt.

Der Bogenrahmen paßt ganz vorzüglich in den Patriarchenraum. Sein Schnitzwerk folgt der Konstruktion. Den Rahmenflanken entlang winden sich zwei Drachen, die sich um einen Feuerball streiten. Diesen Bogenrahmen hat uns Dr. Dienemann gespendet.

Bedauerlich ist nur, daß das Holz des Rahmens, der in Vietnam angefertigt wurde, wohl wegen der anderen Luftfeuchteverhältnisse hier in Deutschland, bedingt durch das regionale Klima und die Raumheizungsanlagen, aufzureißen begann, und deshalb Sprünge an der Oberfläche aufweist, die sich nicht mehr beseitigen lassen. Man kann heute von den Holzschnitzern und Tischlern in Vietnam nicht mehr erwarten, daß sie die klimatischen Verhältnisse in den Ländern ihrer Auftraggeber antizipieren.

Die Nachfrage nach Schnitz- und Tischlerwerk ist heute so groß, daß man sich nicht mehr die Zeit dafür zu nehmen braucht, das Holz lange abzulagern, wie das früher üblich war. Es war früher außerdem üblich, das Holz ein oder zwei Jahre dem Wasser auszusetzen, bevor man an seine Verarbeitung ging. Auch auf diese Vorbereitung des Holzes wird heute verzichtet. Da die Wegwerfökonomie von vornherein nur eine geringe Lebensdauer ihrer Güter einkalkuliert, treiben jene traditionellen Verfahren nur unnötig die Preise jener Güter in die Höhe, die normalerweise nach 4 oder 5 Jahren auf den Müll landen werden. Welche Verschwendung.

Im Turm haben wir sieben Statuen aufgestellt, die Statuen der Buddhas:

- Vipasyin Buddha

- Sikhi Buddha

- Visvabhuj Buddha

- Krakucchanda Buddha

- Kanakamuni Buddha

- Kasyapa Buddha

- Gautama Buddha

Diese Statuen haben uns die Buddhisten Hannovers gespendet.

Die 6 Statuen, die in den oberen Etagen stehen, kamen aus Vietnam, nur die Statue im Erdgeschoß, die Statue des Shakya Muni Buddha mit seinen Schülern Ananda und Mahakasapa kommt aus Thailand. Diese bronzevergoldete Figur wurde 1986 auf Veranlassung der Nonne Tu Ngoc von jenen Thailändern gestiftet, bei denen sie in Wat Paknam lebte. Die Statue wiegt 1000kg und ist sehr wertvoll. Die Statue des Shakya Muni Buddha, die wir aus Vietnam bezogen haben, wurde dafür auf dem Opfergabentisch aufgestellt.

Die 1000 kleinen Buddhastatuen, die sich heute zusätzlich in dem Turm befinden, sind aus Anlaß der Bauabschlußfeier im August 1993 dort aufgestellt und eingeweiht worden. Diese Figürchen, die etwa 10cm groß sind, wurden von den Buddhisten überall auf der Welt gestiftet.

Das Gästezimmer der Mönche habe ich mit einer 10 teiligen Möbelgarnitur eingerichtet: Eine lange Sitzbank mit reichgeschnitzter Lehne, deren Schnitzereien die vier mythischen Tiere wiedergeben, vier große Sessel, die gleichermaßen mit Schnitzereien verziert sind, ein langer Tisch und vier kleine Hocker bestimmen den Raum. Diese Garnitur hat der Buddhist Nguyen Van Truc aus Hildesheim gespendet. In diesem Raum steht außerdem noch ein Teediwan, ausgeführt nach der Hue-Tradition. Auch der Diwan ist reich geschmückt mit Schnitzereien und mit Perlmut ausgelegt. Auf dem Diwan ist ein Teetisch mit eingelegtem Perlmut, der eine Lotusblüte mit 12 Blütenblättern darstellt, die Blütenblätter symbolisieren die 12 Glieder der Kausalkette des bedingten Entstehens. Auf beiden Seiten liegen Kissen zum Anlehnen.

In dem Zimmer stehen auch noch ein Kleiderschrank und ein Bett, die beide in Vietnam angefertigt worden sind.

Im Konferenzraum der Pagode haben wir zwei lange Tische und 20 Stühle aufgestellt. Die Tischoberfläche erzählt mit ihren Schnitzereien eine Szene der taoistischen Geschichte. Die Tischecken und -kanten zeigen in ihrem Schnitzornament die vier mythischen Tiere. Die Stuhllehnen sind mit Vogel- und

Früchtemotiven ausgeschnitzt. Diese Garnitur hat der Buddhist Nguyen Van Trung aus Bremerhaven gespendet. Der Schreibtisch dieses Raumes besitzt reichlich Perlmutintarsien.

Die Wände schmücken Lack- und Perlmutarbeiten und Schnitzreliefs die uns von den Hochehrwürdigen, den Ehrwürdigen, Reverends und den Laien aus der ganzen Welt geschenkt worden sind.

Als alle diese Güter, Paraphernalien und Einrichtungsgegenstände, hier eintrafen, füllten sie zwei Container, von denen der eine 12m lang und der andere 6m lang war.

Im Herbst 1993 erhielten wir wieder eine Güterlieferung aus Vietnam, deren Umfang ebenfalls zwei Container ausmachte. Diese Sendung kam ungefähr einen Monat nach unserer Bauabschlußfeier hier in Hannover an. Die wichtigsten Gegenstände faßt die folgende Liste zusammen:

- 1 Windschutzwand

- 1 Tafel für den Meditationsraum

- 2 Treppengeländer für den Gebetsvorraum

- diverse Keramiksteine für dekorative Zwecke

- 2 Teezeremoniegarnituren und 1 Gästezimmergarnitur

- 1 Lesetisch für die Bibliothek

- 1 Tisch und 6 Stühle für Meditationsraum

- 1 Kleiderschrank

Die Windschutzwand wurde im Gästezimmer der Mönche aufgestellt. Das Wandelement ist beiderseitig beschnitzt und mit Perlmuteinlagen verziert. Seine Bilder stellen die vier Jahreszeiten und die heimatliche Landschaft Vietnams dar.

Die Tafel mit der Aufschrift „"Thien Gia Thach Tru" (Die Steinsäule der Meditationsfamilie) in roten und goldenen Farben ist das Geschenk des Reverend Dong Dien zur Bauabschlußfeier unserer Pagode.

Die Treppengeländer mit den Schnitzereien der vier mythischen Tiere wurden vorne am Vorraum der Gebetshalle angebracht.

Im Meditationsraum haben wir einen 6m langen Tisch mit der eingeschnitzten Darstellung der vier mythischen Tiere aufgestellt, zu dem auch 12 Unterteller gehören. Auch die 6 Stühle dieses Raumes sind reich beschnitzt. In dem Raum, den ich heute bewohne, steht auch ein Teezeremoniendiwan, eine Wohnzimmergarnitur und ein Kleiderschrank. Diese Stücke sind alle ausnehmend schön, aber genauso wie die anderen Holzarbeiten leiden sie sehr unter dem Klima in Deutschland.

Im Mai 1994 erhielten wir eine vierte Sendung aus Vietnam, die von der Reverend- Nonne Dieu Phuoc betreut worden ist. Sie bestand aus 2000 kleinen Buddhastatuen für den Turm, aus 20 Blumentöpfen und kleineren Statuen, die wir anderen Pagode und Buddhisten schenken wollen.

Die Blumentöpfe fanden zunächst weniger Gefallen, aber da sie aus der Heimat kommen, werden sie trotzdem von allen geschätzt.

Die Holzaltarschränke und alle Möbelstücke aus Vietnam wurden in der Werkstatt der Pagode Dong Hung in Thu Thiem (Vietnam) hergestellt, die unter der Leitung des Reverend Dong Dien steht. Es sollen daran ungefähr 70 Tischler ein Jahr lang gearbeitet haben. Die Tischler kamen aus der Region Nordvietnams und haben den Ruf, geschickte Handwerker zu sein. Die handwerkliche Qualität ihrer Arbeiten ist in den Ländern des Westens schon selten geworden. Der durchschnittliche Arbeitslohn eines Handwerkers in Vietnam schwankt zwischen 30 und 50 US$ im Monat. Aus diesem Grunde lassen sich daher ihre Werkstücke auch so billig verkaufen, wobei das Prädikat „billig" sich auf westliche Vergleichspreise bezieht. Das unterschiedliche Lohnniveau und die Valutadifferenz ermöglichen es uns auch hier in Hannover das kostbare Kulturgut der Heimat zu besitzen.

Leider hat aber auch das Verantwortungsbewußtsein der Vietnamesen in der Heimat nachgelassen. Sie arbeiten nicht mehr so sorgfältig und genau wie früher. Das sehen wir den Gütern an, die wir aus Vietnam bezogen haben. Ich hoffe, daß die Qualität ihrer Arbeit in Zukunft wieder besser wird, wenn das Gewerbe in Vietnam aus den Erfahrungen der jüngeren Vergangenheit seine Schlüsse gezogen haben wird.

Fotos von der Einweihungszeremonie

Teil 2

SECHSTE PERIODE

Die Mithilfe der vietnamesischen Buddhisten und Andersgläubigen

Der Rückblick auf diese Periode der Projektrealisierung wird der Vielzahl der Arbeiten und Aufgaben wegen, die bewältigt werden mußten, schwieriger als die Schilderung der vorangegangenen Phasen der Geschichte unserer Pagode. Sie war zwar nicht unbedingt länger als die vorhergehenden, aber dafür ereignisreicher als sie. Wo also mit dem Bericht beginnen? Ich werde daher zunächst einmal einzelne Vorhaben benennen und dann die Arbeiten beschreiben, die sie realisiert haben.

Der Architekt hat für die Pagode von 1989 bis 1991 gearbeitet. In dieser Zeit wohnte er in der Pagode, danach kehrte an seinen eigenen Wohnort zurück. Er ist uns aber weiterhin verbunden. Wann immer ich seinen Rat brauche, kann ich mich an ihn wenden, und wenn seine Anwesenheit nötig ist, erscheint er auch in der Pagode.

Wir hatten ja mit der Ausstattung der Andachtshalle begonnen. Sie sollte schon vor der Tagung des Weltbuddhistischen Sanghas im April 1991 bezugsfertig sein, da wir sie für diese Tagung auch nutzen wollten. Die Helfer brachten die Paneele an der Decke an. Zwischen die Decke und die Paneele wurde eine Isolierschicht eingelegt. Der Fußboden wurde mit Parkett ausgelegt und die Türen wurden zuletzt eingesetzt.

Wegen der Größe der Andachtshalle, ihr Grundriß mißt etwa 450m², brauchten die Helfer Monate, um diese Arbeiten abzuschließen.

Ich habe bei der Firma Steinmann einen Kostenvoranschlag für die Arbeiten an der Decke eingeholt, der sich auf ca. 60000,--DM belief. Angesichts dieser Summe boten sich Thay Tu Tri und einige Helfer an, die Arbeiten selbst zu machen, damit ich wenigstens die Arbeitskosten einsparen könnte. Daraufhin habe ich das Material gekauft und sie haben die Arbeiten an der Decke ausgeführt. Die Isoliertwatte wurde nach oben befördert und mit einer Maschine an den Dachsparren befestigt. Probleme bereiteten nur die Giebelabstände, da sie mal größer oder mal kleiner ausfielen als die Isolierplanen, die dementsprechend mühsam zugeschnitten werden mußten.

Den Altarraum haben wir zum Dach hin offen gelassen, um von dort das nötige Licht einzufangen. Die Decke des Gebetsraums wurde dagegen im Firstbereich etwas gesenkt. Die Auskleidung der Decke schmückt den Raum und schützt ihn gleichzeitig vor allzu großem Wärmeverlust. Während die Buddhisten Son, Ha, Hiep, Hung und andere an der Vertäfelung arbeiteten, kümmerten sich die Elektriker Phong und Son um die Beleuchtungsanlage. Die Leuchtstoffröhren in der Andachtshalle kosteten allein schon 20000,--DM. Wir dachten zuerst an Kristallslüster, doch die Umstände geboten uns zunächst diese Lösung. Da die Spende für die Kristallleuchter schon eingegangen ist, sie kam von einem Buddhisten aus Bremen und den Buddhisten Minh Ton aus Laatzen und Dr. Hung aus Lingen, werden wir die jetzige Beleuchtung auch später durch Lüster ersetzen.

Herr Kiem, ein gläubiger Katholik, half uns auch bei dem Bau in der Pagode. Er wurde uns von dem Buddhisten Chu empfohlen. Er kam in die Pagode, ernährte sich von unserer vegetarischen Kost und schlief wie alle anderen Bhuddhisten auch auf dem Boden. An dem Gelingen des Pagodenbaus haben sich nicht nur Buddhisten beteiligt, sondern auch Andersgläubige evangelischer und katholischer Konfession. Ich nenne nur als Beispiel für viele: Cao Daisten und Hoa Haoisten. Alle halfen sie mit nach besten Kräften.

Herr Kiem ist Tischler. Zusammen mit einigen Helfern hat er uns die Eingangstüre gezimmert. Die Arbeit hat Monate gedauert. Das

Eichenholz hat die Firma Steinmann geliefert. In Deutschland ist die Auswahl der für die Tischlerei geeigneten Hölzer wesentlich geringer als in Vietnam. Nur mithilfe der Technik konnten die Qualitätsmängel des Holzes wieder ausgeglichen werden. In Deutschland wird das Holz dafür aber soweit vorbehandelt, daß es seinen Zweck über einen längeren Zeitraum zu erfüllen vermag, während die Hölzer aus Vietnam ohne ständige Nachbehandlung in einem Klima wie dem in Deutschland keine lange Lebensdauer haben.

Nachdem die Tür fertig war, wurden Schlösser gekauft und anmontiert. Hanh Tan machte die Einkäufe und vertrat mich auch bei den Firmen während meiner Abwesenheit.

Nach der Vertäfelung der Decke wurden die Giebelhölzer mit Holzschutzmittel gestrichen. Die beiden Seitenerhebungen und der Altarraum in der Andachtshalle wurden mit Panierplatten belegt. Im Gebetsraum wurden Fliesen gelegt. Es erschien uns am sinnvollsten den Gebetsraum auszufliesen, da hier während der Feste viele Räucherstäbchen angezündet werden. Mit einem Holz- oder Teppichboden wäre die Brandgefahr zu groß. Mit dem Ausfliesen der Gebetshalle haben wir eine deutsche Firma beauftragt. Der Fliesenleger ist mittlerweile verstorben, aber seine Frau, die manchmal die Gebetshalle besucht, ist immer wieder stolz auf ihren Mann, wenn sie den Boden sieht.

Bei der Auswahl der Fliesen mußten wir uns natürlich im Rahmen unserer Finanzmittel halten. So versuchten wir einen Kompromiß zwischen dem Geschmack, der Materialqualität und dem Preis herzustellen. Ich habe leicht bräunliche Fliesen gewählt. Diese Farbe wirkt nicht so leicht schmutzig und trotzdem stilvoll. Bei allen Käufen haben wir uns natürlich auch stets um die höchst möglichen Rabatte bemüht, denn wir waren ja nur die Verwalter des Geldes der gläubigen Buddhisten. Die Spruchweisheit unserer Vorfahren sagt: „Wenn wir einer Person etwas schulden, dann ist es relativ einfach diese Schuld zu begleichen, aber die Schulden vielen Menschen gegenüber ist unendlich schwer zu vergelten." Auch der

Buddha sprach darüber in diesem Sinne. Ein Ordinierter, der das Geld der Buddhisten verschwendet, wird als Tier wiedergeboren. Das ist ein beschämender Gedanke. Deshalb bemühte ich mich auch darum, so gut ich es konnte, Geld zu sparen.

Im Leben sehen viele Menschen nur ihre eigene Gegenwart, und bilden sich vor diesem Horizont ihr Urteil über ihre Erlebnisse und Erfahrungen. Nur wenig Menschen richten ihren Blick zurück in die Vergangenheit, um aus dieser Perspektive den Ursprung der Gegenwart zu betrachten. So sehen viele Menschen auch lieber die Verfehlungen der anderen, während sie ihre eigenen Fehler gar nicht wahrnehmen. Der Buddhismus ermahnt uns aber, vor allem auf die eigenen Fehler achten, weil nur sie uns zur Einsicht führen. Der Weg eines Buddhisten ist der Weg der Introspektion. Nur durch die Betrachtung des eigenen Geistes können wir in uns die Barmherzigkeit und Weisheit entwickeln, die uns befähigt, den anderen Menschen zu dienen.

Die Kriege auf dieser Welt wurden angestiftet von der Unfähigkeit, zu verzeihen und von dem schlechten Bedürfnis, sich den Willen anderer gefügig zu machen. Funk, Fernsehen und Presse sind voll von Berichten über endloses Leid. Wann werden wir endlich diese Ereignisse vernichten und die wahren Werte der Welt annehmen.

Als die Andachtshalle weitestgehend fertig war, nahmen wir die Mehrzweckhalle in Angriff. Der Publikumsbereich wurde mit Fliesen ausgelegt, während wir auf die Bühne Parkett legten. Loi und andere Buddhisten legten den Parkettboden, währen der Novize Hanh Bao den Zuschauersaal mit Fliesen auslegte. Er nahm es sich selbst schwer übel, wenn ich ihn bat, die von der geraden Linie abweichenden Reihen zu korrigieren, obwohl er kein Fliesenleger war. Aber für ihn gehörte auch diese Aufgabe zur buddhistischen Praxis.

Das erinnerte mich wieder an meine Zeit in Japan. Damals mußte ich jeden Tag den Boden der ganzen Pagode auf Hochglanz polieren, selbst wenn er noch ganz sauber war. Darüber erstaunt habe ich dann meinen Abt gefragt:

„Verehrter Abt, der Boden ist doch schon sauber, wieso soll er poliert werden, wenn er noch sauber ist?" In seiner gesetzten Art antwortete er mir auf Japanisch: „Ein praktizierender Mönch, der den Boden nicht sauber halten kann, kann auch nicht seinen Geist sauber halten."

Als ich diese Worte hörte, schämte ich mich, aber mein Geist war wie geläutert. Von diesem Tag an, machte ich ohne Murren überall sauber. Diese Geschichte erzähle ich jetzt gerne, um die Leute an ihre Sorgfalt bei der Arbeit und an ihre Verantwortung für sie zu erinnern. Diese Zurechtweisung meines Abtes in Japan war für mich eine wichtige Lehre, die ich mir in meinem Leben immer wieder vergegenwärtigt habe.

Die Mehrzweckhalle hat die gleiche Flächengröße wie die Gebetshalle. Auch hier waren also die Helfer mehrere Monate beschäftigt. Jeden Tag wurde von morgens bis nachmittags gearbeitet. Die Helfer haben mich in meinen Bemühungen sehr unterstützt. Sie teilten die Mühe mit mir, die ich sonst allein zu tragen gehabt hätte. Manchmal hatte ich auch die Muße, über meine eigene Lage nachzudenken. Dann mußte ich immer wieder dem Zen- Meister Huyen Quang, der während der Tran-Dynastie lebte, recht geben, weil er sagte:

„In der Armut wollte mich niemand sehen,

Als ich aber die kaiserliche Prüfung bestanden hatte, konnte ich mich vor Angeboten nicht retten."

Im Leben wie in der Religion ist es schwierig, Helfer in der Not zu finden. Viel öfter und leichter findet man Tadel und üble Nachrede, Verurteilung und Schmähung.

Nachdem die Säulen in der Mehrzweckhalle gestrichen waren, der Parkett auf der Bühne verlegt war und die Lampen auch dort leuchteten, fühlte ich mich doch um einiges erleichtert. Dennoch hatte ich noch keine Zeit, mich auszuruhen. Um die Gelder für den Bau zu beschaffen, mußte ich die Buddhisten um zinslose Darlehen bitten, die ich in Raten zu 100,--DM zurückzahlen wollte. Sehr viele Buddhisten waren bereit, mir Kredit zu geben. Diese Darlehen sind heute schon wieder alle zurückgezahlt. Darüberhinaus besuchte ich die chinesischen, vietnamesischen und thailändischen Restaurants, um auch dort für die Pagode zu sammeln. Ich war unermüdlich in meinem Eifer. Ja ich kam mir vor wie ein gespannter Bogen, dessen Pfeil gerade abgeschossen werden sollte. Ich kam mir vor wie auf dem Rücken eines Pferdes, von dem ich plötzlich nicht mehr absteigen konnte. Das war eine Zeit, in der ich mich sehr oft an Buddha wandte, und um seine Unterstützung bat. So kam auch in dieser Phase wieder das Glück zu mir in der Gestalt eines Anrufs von der Nonne Thanh Hai, die eine Schülerin von mir war. Ihr Dharmaname lautete Thi Nguyen als sie noch Laien- Buddhistin war. Sie hatte nämlich von meinem Projekt erfahren und wollte eine Spende machen.

Sie fragte mich, wieviel Geld ich noch bräuchte, um den Bau zu einem guten Abschluß zu bringen. Zu diesem Zeitpunkt hatte ich noch keine Vorstellung über das Ausmaß der Mittel, die noch erforderlich wären, da ich ja auf diesem Gebiet ein Laie war. Ich antwortete ihr dementsprechend, vielleicht drei- bis fünfhunderttausend DM. Sie wollte wissen, wieviel das in US-Währung wäre, und ich gab ihr die Antwort: ca 300000,--US$. Nachdem sie ihre Konten überprüft hatte, sagte sie mir das Geld zu und fragte nach der Kontonummer der Pagode.

Vierzehn Tage später konnten wir einen Eingang auf unser Konto über den Betrag von 150000,-- US$ verbuchen. Nach weiteren zwei Monaten erhielten wir noch einmal 150000,-- US$ auf unserem Konto gut geschrieben. Das waren umgerechnet eine halbe Millionen DM (500000,-- DM), eine willkommene Summe in jener Zeit, in der ich wieder dringend das Geld für die Bezahlung so vieler Rechnungen brauchte. Mit dem Geld aus dieser Spende konnte ich der Baufirma Mehmel und der Holzbaufirma Steinmann einige Rechnungen bezahlen. Was dann noch übrig blieb, überwies ich der Dachdeckerfirma.

Erst später habe ich erfahren, daß meine Schülerin das Geld durch den Verkauf dreier, der von ihr selbst gezeichneten Bilder verdient hatte. Sie ist eine sehr vielseitig begabte Person, die ein Musikinstrument spielt, tanzt, singt, malt und vieles andere mehr macht. Als Malerin hat sie sich besonders in Taiwan einen guten Ruf erworben. Dort gilt ihr Name allein schon als ein Gütesiegel. Ich bin ihr für ihre großherzige und an keine Gegenleistung gebundene Spende an die Pagode ganz besonders dankbar.

Als Wurzel-Lehrer, bei dem sie die Zuflucht genommen hatte, lobte ich ihre karitativen Taten. Tadeln mußte ich sie aber wegen ihres Namens, mit dem sie mit der Lehre spielte, denn sie nennt sich „"Vo Thuong Su" (eine Bezeichnung, die nur für die Buddhas gedacht ist und soviel bedeutet wie: es gibt niemanden, der mir etwas beibringen kann). Diese Haltung ist kaum mit der buddhistischen Lehre zu vereinbaren.

Heute hat die Pagode einen Geldwert von neun Millionen DM. Es liegt aber noch eine Schuldenbelastung auf ihr, die erst in zehn Jahren abgetragen sein wird. Bis heute haben wir davon rund 6 Millionen DM bezahlt. Die Summe erhielten wir teils aus Spenden, teils über zinslose Darlehen und 700000,-- DM über einen Bankkredit. Im Verhältnis zu unseren Finanzlasten, das muß man sich auch einmal klar machen, erscheint selbst die großzügige Spende der Nonne Thi Nguyen (Thanh Hai) als ein relativ geringer Betrag. Alle auf diesen Wegen erworbenen Einkünfte sind den drei Juwelen gewidmet, und sollen das ihre dazu beitragen, daß alle Lebewesen die Buddhaschaft erreichen.

Es scheint überall auf der Welt nicht anders zu sein, als daß Hochmut und Rechthaberei unaufhaltsame Begleiterscheinungen von neu erworbenem Besitz und neu erlangter Macht sind, deshalb erinnerte uns der Buddha auch daran, daß es sehr schwer ist, unverdorben und zugleich reich zu sein, oder: arm und zugleich nicht niedrig zu sein.

Nur wenige schaffen es, sowohl materiell reich als auch geistig hochstehend zu sein. Meistens ist Reichtum mit Geistesarmut gepaart. Viele Menschen sind dagegen arm und mitleiderregend und einige der Armen erregen sogar noch Abscheu.

Nachdem unsere dringendsten Schulden beglichen waren, konnte Phuc schon im Keller des Westflügels die Vorbereitungen treffen für die Installation der Wasser- und Gasanlage. Die Heizunganlage der Pagode ist imponierend. Ihr Ausmaß kommt dem eines Hotels gleich. Ihre Rohre und Leitungen schlingen sich durch den Bau wie die Bäume im Urwald. Man kann kaum ein Rohr von dem anderen unterscheiden. Eines war zu diesem Zeitpunkt für mich nur sicher: wenn etwas gebraucht würde, brauchte ich es nur Hanh Tan zu sagen, er würde schon das Richtige bestellen. Phuc arbeitete schweigsam und fleißig. Genauso wie ein deutscher Arbeiter. Die Arbeit, die von Phuc verrichtet wurde, ersparte der Pagode mehrere hunderttausend Mark, doch er schlug jeden Lohn aus. Alle Wochenenden und Feiertage kam er bei Wind und Wetter in die Pagode, um seinen eigenen Beitrag am Bau der Pagode zu leisten. Viele Menschen halfen still und ohne große Worte. Andere dagegen leisteten außer ihrer unfruchtbaren Kritik gar nichts. Auch das gehört zum Leben. Könnten doch jene, die konstruktiv und zupackend helfen, nur den Vielen die Waage halten, die lieber Kritik üben und Fehler machen. In Vietnam sagt man: „Die Krankheit kommt durch den Mund herein, das Unglück aber kommt aus dem Mund heraus." Ungerechte Kritik belastet nur unser Karma und nützt niemandem sonst. Herbst 1995

Auch der Elektriker Tuan arbeitete an den Wochenenden und an den freien Tagen, die er nehmen konnnte. Er verzichtete auf seinen Urlaub und investierte jede freie Stunde für die Pagode. Er kam regelmäßig den langen Weg von Stuttgart, nur um der Pagode zu helfen.

Als Phuc die Hälfte seiner Arbeit schon geschafft hatte, stellten sich uns noch zwei Helfer zur Verfügung, Long und Thanh, aus Frankfurt. Sie waren wie Phuc gelernte Heizungsinstallateure. Unter der Leitung von Phuc haben sie gemeinsam die Arbeit beendet.

Im Keller haben wir neben der Mehrzweckhalle noch fünf große und ein kleines Zimmer. In einem der großen Zimmer, das etwa 50m² Grundfläche hat, haben wir die Heizungsanlage untergebracht. Das kleine Zimmer nebenan wurde zum Lagerraum. In den Zimmern rechts neben der Treppe haben wir einen Kühl- und einen Waschraum eingerichtet. Jedes dieser Zimmer ist ungefähr 30m² groß. In dem Zimmer daneben wurde die Lebensmittelkammer untergebracht, während wir das letzte Zimmer als Lager für Geschirr und den Küchenbedarf nutzen. Der Keller liegt 2m unter der Erdoberfläche. Einige von denen, die den Vietnamkrieg erlebt hatten, erklärten, daß der Keller auch ein guter Schutzraum wäre im Falle eines Bombenangriffs.

Der Winter 1993 war so kalt, daß die Außenarbeiten eingestellt werden mußten. In dieser Zeit arbeiteten unsere Helfer im Keller. Sie verlegten die Fliesen in den anderen Kellerräumen. Ha, Hiep, Truong und Hoang hatten vorher noch nie Fliesen verlegt. Nachdem sie die Arbeit in der Pagode abgeschlossen hatten, konnte man sie mit gelernten Fliesenlegern verwechseln. Ha und Hiep helfen uns immer noch in der Pagode. Hiep fühlte sich dem Buddhismus immer stärker verbunden und ließ sich deshalb während des Vesakfestes zusammen mit zwei anderen Helfern, Thien Duc und Thien Tuong, die später in die Pagode kamen, ordinieren.

Truong, Hoang, Ha und Hiep verlegten die Fliesen auch in der Küche, im Eßzimmer und im Druckerraum. Wir haben für diese

Räume weiße Fließen gekauft, die es damals im Sonderangebot gab. Ich hatte mich bei den Fliesen dieser Räume für die Farbe weiß entschieden, weil man auf dem weißen Untergrund den Schmutz besser sehen kann. Unsere Küche hat den Standard eines Restaurants und wurde von dem Besitzer des vietnamesischen Restaurants in Hannover gespendet. Der Herd besitzt vier Flammen, eine extra große Flamme für den großen Suppentopf. In der Küche und im Küchenflur haben wir Anschlüsse für vier Waschstellen. Bis jetzt wurden jedoch nur zwei Waschstellen installiert. Die Kücheneinrichtung besteht aus Aluminium. Über dem Herd ist eine Absauganlage angebracht. Der Schornstein für die Anlage führt direkt zum Dach des Westflügels. Tam, der Schwiegersohn des Buddhisten Sau, hat den Schornstein gemauert und die Absaugvorrichtung angebracht.

Die Küche ist so groß ausgelegt, daß 20 Leute gut darin arbeiten können. Sie ist damit größer als manche Restaurantküche in Deutschland. Herr Dragenmeister hat die Küchenanlage installiert. Er beauftragte auch die Installateure für das Verlegen der Gasrohre.

An die Küche schließen zwei kleine Räume an, der eine Raum dient als Speicher, der andere als Ruheraum für das Küchenpersonal.

Jeder Raum wird von einer Tür geschlossen. Die Türen haben wir bei den Baumärkten Hannovers gekauft. Die Rahmen hat Herr Kiem gezimmert. Immer wenn ein Türrahmen fertiggestellt war, haben wir auch eine Tür gekauft. So haben wir im Laufe der Zeit über 100 Türen erworben. Die Außentüren bestehen aus Metall. Die Feuerschutzverordnung schreibt Metalltüren als Außentüren öffentlicher Gebäude vor.

Nachdem Küche und Eßzimmer ausgefliest waren, wurden die Fliesen im Flur verlegt. Hier haben wir nachträglich auch noch eine Windschutzwand gemauert, die im Bauplan nicht eingezeichnet war. Ihr Bau hat sich als unbedingt erforderlich herausgestellt, weil wir ja im Winter nicht mit Mänteln im Hause herumlaufen wollen.

Das Eßzimmer ist für 30 Personen ausgelegt. Während des Bauentwurfs gingen wir davon aus, daß dies groß genug sei. Der Architekt meinte damals, daß wir, wenn es nötig würde, auch noch auf den Druckerraum ausweichen könnten. Doch diese Überlegung hat sich jetzt als unpraktisch herausgestellt. Eßzimmer und der Druckerraum sind mittlerweile schon zusammengewachsen. Zusammen mißt ihre Grundfläche 60m². Vom Druckerraum und von der Küche führen jeweils ein Ausgang mit Treppe nach draußen. Sie waren als Lieferanteneingänge gedacht. Im Erdgeschoß des Westflügels sind zwei öffentliche Toiletten untergebracht. In der Herrentoilette gibt es drei Klosettschüsseln und eine Dusche, 5 Urinbecken und 5 Waschbecken. In der Damentoilette gibt es 2 Duschen, 5 Klosettschüsseln und 7 Waschbecken. Die Damentoilette ist geräumiger, weil der Architekt davon ausging, daß die Frauen mehr Platz und mehr Zeit für ihr Make- up bräuchten, während das kleine „Geschäft" der Männer verhältnismäßig schnell ginge. Wo bleibt hier die Gleichberechtigung? Doch vielleicht hat er ja recht.

Die grauen Fliesen der Toiletten wurden von Thanh, der dafür extra aus Süddeutschland kam, verlegt. Als Wandfliesen haben wir weiße Fliesen ausgewählt. Alles sieht sehr schön und sehr fachgerecht ausgeführt aus. Als die Wände der Toiletten verputzt waren, wurden alle Arbeitskräfte zusammengezogen, um die Toiletten fertigzustellen. Es wurden die Wasserleitungen und -anschlüsse montiert, die Heizkörper installiert und die elektrischen Leitungen verlegt. Herr Dung aus Hildesheim hat die Trennwände zwischen den Klosettes gebaut. Geht man von den Kostenvoranschlägen aus, die ich vorher für diese Arbeiten eingeholt hatte, dann haben unsere Helfer allein in diesem Bereich Arbeit im Wert von 30000,--DM geleistet. So haben wir alles in allem nur den zehnten Teil dieser Kosten dafür aufwenden müssen.

Phuc hat alle Waschbecken, Klosettes und Urinbecken fachgerecht installiert. Die Elektroleitungen hat Tuan alle unter Putz verlegt. Nach 3 Monaten Arbeit waren die Toiletten gebrauchsfertig.

Nun gingen wir daran das Obergeschoß des Westflügels bezugfertig zu machen. Die Decken wurden isoliert und mit Rigipsplatten verkleidet. Danach wurden die Löcher und Rillen der Platten mit Gips ausgefüllt. Nach dem Trocknen wurde alles abgeschliffen und Decken wie Wände gestrichen.

Auf diesem Geschoß haben wir den Patriarchenraum, die Arbeitszimmer der Ordinierten, das Arbeitszimmer des Abtes, einen Warteraum für die Besucher des Abtes und zwei Toiletten untergebracht. Den Raum, der die Andachtshalle mit dem Westflügel verbindet, nutzen wir als Totenandachtsraum. Anfänglich stand hier auch der Altar des Patriarchen. Im Verlaufe der Zeit ist die Zahl der Verstorbenen aber so gewachsen, daß wir mit dem Patriarchenaltar in den Ostflügel umziehen mußten. Dies haben wir nach einem Vorschlag von Ehrwürden Thich Quang Binh gemacht, so daß der Verbindungsraum zum Westflügel jetzt ausschließlich als Totengedenkraum genutzt wird. In der Mitte des Gedenkraumes habe ich eine Statue des Cittagarba Bodhisattva aufgestellt. Die Statue wurde bei der Reverend- Nonne Nhu Vien 1989 in Vietnam bestellt. Sie ist 1,50m hoch und soll später auf den Seelhorster Friedhof kommen. Im Moment haben wir dort noch kein Gebetshaus. Bis wir damit so weit sind, wird sie erst einmal hier stehen.

Um diese Statue herum sind und werden die Bilder der Verstorbenen angebracht. Bis Heute sind es ca 1000 Bilder von Personen, derer bei uns gedacht wird. Der Totengedenkraum hat eine Größe von ungefähr 50m².

Direkt neben ihm befindet sich das Arbeitszimmer der Ordinierten. Diesen Raum nutzen wir heute als Versammlungs- und Eßzimmer für die Ordinierten. Der Raum mißt 120m². Er wurde einfach, aber stilvoll eingerichtet. Die Fenster lassen genügend Licht herein. Der hundertbändige chinesische Tripitaka steht im Regal dieses Zimmers zusammen mit den Alben der Bilder über die Aktivitäten der Pagode. Im Raum sind auch genügend Heizkörper, obwohl zwei Heizkörper ausreichen, um ihn zu heizen. In diesem Raum werden auch die hohen Gäste der Pagode empfangen.

Neben dem Konferenzraum befindet sich das Wartezimmer, das wir heute aber als Gästezimmer für Mönche benutzen. Deshalb haben wir jetzt in diesem Raum drei Betten aufgestellt. Das Zimmer ist gut 30m² groß und wegen seines großen Fensters auch sehr hell.

An diesen Raum schließen Toiletten an, eine Damentoilette mit 5 Klosettes, 2 Duschen und 8 Waschbecken und eine Herrentoilette mit 5 Urinbecken, 4 Klosettes, 5 Waschbecken und 2 Duschen.

Nach der Herstellung der Räume im Obergeschoß des Westflügels wurde auch die Wand, welche den Flur abschließt, gemauert. Dann haben wir auch die Treppen, die dorthin führen, gefliest und den Konferenzraum mit PVC ausgelegt.

Nach Fertigstellung der zweiten Etage begannen die Arbeiten im Dachgeschoß. Eigentlich sollte dieses Geschoß als Lagerfläche genutzt werden, aber jetzt haben wir dort die Zimmer der Ordinierten untergebracht. Das Zimmer ganz außen bewohnt Hanh Bao, das nächste Thien Duc und Hanh Tan, der sich jetzt in Indien aufhält, weshalb dieses Zimmer augenblicklich von den Novizen Thien Cu und Thien Tuong belegt wird. Dieses Zimmer hatte Hanh Tan in vietnamesischem Stil mit einigen chinesischen Attributen eingerichtet. Zu den Zimmern führt ein Flur, der außerdem auch den Ordinierten als Fernseh- und Empfangsraum dient. Weil es ein Dachgeschoß ist, mußte diese Etage besonders gut isoliert werden. Die Decken wurden mit Paneelen ausgekleidet. Alle Ordinierten können sich ihre Zimmer ganz nach eigenem Geschmack einrichten.

Auf der gegenüberliegenden Seite der Treppe sind 3 kleine und 2 große Zimmer, die von den Nonnen bewohnt werden. Über dem Totengedenkraum befindet sich der Teeraum. Diesen Raum habe ich der Tibetisch- Buddhistischen Gruppe für ihre Treffen kostenlos zur Verfügung gestellt. Der Raum mißt ungefähr 50m². Meinen Landsleuten gegenüber rechtfertige ich diese Entscheidung mit dem Hinweis auf das Gemeinnützigkeitsprinzip, das unsere Arbeit in der Pagode leitet, und dementsprechend betrachten wir auch die Pagode als ein Allgemeingut. Wir freuen uns, wenn alle, die zu uns kommen, sich auch bei uns so wohl fühlen wie bei sich zuhause.

Die Schlafzimmer in diesem Geschoß sind unterschiedlich groß, aber im Vergleich mit Japan kann man die Wohnverhältnisse der Nonnen und der Ordinierten als luxuriös bezeichnen. Alle Zimmer haben Dachfenster, sind hell und luftig. Im Winter sind die Räume gut geheizt, nur im Sommer sind sie vielleicht etwas zu warm, weil das Dach die Sonnenwärme speichert.

Der gesamte Westflügel ist ungefähr 48m lang und 6m breit. Allein die Herstellung seiner 4 Stockwerke hat über 2 Millionen DM gekostet.

Nach der Inbetriebnahme des Westflügels haben wir mit den Arbeiten am Ostflügel begonnen. Der Ostflügel hat eine Länge von 38 Metern und eine Breite von 15 Metern und besteht aus 2 Etagen, einem Dachgeschoß und einer Dachkammer.

Im Erdgeschoß haben wir ein Gästezimmer für Mönche eingerichtet. Dieses Zimmer wollten wir ursprünglich im japanischen Stil mit Tatami einrichten. Da Tatami sowohl sehr schwer zu beschaffen als auch seine Anschaffung sehr kostspielig ist, haben wir von dieser Idee wieder Abstand genommen. Das Zimmer ist unterteilt in einen Wohn- und einen Schlafraum, der etwa 50cm höher liegt als der Wohnraum. Zunächst war dieses Zimmer also für den Stellvertreter des Abtes oder als Gästezimmer geplant. Da aber Mönche aus anderen Klöstern sehr selten zu Besuch kommen, und wir auch noch keinen Stellvertreter des Abtes haben, bewohne ich dieses Zimmer, das gut 50m² mißt.

Ich erinnere mich noch gut an die Zeit unseres Umzuges Ende 1991. Der Estrich wurde gerade gegossen und die Heizung war noch nicht funktionsbereit. Mein Zimmer hatte auch noch keinen

Teppich. Ich mußte nach Paris zu einem Ausbildungkurs für Ordinierte, als der Umzug mitten im Gange war.

Anfang 1992 kehrte ich wieder nach Deutschland zurück und bezog dieses Zimmer. Es gab zwar schon Strom, aber die Heißwasserbereitung war noch nicht angeschlossen. Jedes Mal, wenn ich baden wollte, mußte das Wasser eigens dafür gekocht werden. Es war ein ziemlich harter Winter, doch ich hatte schon härtere Winter in Japan erlebt. Nach vier Monaten unter diesen Bedingungen wurde endlich auch der Ostflügel an das System der Heißwasserversorgung angeschlossen.

Jedes Mal, wenn mir irgend etwas zu fehlen schien, schaute ich in die Vergangenheit zurück oder gedachte der Lage all jener Menschen, denen es noch schlechter ergeht als mir in dieser Situation. Ich ermahnte mich, gar keinen Grund zu haben, noch mehr zu verlangen. „Ich war nur ein Büffelhirt aus einem Bauernhaus". Wenn ich nicht den geistlichen Weg hätte wählen können, wäre ich bestimmt ein Bauer geworden, der jeden Tag sein Feld bestellt.

Ich habe heute zwar eine andere soziale Stellung, aber genauso wie ich meiner Pflicht bei einem Gespräch mit dem Minister nachgehe, würde ich ich auch meine Pflicht erfüllen, wenn ich den Mülleimer zu lehren hätte oder die Toiletten putzen müßte. Ich übe mich in der Meditation der Unbeständigkeit der Erscheinungswelt. Eine Rose ist auch ein Stück Dünger, ein Stück Dünger ist auch eine Rose. So einfach ist das. Es ist schlicht sinnlos, sich selbst als diese oder jene Persönlichkeit zu begreifen.

Also versuche ich in jeder Lage gelassen zu bleiben, meine Pflicht zu tun und einfach zu leben. Ein Ordinierter strebt nicht nach Reichtum, nicht nach Ruhm, sondern nur nach Erlösung.

Die Badewanne neben dem Raum, den ich bewohne, hatten Ha und Hiep installiert. Bac ummauerte die Wanne und verlegte die Fliesen. Neben der Badewanne befindet sich dort auch ein kleine

Dusche und eine Toilette für die älteren Bewohner der Pagode. Die Installation unserer Bäder und Sanitäreinrichtungen kam uns wirklich nicht billig. Die Pagode hat insgesamt 32 Toiletten, die eingerichtet werden mußten.

Der Rohbau selbst verbrauchte nur ein Drittel aller Baukosten, Zweidrittel verschlang der Innenausbau und die Einrichtung der Pagode. Unsere Ahnen sagten wohl aus einer ähnlichen Erfahrung heraus: „Auf dem Feld zu arbeiten, heißt produzieren und verdienen, in ein Gebäude zu investieren dagegen bedeutet, das Verdiente auszugeben."

Neben dem Gästezimmer für Mönche befindet sich der Mehrzweckraum. Der Raum ist 120m² groß und wurde der Jung-Buddhisten Gemeinschaft zugesprochen. Dieser Raum wird jedoch selten von ihr beansprucht, meistens nur bei den großen Veranstaltungen. Unter der Woche wird er deshalb an die Kungfu-, Taichi- und Schachgruppe vermietet. Diese Gruppen können ein Raum dieses Zuschnitts nur schwer anderswo finden.

Auch dieser Raum wurde mit Fliesen ausgelegt. Er sieht deshalb auch sehr sauber aus. In der Nachbarschaft dieses Raumes haben wir auch noch einige kleinere Räume, welche der Flur abtrennt. Auf der linken Seite befindet sich ein Lagerraum, ein Wohnraum und eine Dunkelkammer sowie zwei Toiletten, die von außen betreten werden können. Auf der rechten Seite liegen vier kleine Zimmer. Drei davon werden von den alten Nonnen bewohnt. Das andere Zimmer wird als Computerraum genutzt. Von außen zugänglich liegen ihnen gegenüber zwei weitere Räume: ein Büro, das mit drei Schreibtischen eingerichtet wurde und in dem einige Regale stehen. Der Raum unmittelbar neben der Eingangstür dient als Ausstellungraum. Im Büro arbeitet der Vorsitzende der Vereinigung der Vietnamesischen Buddhistischen Flüchtlinge, Herr Thi Tam Ngo Van Phat, und Frau Nga, die schon über 10 Jahre als Sekretärin für die Pagode arbeitet. Sie kümmert sich auch um unsere Bibliothek.

Den Computerraum betreut Herr Nhu Than und manchmal kommt auch Lam um die Maschinen zu warten. Die Entwicklung der Computer ist an mir spurlos vorübergegangen. Ich finde einfach keine Zeit, ihre Bedienung zu erlernen und mich auf die rasante Fortentwicklung dieser Technologie einzulassen.

Diese Zimmer wurden aus einem größeren, mittels Rigipsplatten in zwei kleinere Zimmer umgewandelt. Die Heizungsanlage des Ostflügels wurde von Long mit der Hilfe von Dung an die Hauptanlage angeschlossen, die Phucs Werk ist. Die Elektroarbeiten hat Dong aus Hamburg mit seinem deutschen Freund ausgeführt. Die Sanitäranlagen in der Toilette wurden auch von Phuc installiert.

Im Obergeschoß des Ostflügels über dem Gastemönchzimmer befindet sich die Abtwohnung. Eigentlich sollte ich diese Räumlichkeit beziehen. Nun haben wir sie für den Empfang der Hochehrwürdigen reserviert. Die Hochehrwürdigen Thich Thien Dinh und Thich Ho Giac bewohnten diese Wohnung jedesmal, wenn sie uns besuchten. Auch das Bad wurde dem Zweck dieser Räumlichkeit entsprechend eingerichtet. Die Fliesen sind von erlesener Qualität. Die Wanne und die Waschbecken sind aus gutem Porzellan. Neben dem Bad befindet sich auch noch eine kleine Dusche mit WC wie im Erdgeschoß.

Neben der Abtwohnung liegt der Patriarchenaltarraum und das Meditationszimmer. Daneben befindet sich der Raum der Teezeremonie. Dieses Zimmer ist das längste von allen, 20m lang und 12m breit. Hier können sich gut 100 Menschen aufhalten. Der Patriarchenraum wurde mit Seidentapeten tapeziert. Viele Besucher meinten, daß dieser Raum noch prunkvoller aussehe als das Präsidenthaus in Vietnam. Im Patriarchenraum wurden die Gemälde von der Pagode zu Quang aufgehängt. Gegenüber dem Altar steht ein Teezeremoniendiwan. An einer Wand wurde die Tafel mit dem Motto: „Von Patriarch zu Patriarch", aufgehängt und darunter eine Patriarchentafel der Rinzai-Schule. Die Linie dieser Schule vertrete ich in der 41ten Folge.

Der Meditationsraum schließt an den Patriarchenraum an. Als Trennwand dient ein Bogentor mit dem Schnitzwerk der zwei Drachen, die sich um einen Feuerball balgen. Auf dem Photo gleicht der Raum einem Zimmer irgendwo in China.

Neben dem Meditationsraum ist das Zimmer der Teezeremonie. An einer Teezeremonie können hier höchstens 20 Personen teilnehmen. Wenn der Teilnehmerkreis größer wird, müssen wir den Meditationsraum mit einbeziehen. Die Decke besteht aus einer Isolierschicht und 2 Schichten Rigipsplatten, die als Feuerschutz dienen. Die Zimmerfenster geben dem Raum ausreichend Licht. Den Boden haben wir mit einem Teppich von sattgelber Farbe belegt. Vom Flur aus sind zwei Toiletten und ein kleines Abstellzimmer zu erreichen.

Am Ende des Ostflügels haben wir unsere Bibliothek untergebracht. Sie ist 100m² groß und besitzt etwa 6000 Bücher. Kürzlich haben wir noch zwei Bücherregale neu aufgestellt. Die Bibliothek könnte bis zu 20000 Bücher lagern. In der Bibliothek befinden sich auch ein Lesetisch und diverse Stühle. Außerdem gibt es noch drei Schreibtische für die deutschen Mitarbeiter und den Bibliotheksbetreuer. Herr Hanefeld, ein deutscher Buddhist, wohnt seit September 1992 bei uns und arbeitet hier. Frank, ein anderer deutscher Buddhist, der gut Chinesisch, Vietnamesisch und Englisch spricht, arbeitet auch hier. Die zwei helfen mir bei der Betreuung der deutschen Gruppen, bei der Bearbeitung der Dokumente und auch bei der Arbeit in der Bibliothek.

Obwohl die Bibliothek dicht an der Straße liegt, ist sie doch relativ still, denn der Straßenlärm wird von der Mauer, die unser Grundstück abgrenzt, und den Bäumen, welche die Straßenseite umsäumen, gedämpft. Ihren Boden haben wir auch mit Fliesen ausgelegt und die Wände in blauer Farbe gehalten. Die Bibliothek hat auch einen Telephonanschluß, wie übrigens alle Arbeitszimmer der Pagode. Die Telephonanlage der Pagode hat fast 25000,--DM gekostet.

Unsere Bibliothek verleiht Bücher an allen Vietnamesen in Deutschland. Wir verfügen über Bücher aller Bereiche, von der Sachliteratur über die gehobene Literatur bis zur Unterhaltungsliteratur. Am meisten werden Romane und religiöse Bücher ausgeliehen.

Im Dachgeschoß des Ostflügels haben wir die Schlafzimmer für die Laien untergebracht. An beiden Enden befinden sich zwei große Zimmer. Auf diesem Geschoß liegen insgesamt 11 Schlafräume und ein Lagerraum. Hier können wir bis zu 100 Menschen unterbringen. Die Zimmer hier wurden mit Teppich ausgelegt, tapeziert und haben eine Rigipsdecke. An der Fertigstellung des Dachgeschosses haben 30 Personen über mehrere Monate gearbeitet. Auch hier haben wir gegen die Kälte besonders gut isoliert.

Der Anblick der jungen Männer, welche die Arbeit unter Dach mit Gipsstaub bedeckte, hat mich immer wieder gerührt. Viele dieser Helfer wußten vorher gar nicht, was überhaupt eine Pagode ist. Bei dieser Gelegenheit sind sie das erstemal mit der Religion in Berührung gekommen. Das war eine wundersame Fügung. Sie kannten auch nicht unsere Gründe, warum wir vegetarisch essen, genauso wenig wußten sie, wie man die Ordinierten anredet. Aber nach dem Aufenthalt bei uns, sind sie fast alle gläubige Buddhisten geworden.

Die beiden großen Räume im Dachgeschoß wurden von den Helfern selbst bewohnt. Die kleinen Zimmer haben wir für Gäste reserviert, die von weit her kommen. Und einige der Zimmer hier werden auch von den Buddhisten benutzt, die ständig in der Pagode leben. Die Dachkammer verwenden wir als Abstellkammer für das nutzlose Zeug. Während der großen Feierlichkeiten können wir sie auch als Notunterkunft einsetzen.

Der West- und der Ostflügel sind mit den hier in Deutschland gebräuchlichen Dachziegeln gedeckt worden. Beide Flügel werden in allen Etagen von Fluren flankiert, die durch ihre Treppenhäuser miteinander verbunden sind. Die Innenausstattung des West- wie des Osthauses hat uns sehr viel Zeit gekostet. In den letzten fünf Jahren beherrschten vor allem die Arbeiten im Neubau meine Gedanken. Es drängte mich, alles so schnell wie möglich fertig zu bringen. Dieses Ziel hat mich daher auch zeitlich wie physisch sehr stark beansprucht.

Der Bau des Turms, des Tores und der Veranda

Bei der Einweihung 1991 war der Turm erst bis zur 6. Etage aufgemauert. Die Besucher sahen noch überall die Gerüste kreuz und quer auf dem Gelände. Um den Anblick des Bauplatzes zu verschönern, haben wir den Turm mit Flaggen behängt. Reverend Hanh Tuan fertigte für uns auch eine lange Fahne an, die mit den Einladungsversen der Verstorbenen bestickt wurde. Auch diese Fahne haben wir auf dem Turm aufgehängt.

Die Teilnehmer an der Einweihung hielten mit ihrer Meinung über die Pagode, über die unverichtete Arbeit und anderem nicht hinter dem Berg. Man kritisierte, man lobte. Die Arbeit war eben nocht nicht abgeschlossen. Die Zeit nach der Einweihung erwies sich als die schwierigste Periode des ganzen Projekts. Die Arbeit sollte bis zur Bauabschlußfeier 1993 abgeschossen sein. Alle Helfer wurden nun beim Bau des Turms eingesetzt. Wir warteten bis die Tischler der Holzbaufirma Steinmann die Giebelhölzer der 7. Etage anbrachten. Gleich danach setzten wir mit dem Dachdecken ein. Niemand von den Helfern hat das Handwerk des Dachdeckers gelernt, aber sie alle haben den Dachdeckern bei der Arbeit an der Andachtshalle aufmerksam zugeschaut und sich deren Technik angeeignet. Die Vietnamesen lernen schnell und entdecken auch immer wieder Verbesserungsvorschläge für die Ausführung der Arbeit. Für den Turm haben wir die übrig gebliebenen Ziegel der Andachtshalle noch verwenden können. Der Sommer 1992 war sehr heiß, deshalb sahen alle nach der Arbeit draußen so aus, als ob sie gerade von einen Urlaub am Mittelmeer zurückkehrten. Die Hitze war streckenweise unerträglich, doch alle arbeiteten trotzdem fleißig weiter, um die Außenarbeiten noch vor dem Wetterumschwung zu Ende bringen zu können. Das waren die jungen Männer im Alter zwischen 20 und 30 Jahren, die noch voller Energie und Willenskraft steckten.

Nachdem das Dach der 7 Etage gedeckt war, kamen die Dachvorsprünge der darunter befindlichen Etagen an die Reihe. Der Turm hat sieben Stockwerke, jedoch nur vier Dächer. Als die Dächer gedeckt waren, wurden auch Gitternetze vor die Öffnungen gespannt, um zu verhindern, daß die Vögel darin ihre Nester bauten und auf diesem Wege das Dach beschädigten. Bei dem Decken der Mönchs- und Nonnenziegel bedurfte es besonderer Sorgfalt. Zuerst wurden die Nonnenziegel mit einem Nagel auf dem Kopf an dem Giebelholz befestigt. Dann wurden die Mönchsziegel mit Mörtel über zwei Nonnenziegel gelegt. Jeder Mönchziegel hat ein Loch, durch das man den Ziegel außerdem noch mit den Dachsparren verdrahten kann. Das ist eine deutsche Technik, die sehr aufwendig und langwierig ist, aber dafür auch sicher.

Nachdem die Dächer eingedeckt waren, wurden die Außenwände verputzt. Anfangs hatten die jungen Männer etwas Höhenangst, aber dann, nach gutem Zureden, haben sie auch in einer Höhe von 24m ihre Arbeit genauso gut verrichtet wie auf dem Erdboden. Diejenigen, die sich nicht nach oben trauten, haben zu ebener Erde weiter gearbeitet. Als wir mit dem Turm anfingen, hatte ich es mir nicht träumen lassen, daß allein schon das Aufstellen der Baugerüste mehrere hunderttausend Mark kosten würde. Doch sie waren unverzichtbar.

Auch das Verputzen in der Abtwohnung und im Patriarchenraum wurde von den Helfern ausgeführt. Zwar sollten auch diese Putzarbeiten von der Firma Memo ausgeführt werden, doch wegen einiger Unklarheiten in der Rechnung habe ich die Zahlung hinausgezögert, weshalb die Firma die Vollendung ihrer Arbeit verweigerte. Zum Glück kann man sich in Deutschland die Werkstoffe alle leicht selbst besorgen. Alles ist in Deutschland sehr einfach. Wir kauften fertige Mörtelmischungen in den Baugeschäften ein, mischten sie mit Sand in der Mischmaschine, und führten alle restlichen Putzarbeiten selbst aus. Es ging zwar nicht ganz so schnell wie bei den gelernten Arbeitern, doch kann sich auch unser Ergebnis sehen lassen. Unter den Helfern war Bac, ein gelernter Mauer. Er brachte seine Erfahrung aus Vietnam mit, und konnte alle anderen anleiten. Das hat uns sehr beruhigt. Als das Verputzen abgeschlossen war, stzten wir die Arbeit mit dem Anstreichen fort. Zuerst wurde eine weiße Grundierungsschicht aufgetragen. Als diese trocken war, kam darüber der farbige Anstrich. Da der Preis der Gerüstmiete zeitabhängig war, haben wir uns natürlich mit allen Arbeiten beeilt. Hier zeigte sich, daß Zeit auch Geld kostet oder einspart. Nach Entfernung der Gerüste konnten wir den Turm endlich unverstellt betrachten. Er war das Schmuckstück des gesamten Baukomplexes und alle waren stolz auf ihre eigenständige Arbeit.

Die Fassade des Turms wird aufgelockert durch die Fenster, Lichteinlässe und Wandnischen. Die Fenster haben wir von der Holzfirma Steinmann bezogen. Die Bogennischen der Fassade sollen später mit Buddhareliefs ausgestaltet werden.

Im Turm führt eine Wendeltreppe nach oben bis ins oberste Stockwerk. Während des Winters arbeitete Dung mit einigen Helfern an dem Treppengeländer und den Regalen für die 10000 Buddhastatuen.

Im Sommer 1993 kamen die Statuen der 7 Buddhas der Vergangenheit und die ersten 1000 kleineren Buddhastatuen als

Schiffsfracht in Hannover an. Während der Bauabschlußfeier wurden auch diese Figuren im Turm eingeweiht.

In der siebten Etage haben wir die Statue des Buddha Vipasyin aufgestellt. In den folgenden Etagen wurden der Reihe nach die Stauen der anderen Buddhas der Vergangenheit aufgestellt, im 6. Stock die von Sikhin, im 5. Stock die von Buddha Visvabhuj, im 4. Stock die von Krakucchanda, im 3. Stock Kanakamuni, im 2. Stock Buddha Kasyapa und im Erdgeschoß Gautama Buddha, und zwar angeordnet nach der Zeit ihrer Erscheinung. Jede Statue wiegt rund 250kg. Es war nicht einfach, die Statuen überhaupt nach oben zu tragen. Im Erdgeschoß wurde dann die Bronzestatue des Shakya Muni Buddha aus Thailand aufgestellt. Die Statue ist mindestens 1 Tonne schwer und es war überhaupt nicht möglich, sie noch höher zu plazieren. Glücklicherweise gehört sie auch in das Erdgeschoß, denn der Shakya Muni Buddha ist der Buddha der Gegenwart und bleibt daher auf der Erde.

Ursprünglich wollten wir in dem Turm, dem Sinn der Pagode entsprechend, die Urnen der Verstorbenen beisetzen. Die Stadt Hannover hat uns das jedoch untersagt. Sie hat uns dafür eine Parzelle auf dem Seelhorster Friedhof für die Beerdigung der Buddhisten angeboten. Die Buddhisten waren über diesen Eingriff der städtischen Behörden in ihr Brauchtum traurig, denn es ist alter Brauch, die Verstorbenen in der Pagode beizusetzen, damit die Verstorbenen die Gebete ihrer Hinterbliebenen hören können. Es ist für uns ganz natürlich, die Urnen der Verstorbenen zuhause oder in der Pagode aufzubewahren.

Leider konnten wir uns gegenüber der Stadt Hannover, die in diesem Falle deutsche Gesetzgebung vollstreckt, nicht durchsetzen. Wir mußten uns also dem Gesetz beugen und darauf verzichten, unsere Toten in der Pagode beizusetzen. Die Folge war, daß viele ihre Verstorbenen dort beisetzen ließen, wo sie selbst wohnten, um sie nahe bei sich zu haben, während andere ihre Toten auf dem Seelhorster Friedhof beisetzen lassen, wegen der Nähe zur

Pagode. So mußten wir uns also mit dem Angebot einer Parzelle des Seelhorster Friedhofs zufrieden geben.

Obwohl wir Vietnamesen sind, leben wir jetzt in Deutschland und müssen uns an die Gesetze Deutschlands anpassen. Aber wie weit soll und wie weit darf die Anpassung gehen? Auch die Verfassung der Bundesrepublik Deutschland verspricht, niemanden wegen seiner Rasse, Religion oder Kultur zu benachteiligen. Demnach haben auch die Vietnamesen das Recht der Wahrung ihrer Kultur und Religion in Deutschland. Es müßte also doch möglich sein, daß wir auch unsere Toten so beisetzen, wie wir es für gezeimend und würdig erachten? Jeder, der schon einmal die Erfahrung der Heimatlosigkeit gemacht hat, und auch viele Deutsche haben ja diese Erfahrung nach dem zweiten Weltkrieg gemacht, weiß wie viel Trost die Pflege der Sitten und Bräuche, die Pflege der Kultur und der Religion einem Heimatlosen spenden können.

Doch wie ist die Auswirkung auf unsere Kultur und Religion? Das wird sich erst noch zeigen. Ich frage mich, was denn die Deutschen, die in USA, in Australien.oder sonst wo leben, in einer vergleichbaren Situation machen. Lassen sie sich von der Tradition des jeweiligen Landes assimilieren. Nur Menschen, die unter der Heimatlosigkeit leiden, versuchen ihre angestammte Kultur so gut es geht zu bewahren.

Nach der Intervention der Stadt Hannover in dieser Angelegenheit habe ich mich dann dafür entschieden, den Turm mit den Buddhastatuen einzurichten. Die 10000 Buddhastatuen sollen mit den Namen der Verstorbenen versehen werden. Der Verdienst durch die Spende für die Statue soll den Verstorbenen gewidmet werden. Diese Alternative entspicht überraschenderweise einer ähnlichen Einrichtung der Phap Duyen Pagode in Vietnam.

Ich stellte diesen in Hannover daraufhin eingeführten Alternativbrauch unter das Motto eines Satzes aus dem Lotussutra: „Jeder Mensch hat eine Buddhanatur, wer die Erleuchtung erlangt, wird ein Buddha". So forderte ich die Buddhisten auf, daß jeder eine Statue als Symbol für seine Zukunft als Buddha spenden solle. Als ich diesen Vorschlag den Laien verkündete, unterstützten viele meine Idee. Aber auch die Kritik meldete sich zu Wort: Thay Nhu Dien scheut überhaupt vor gar nichts zurück. Jetzt verkauft er sogar Buddhas, um die Pagode zu bauen. Man könnte bei diesen Äußerungen fast auf den Gedanken kommen, daß ihre Urheber sich wünschten, daß unser gemeinsames Projekt scheitern möge. Ich stand trotzdem fest in meinem Glauben, und so traf ich diese Entscheidung und ignorierte einfach das Gerede und die nutzlose Kritik.

Aus Verantwortung vor der Überlieferung bewahre ich die vielen Briefe mit den Stellungnahmen zu meiner Entscheidung, zu meiner Person und zu meiner Aufgabe auf, ganz gleich ob sie nun namentlich unterzeichnet wurden oder anonym abgefaßt waren. Allerdings werde ich diese Briefe nicht veröffentlichen, weniger mangels Mut als vielmehr aus Mitleid mit den Absendern. Ein Mensch, der die rechte Einsicht hat, akzeptiert die Wahrheit und versucht die Hindernisse zu überwinden. Ein buddhistischer Texte sagt: „Ein Dummer Mensch freut sich über die Trauer und trauert über die Freude der Anderen. Ein Weiser freut sich mit den Anderen und teilt ihre Trauer." So steht es geschrieben. Und tatsächlich handeln die Menschen meistens nicht nach dieser Weisheit.

Im Turm befinden sich jetzt 3000 Statuen, die restlichen 7000 haben wir schon bestellt. Sie werden hoffentlich 1995 bei uns eintreffen. Heute schaue ich auch auf diese Periode mit Gelassenheit zurück. Glücklicherweise kann ich immer noch gut schlafen. Auch durch meinen gesunden Schlaf habe ich viel Energie geschöpft. Obwohl ich älter wurde und meine Haare anfingen, sich grau zu färben, fühlte ich mich immer noch willensstark. Ich habe keine Angst vor Sieg oder Niederlage, Angst habe ich nur vor der Unkenntnis der eigenen Natur und vor der Unkenntnis der Natur der anderen Menschen. Es war der Stolz, der den Vietnamesen eigen ist, der Wille einen Beitrag für die Vietnamesen und für Deutschland zu leisten, der mich zur Vollendung dieses Werkes trieb.

Das „Drei-Flügel-Tor"

An einem Wochenende 1991, ich weiß nicht mehr das genaue Datum, kehrte ich aus Paris zurück und sagte zu dem Architekt: „Schauen Sie, die Pagode, obwohl noch nicht in der endgültigen Form, bekam schon sehr viel Kritik. Jetzt kann eigentlich nur noch das Dach des Turmes und die Gestaltung des „Drei-Tore-Eingangs" die öffentliche Meinung über die Pagode zum besseren wenden. Sie sind Architekt, sie sehen die Gebäude mit den Augen des Künstlers. Sie wollen immer etwas neues schaffen, etwas, das künstlerisch und originell ist. Doch die meisten wollen nicht das Künstlerische anerkennen, das ihr religiöses Verhalten beeinflußt, sie sind der Tradition verhaftet und suchen daher auch die traditionellen Züge, die sie im Dach des Hauptbaus wiedererkennen, in dem Ausdruck der Buddhastatue oder in dem Drei-Tore-Eingang. Wenn Sie nicht dem Bedürfnis der Menge folgen, werden Sie mit der Realisierung der Pagode keinen Erfolg haben. Eine Pagode ist ein öffentlicher Ort, ein Blickpunkt der Mehrheit, ein heiliger Platz für Gebete. Die Leute, die zur Pagode gehen, um ein Kunstwerk zu sehen, sind eher selten."

Ich habe irgendwo gelesen oder gehört, daß wir immer den Leuten das, was sie sich wünschen, anbieten sollen und nicht das, was wir uns wünschen. Händler, Geschäftleute und die Elite der Gesellschaft, sie alle richten sich nach diesem Prinzip.

Nach längeren Gesprächen haben wir uns auf die jetzige Form des „Drei-Tore-Eingangs" geeinigt. Die Form des Eingangs hat Stilelemente der vietnamesischen Tradition aufgenommen. Die Betontechnik wurde nach dem japanischen Stil durchgeführt. Der Eingang besteht, wie sein Name es schon sagte, aus drei Toren: dem Haupttor in der Mitte und den zwei kleineren Nebentoren. Über dem Eingang sind drei Dächer. Ursprünglich sollten die Dächer nackter Beton bleiben, dann habe ich sie aber doch decken lassen. Das nähert das Aussehen des Eingangs den älteren Vorbildern an. Die Arbeiter der Firma Mehmel brauchten 3 Monate, um den Eingang unserer Pagode zu gestalten. Er hat uns 100000,--DM gekostet.

Khanh und Dung haben dann die Eisentore mit ihrer Lotusverzierung geschmiedet und geschweißt. Die Baukonstruktion und die schmiedeisernen Tore geben dem Eingang unserer Pagode jetzt einen erhabenen Charakter, der jeden Passanten, der durch ihn die Pagode betritt, daran erinnert, daß er eine Schwelle überschreitet.

Nach Beendigung der Arbeiten am Turm und am Eingang gossen die Arbeiter den Gang für die Gehbehinderten und die Veranda. Unser Budget war zu diesem Zeitpunkt erschöpft und die Spendenbereitschaft der Buddhisten erlahmte. Ich konnte nicht mehr auf die Beiträge der Laien hoffen. Nun kam mir der Gedanke bei der Bank einen Kredit zu beantragen. Durch die Vermittlung der Versicherung Viktoria erklärte die Filiale der Deutschen Bank am Klagesmarkt sich bereit, der Pagode 600000,-- DM zu leihen. Sie hat uns einen erheblich höheren Kredit angeboten, doch weil ich fürchtete, die monatlichen Raten nicht aufbringen zu können, habe ich mich zunächst für diese Summe entschieden. Später habe ich den Kredit dann noch einmal um 100000,--DM aufgestockt. Insgesamt mußte ich von der Bank 700000,--DM leihen. Die Summe sollte in 15 Jahresraten abgezahlt werden. Nach Ablauf von 5 Jahren erwarben wir auch die Option, den Abzahlungsbetrag nach oben zu erhöhen, und zwar in einem Umfang, den wir selbst bestimmen konnten. Heute hoffe ich, diese Schulden in 10 Jahren abgezahlt zu haben. Auch die Schulden, die ich bei der Firma Mehmel und bei den Buddhisten habe, möchte ich in diesem Zeitraum getilgt wissen. Unsere Schulden belaufen sich auf ungefähr 3 Millionen DM, die ich noch zusammentragen muß.

Selbst ein Haus, das drei- oder vierhunderttausend DM kostet, wird auch in 10 bis 15 Jahren abbezahlt. Eine Pagode, die 9 Millionen Mark wert ist, und nur 3 Millionen Mark Schulden hat, steht daneben gar nicht so schlecht dar. Sie hat dieser Schuldensumme nämlich erheblich mehr entgegen zu setzen. So erscheint mir diese Summe auch heute nicht mehr so tragisch. Um diese Schulden sollte ich mich aber nicht nur allein kümmern, sondern es sollten sich alle, die von ihr einen Nutzen haben, auch daran beteiligen, schließlich ist eine Pagode ein Allgemeingut. Alle Buddhisten haben das Recht und die Pflicht, einen Beitrag zu leisten.

Als der Filalleiter der Bank, Herr Tochtenhagen, uns in der Pagode besuchte, sah er, daß die Arbeit noch im Gange war und fragte mich als erstes, welche Sicherheit ich der Kreditsumme entgegenzusetzen hätte. Ich fragte ihn daraufhin, was für ihn denn eine absolute Sicherheit sei; und fragte weiter: Sind Sie denn tatsächlich der Meinung, daß ein Mann mit festem Gehalt und in fester Anstellung oder ein Mann mit eigener Firma und festem Einkommen mehr Sicherheiten bieten könnte. Und wenn die Firma in Konkurs ginge, stünde ihr Inhaber dann nicht auch ohne Einkommen da? Er sah mich an, hat mich verstanden und antwortete mir, daß er aufgrund der vorliegenden Papiere den Kreditvertrag unterschreiben wolle. Also bewilligte er den Kredit von 600000,--DM mit der Bemerkung: „Wenn Sie noch mehr Geld brauchen, lassen sie es mich wissen."

So kam ich zu dem benötigten Geld, obwohl mir der Gedanke, dafür das Doppelte, nämlich eine Summe von 1,4 Millionen (das geliehene Geld und die Zinsen) in 15 Jahren zurückzuzahlen, wenig behagte. Aber hatte ich denn eine andere Wahl? Ich bat Thay Minh Phu, Stellvertreter für Außenangelegenheiten, nach Hannover, damit er mit mir die Schuldscheine unterschriebe.

Jedesmal, wenn es im Verlaufe der Projektdurchführung Komplikationen gab, erschien auch immer ein Ausweg. Das I-Ching erklärt: Am Ende wird es sich ändern, wenn es sich geändert hat, dann gibt es einen Weg. Durch den neuen Weg entsteht die Ewigkeit. Wie wahr! Alle Dinge auf dieser Welt unterliegen dem Prozeß der Veränderung, nichts bleibt konstant, nichts hat Dauer, allein die Veränderungen machen die Dinge jung und dauerhaft.

Ich erinnere mich, an meine erste vergebliche Kreditanfrage bei der Bank. Damals hieß es, daß man zwar bereit wäre, den Bau einer Kirche zu finanzieren, nicht aber den einer Pagode. Auf meine bestürzte Frage nach dem Grund für diese Verweigerung antwortete man mir: wenn eine katholische Gemeinde das Geld nicht mehr aufbringen könnte für ihren Kirchenbau, könnte man den Bau wenigstens noch an die evangelische Kirche verkaufen, aber wer kauft in Deutschland schon eine Pagode?

Ich mußte sehr lange mit den Bankangestellten diskutieren, ihnen erklären, daß ich überhaupt nicht wollte, daß sie meine Pagode verkaufen, sondern vielmehr die Absicht hätte, die Raten fristgerecht zu zahlen. Ich hatte den Gedanken an das Darlehen fast schon aufgegeben, als sich das Blatt wendete und alles so kam wie es nun gekommen ist.

Als der Kredit aufgebraucht war, dachte ich zuerst an eine Pause. Andererseits fürchtete ich, später die Arbeit nicht mehr aufnehmen zu können. Ich rief Thay Minh Tam, Thay Tanh Thiet, Thay Bao Lac und andere Ordinierte an, und bat sie um Hilfe. Auch die Ordinierten in Europa waren alles meine Gläubiger.

Ich hoffe, in 10 Jahren ohne Schulden zu sein. Als die Veranda und der Gang für die Gehbehinderten fertig war, wurden auch die letzten Rohbauarbeiten abgeschlossen, welche in ihren wesentlichen Teilen den ersten großen Bauabschnitt ausmachten, den ich als die erste Periode der Geschichte der Pagode begreife. Alles wurde mit Stahlbeton gegossen, sehr sicher und auch sehr kostspielig. Wenn ich mich nicht irre, kostete dieser Teil des Projekts allein schon eine halbe Million DM. Anfangs wollte ich mich allein schon wegen der Kosten dieses Bauanteils gar nicht an das Projekt heranwagen.

Nach der Einweihung 1991 bezahlte ich mit den Spenden und von der Kreditsumme der Bank einige unserer Schulden. Danach habe ich dann das Ausgießen des Estrichs für den Ostflügel beauftragt und auch den Teich im Vorgarten in Auftrag gegeben.

Wir haben bei allen Dingen unserer Pagode großzügig geplant. Für jedes Bausegment brauchten wir daher auch relativ viel Zeit. Zu unserem Glück erwiesen sich unsere Helfer als sehr ausdauernd und gutwillig.

DIE SIEBTE PERIODE

Der Parkplatz und der Teich

Der Parkplatz der Pagode sollte zunächst mit einer Teerdecke versehen werden. Weil wir das aber nicht hätten selber machen können, ich den Auftrag also an eine deutsche Firma hätte vergeben müssen, entschied ich mich für eine Oberflächenpflasterung, die unsere Helfer eigenständig ausführen konnten.

Bevor wir aber mit dem Pflastern angefingen, haben wir den Teich gebaut. Obwohl wir noch Schulden bei der Firma Mehmel hatten, gelang es mir Herrn Mehmel zu überreden, den Teich für uns noch vor der Bauabschlußfeier Ende August- Anfang September 1993 fertigzustellen.

Der Umriß des Teichs wurde auf die Erde gemalt und nach dieser Vorgabe das Loch mit einem Bagger ausgehoben. Der Teich ist rund und hat einen Durchmesser von 7m. Zuerst sollte der Teich nur 30000,-- DM kosten, dann 50000,--DM und als er endlich fertig war, hat er tatsächlich 80000,--DM gekostet. Hätten wir ihn selbst gebaut, dann hätte er uns wahrscheinlich nur 20000,--DM gekostet. Nicht anders verhielt es sich nämlich mit unseren Parkplatz. Laut Kostenvoranschlag sollte eine Teerdecke 500000,--DM kosten.

Weil wir ihn aber in Eigenarbeit hergestellt hatten, mußten wir nur ein Zehntel dieses Betrages aufwenden. So gewannen wir durch unsere Einsparung etwas Luft zum Atemhohlen.

Herr Hanefeld, ein deutscher Buddhist, der seit September 1992 in der Pagode wohnt, begleitete mich zu den Firmen, von denen wir Steine, Sand und Kies gekauft hatten. Auch eine Stampfmaschine haben wir uns geliehen. Eine 40cm Unterschicht aus Sand und Kies wurde vorbereitet, die wir mit der Maschine festgestampft haben. Dann wurde die Schräge für den Wasserabfluß vermessen. Ein englischer Buddhist, der Erfahrungen auf diesem Gebiet besaß, hat uns bei der Vermessung geholfen. Amateure, hätten hier leicht Fehler machen können.

Während der Parkplatz Gestalt annahm, stieg in mir eine leichte Euphorie auf. Ich bin ein Bauernsohn, der sich für ein hausloses Leben entschieden hatte. Ich wurde zwar zur Schule geschickt, aber meine Ausbildung hatte mit dem Bauhandwerk nichts zu tun. Offensichtlich aber hatte man mir beigebracht, zu lernen, wie man das tut, was zu tun ist, wenn etwas getan werden mußte. Als es notwendig war, mußte ich mich mit allen Problemen des Bauens und der Betriebsführung vertraut machen. Heute weiß ich, was die Baumaterialien kosten und was sie kosten dürfen, kenne die Preise, zu denen Häuser gebaut werden. In letzter Zeit bin ich immer öfter auch in Baufragen um Rat gefragt worden. Mir kommt es manchmal so vor, als ob ich unversehens einen neuen Beruf erlernt hätte.

Während eines starken Regenfalles ist Wasser in unseren Keller eingedrungen. Alle rätselten nach der Ursache. Es wurde vermutet, daß die Regenrinnen, die Wassermengen nicht bewältigen könnten, andere meinten, daß die Grundhöhe des Hauses zu niedrig sei, und dergleichen Überlegungen mehr. Nachdem wir alle gemeinsam das Wasser aus dem Haus geschafft hatten, mußte ich mich um die Ursache kümmern, denn auch der Architekt konnte mir keine Antwort auf diese Frage geben. An einem anderen Regentag ging ich nach draußen um mich nach einer möglichen Ursache umzusehen. Bei diesem Erkundungsgang entdeckte ich, daß an einer Stelle hinter dem Turm Wasser aus dem Boden sprudelte. Ich bat die Helfer an der Stelle nachzugraben. Als die Rohre freigelegt waren, stellte sich heraus, daß die Arbeiter die Abflußrohre nicht in den Abfluß eingeleitet hatten, sondern sie einfach in das Erdreich haben auslaufen lassen. Also führten wir die Rohre in die Anschlußstellen der Abflußaufnahme und das Problem war behoben. Die Reparaturarbeit war nicht so schwer, aber die Suche der Fehlerquelle, nahm doch einige Wochen in Anspruch.

Ein anderes Problem konnten wir bis heute noch nicht lösen. Jedesmal wenn es stark regnet, besonders bei stürmischem Wetter, tropft das Wasser in die Andachtshalle. Alle Analyseversuche und aller Rat der Fachleute hat uns hier noch nicht weitergeholfen. Es tropft immer noch. und keiner weiß, warum. Die Humorvollen unter uns spielen auf unsere Tradition an, nach der es heißt, daß das Geld hereinkommt wie das Wasser.

Ihren Scherz erwiedere ich dann immer mit dem Hinweis: „Ganz richtig. Auch der Pagode fließt das Geld zu wie Wasser und es weht wieder hinaus wie der Wind."

Scherze sind natürlich nur ein gelinder Trost. Immer wenn es regnet, wird mir ganz anders zumute, in der Erwartung, daß es überall in der Andachtshalle wieder tropft. Wir können richtig froh sein, daß wir den Boden der Gebetshalle mit Fliesen ausgelegt haben. Hätten wir einen Teppichboden gehabt, wäre dies nicht der letzte gewesen, den wir hätten auswechseln müssen.

Am Vesaktag 1993 war der Parkplatz im Hinterhof etwa zur Hälfte fertig. Der Sommer war besonders heiß. Mien, Toan, Hung, Khoa, Thang, Dung, Tung und all die anderen, es waren bisweilen 20 Leute bei der Arbeit, taten ihr Bestes. Zur Bauabschlußfeier im August 1993 wollten wir den Parkplatz eigentlich schon fertig gestellt haben.

Unsere Helfer haben den Sinn des Sprichworts unter Beweis

gestellt, daß man mit Fleiß auch aus einer Eisenstange eine Nadel schleifen kann. Wo ein Wille ist, so heißt es ja auch hier in Deutschland, da ist auch ein Weg. Der Parkplatz, der Teich und der Garten schmückten das Grundstück sehr und alle Besucher erfreuten sich an dem Anblick unseres Erfolges.

Nach der Bauabschlußfeier hatten wir noch ein bißchen Geld, das uns aus den Spenden der Buddhisten zugeflossen ist. Ich bezahlte die Schulden bei den Buddhisten, kaufte Abflußrohre und die Geländer der Veranda und des Ganges der Gehbehinderten. Auch in diesem Bauabschnitt wurden wieder alle möglichen Ausgaben getätigt. Jedes Jahr wechselten bei uns über ein Million DM den Besitzer. Unsere Abrechnungen und Steuererklärungen gestalteten sich dementsprechend mühsam. Wir mußten dem Finanzamt, wenn auch um drei Jahre verschoben, für jedes Jahr einen Bericht erstatten.

Trotz der vielen Arbeit mit der Pagode, habe ich konsequent die jährliche dreimonatige Klausur eingehalten. Ich habe das Lotussutra durch Verbeugungen verehrt, meditiert, und Bücher geschrieben. Die soziale und kulturelle Arbeit ist zwar wichtig, wichtiger für mich ist jedoch meine religiöse Disziplin und Übung. Ohne religiöse Praxis wird auch der Bau der Pagode zwecklos. Die religiöse Praxis steht immer an erster Stelle.

DIE ACHTE PERIODE

Das Außenbild und die Mauer um die Pagode

Der Bau selbst ist jetzt beendet. Die Einweihungs- und die Bauabschlußfeier sind schon wieder Vergangeheit. Die Helfer haben ihre Pflicht getan. Einige kehrten nach Hause zurück. Andere suchten nach einer neuen Arbeit. Die übrigen überwinterten bei uns und warteten auf das warme Wetter,, um einer Arbeit draußen nachzugehen. Im Winter 1993 haben wir viel in der Druckerei und in der Tischlerei gearbeitet. Bücher und Zeitschriften wurden gedruckt. Türen für den Turm, die Mehrzweckhalle und die Andachtshalle wurden gebaut. Jedes Wochenende kam Dung aus Hildesheim und half 2 Tage mit. Er machte die qualifizierte Arbeit, die Vorbereitungen dafür und die Anschlußarbeiten erledigten die Helfer während der Woche. Unsere Türen entsprechen dem zeitgenössischen Geschmack. Hätten wir sie anfertigen lassen bei einer deutschen Firma, hätten wir jedenfalls für die großen Eingangstüren ganz bestimmt zehn- bis zwanzigtausend Mark zahlen müssen. In Deutschland sind die Lohnkosten sehr hoch. Bei den meisten Kostenvoranschlägen wurden die Lohnkosten in der Regel doppelt so hoch veranschlagt wie die Materialkosten. Eine Arbeitsstunde wurde uns mit 60,-- DM berechnet, da sind natürlich die Lohnnebenkosten mit enthalten, so daß der eigentliche Lohn ein Drittel dieses Betrages ausmacht, die anderen Zweidrittel entfallen auf die Steuer, die Versicherungskosten und den Gewinn der Firma. Eine Baufirma kalkuliert mit derartigen Lohnkosten, die sich dementsprechend auch auf den Gesamtpreis niederschlagen. Der Lohnsatz in Deutschland ist wahrscheinlich der höchste auf der ganzen Welt. Doch der Lebenstandard ist in Deutschland auch dementsprechend hoch. Weil aber diese Art der Preiskalkulation für alle Güter gilt, steigen mit den Lohnkosten auch deren Preise, weshalb ein Arbeiter auch von seinem Lohn nicht viel sparen kann. Hätte die Pagode nicht so viele freiwillige Helfer gehabt, wäre der ganze Bau für sie nicht zu finanzieren gewesen. Sicher ist durch die Eigenarbeit manches nicht ganz so perfekt ausgeführt worden wie von einer deutschen Fachkraft, doch die Abstriche sind vertretbar und mit der Zeit haben sich auch unsere Helfer so mache Qualifikation angeeignet.

Im März 1994, als die Bäume um die Pagode ihre grünen Knospen bekamen, entfernten unsere Helfer den alten Zaun, um Platz zu machen für eine neue Mauer. Im April wurde das Fundament für die Mauer gegossen. Alle 5m wurde ein Stahlrohr eingemauert, um die Stabilität der Mauer zu gewährleisten. Oben auf diesen Säulen wurden Lotosblüten aus Beton angebracht. Neben dem Eingang wurden zwei Fahnenstangen aufgestellt.

Während des ganzen Monats Mai wurde gemauert. Die Helfer wollten zum Vesakfest fertig sein. Genau am 1. Juni 1994 war die 50m lange Mauer auf der einen Seite und die 80m lange Mauer auf der anderen Seite, die also in L- Form ausgerichtet worden ist, fertig, die Außenfugen eingeschlossen. Das Ausfugen der Innenseite dauerte bis Juli 1994.

Jeder einzelne Stein der Mauer kostete 2,--DM. Der Preis der Steine betrug ungefähr 22000,-- DM. Zusammen mit den Kosten für den Zement, Sand und Kies zahlten wir für sie 30000,-- DM. Hätten wir sie von einer deutschen Firma mauern lassen, hätte sie wahrscheinlich 100000,--DM gekostet. Die gelben Steine zieren die Pagode ganz besonders.

Heute dürfen wir die Pagode als 99,99% fertiggestellt betrachten. Der Anteil von 0,01% ist eine bescheidene Zahl und der Tradition entsprechend. In dieser Welt gibt es ja bekanntlich überhaupt nichts, was 100% vollendet ist.

Die Pagode hat drei Eingänge. Der Haupteingang ist natürlich der „"Drei-Tore-Eingang". Ein Nebeneingang liegt in der Eichelkampstraße, er ist als Lieferanteneingang gedacht, und ein weiterer Nebeneingang an der Karlsruher Straße, den die Mitarbeiter der Pagode und die Besucher nutzen.

Auch in die Gebäude hinein gibt es mehrere Eingänge. Von dem Haupttor führt eine Treppe die Besucher direkt zum Haupteingang der Andachtshalle. Auch hier gelangen die Besucher durch drei Türen in die Halle. Die Haupttür wird aber nur zu den großen Feiern geöffnet, darüberhinaus gibt es zwei Nebentüren an den Seiten der Haupttür. Vom Erdgeschoß führen auch zwei Türen in den Hauptbau, diese aber in die Mehrzweckhalle. Gegenüber dem Nebeneingang der Karlsruher Straße befindet sich der Eingang zu den Büros der Pagode. Um den Ostflügel herum gibt es weitere Nebeneingänge, die als Notausgänge dienen. Eine der Außentreppen führt direkt zur Abtwohnung. Die Treppe auf der anderen Seite des Ostflügels führt zur Bibliothek und zum Patriarchenraum.

Der Westflügel hat auch drei Eingänge. Eine Tür befindet sich hinter dem Turm. Diese Tür wird meistens benutzt, denn sie ist sehr gut zugänglich. Weil diese Tür an den Toiletten vorbeiführt wird diese Tür von den Vietnamesen nicht so gerne benutzt. Aber man kommt von hier aus am schnellsten zur Treppe, die zur Andachtshalle führt. Im Winter wird nur diese Tür benutzt. An der Westseite des Westhauses befindet sich auch eine Tür, die direkt zur Küche führt. Hier werden die Lieferungen für die Küche herangebracht. Die nächste Tür auf der gleiche Seite ist als Lieferanteneingang der Druckerei vorgesehen.

Nach dem Vorbild des achtfachen Pfades habe ich auch die Baugeschichte der Pagode in acht Perioden gegliedert. Fünf Jahre unermüdliche Arbeit hat uns die Vollendung dieses Baus gekostet. Der nächste Teil dieses Buches handelt dementsprechend auch von den Auswirkungen dieses Projektes und von den Hindernissen, die uns bei dem Bau der Pagode begegnet sind.

ZWEITER TEIL

DIE KINDHEIT

Bevor ich mit der Darstellung der Probleme und der glücklichen Umstände beginne, die wir beim Bau der Pagode erlebt haben, möchte ich ein wenig von meiner Heimat und meiner Person erzählen. Ich will hier natürlich keine Autobiographie einschieben und auch nicht mein Ego zur Schau stellen. Vielmehr verfolge ich mit dem kurzen Rückblick auf meine Vergangenheit die Absicht, die Weichenstellungen zu erkunden für die Ereignisse der Gegenwart und für mögliche Ausblicke in die Zukunft. Als Bauherr und Abt der Pagode bin ich mit der Geschichte der Pagode so eng verbunden, daß die Geschichte der Pagode ohne einen Rückblick auf meine eigene Geschichte in vielen Punkten unverständlich bleiben müßte.

Ich wurde am 28. Juni 1949 im Dorf My Khe geboren, das zum Stadtteil Xuyen My gehört. Beide sind Verwaltungseinheiten der Gemeinde Duy Xuyen und der Provinzhauptstadt Quang Nam.

Ich bin der Sohn eines Bauern. Mein Vater wurde 1898 geboren und starb 1986 mit 88 Jahren. Meine Mutter wurde 1908 geboren und starb 1966. Sie wurde nur 58 Jahre alt. Als ich geboren wurde, war meine älteste Schwester schon erwachsen und verheiratet. Ich habe insgesamt 8 Geschwister, 5 Brüder und 3 Schwestern. Heute leben nur noch 3 Brüder und 2 Schwestern von mir. Jedes meiner Geschwister kam wie auch ich drei Jahre nach der Geburt des anderen auf die Welt. Zwischen mir, dem zuletzt geborenen Kind, und meiner Schwester, der Erstgeborenen, liegen 23 Jahre.

Man dachte damals nicht daran, mich darüber aufzuklären, wann meine älteren Geschwister geheiratet hatten. So lange ich denken kann, waren sie verheiratet. Ich kann mich nur noch an die Hochzeit meines 6. Bruders erinnern. Mein 7. Bruder ist heute der Ehrwürdige Thich Bao Lac und mein 8. Bruder starb, als er noch ein Kind war.

Mein Vater war ein schlichter Mann, kräftig und willensstark wie eben ein Bauer. Er konnte die alte vietnamesische Schrift lesen und schreiben genauso wie auch die moderne Schrift. Meine Mutter führte den Haushalt, sie kümmerte sich, wie es damals bei uns Brauch war, um den Garten und um die Kinder. In der Zeit des Ngo-Regimes (1954–1963) gab es eine Kampagne gegen das Analphabetentum in Vietnam. Die Soldaten versperrten die Wege zu den Feldern und fragten die Bauern das Alphabet ab. Jedes Mal, wenn diese Straßensperren bekannt wurden, schickte meine Mutter an ihrer Stelle meine Schwester zum Markt, um einzukaufen. Ich glaube, sie schämte sich ihrer mangelnden Bildung. Doch für derartige Experimente wie diese Alphabetisierungskampagne war sie schon zu alt. Immer wenn ich heute den älteren Nonnen die Lehre des Buddha näherzubringen versuche, muß ich unwillkürlich an meine Mutter denken. Auch ihre Auffassungsgabe hat wie bei meiner Mutter mit dem Alter nachgelassen.

Der Krieg hat unsere größere Familie getrennt. Die Verwandten mütterlicher- und väterlicherseits haben wir deswegen aus den Augen verloren. Heute kenne ich nur noch die Familien meines Heimatdorfes, mit denen ich näher verwandt bin.

Als ich geboren wurde, ging der zweite Weltkrieg im Pazifikraum gerade zuende und der Koreakrieg begann. An unserem Dorfe sind die Unruhen und Wirren dieser Kriege scheinbar spurlos vorüber gegangen und auch später noch lebten wir alle in Ruhe und Frieden. Auch von den Unruhen der Zeit zwischen 1949 und 1954, die unser Land selbst heimsuchten, haben wir in unserem Dorfe nicht viel mitbekommen. Daß mein Heimatland politisch in zwei

Staaten aufgeteilt wurde, habe ich auch erst Jahre später erfahren. Meine Erinnerung an selbst erlebte historische Ereignisse reicht nur zurück bis ins Jahr 1957. Damals war ich nach unserer Zählung im neunten Lebensjahr.

Ein Bauernkind weiß nicht viel von der Welt jenseits seines Dorfes und der Flur, welche die Familie und die Nachbarn bestellen. Meine Welt war unser Dorf und unsere Felder. Die Welt jenseits unserer Felder existierte damals noch nicht für mich. In meiner kindlichen Vorstellung lebten wir allein in unserem dörflichen Kosmos. So begrenzt wie der Gesichtskreis, ja der Lebensraum, genauso begrenzt war damals auch für mich die Dimension der Zeit. Vergangenheit und Zukunft spielten nur eine Rolle, soweit sie zum Horizont der dörflichen Aufmerksamkeit gehörten, von der Geschichte meines Volkes erzählte man mir damals genauso wenig wie von den politischen Entscheidungen und Ereignissen, welche die nächste Zukunft unseres Volkes bestimmen sollten. Aber eines war mir auch schon damals klar, nämlich, daß meine Eltern sehr glücklich waren. Ich kann mich nicht daran erinnern, daß sie je gestritten hätten. Meine Mutter gehorchte meinem Vater, wie es bei uns Brauch war, und mein Vater achtete ihre Ratschläge. Ich wuchs in familiärer Geborgenheit auf, genoß eine friedliche Welt und verbrachte meine Jugend nicht viel anders als meine Geschwister und Spielkameraden. So wurden wir in dem jeweiligen Alter Schüler, Bauern, Hirten, Schreiner, Tischler, Soldaten oder Hausfrauen.

Mein Dorf lag an dem Fluß Thu Bon. Dieser Fluß zählt zu den bekannteren Flüssen Vietnams. Jedes Jahr, wenn er Hochwasser führte, überschwemmte er unsere Felder und verursachte mit seiner Überschwemmung viele Schäden. Mit der Dauer des Vietnamkrieges ging das Hochwasser immer langsamer zurück, da die Wälder fehlten, welche im Verlaufe des Krieges vernichtet worden sind, und damit die Flora, welche das Wasser absaugen konnte. Das Wasser ergoß sich unaufhaltsam über die Felder und Gärten.

Mein Heimatdorf My Khe liegt an einer Wegkreuzung, deren Straßen nach Nam Phuoc, nach Quang Ngai, nach Da Nang und Que Son führen. Dieser Verkehrsknotenpunkt ist umgeben von Feldern und von dort sieht man weit und breit auch nichts anderes als die Felder. In dieser Gegend gab es zwei Reisernten im Jahr. Zusätzlich wurden auch Erdnüsse, der Kürbis, Mais und andere Cerealien angepflanzt. Aussaat, Felderpflege und das Einbringen der Ernten bescherten uns ein arbeitsreiches und zuweilen auch anstrengendes Leben.

Mit sieben Jahren schickte mich mein Vater in die Dorfschule. Mein erster Lehrer hieß Trinh Duc Hoang. Ich weiß nicht, ob er heute noch lebt. Wenn er noch lebt, dann hoffe ich, ihm noch einmal zu begegnen. Falls er aber schon gestorben sein sollte, werde ich ich ihn mit meinem Andenken ehren und für ihn beten, daß er von dem Leid der Wiedergeburten befreit sein möge. Er hat mir die ersten Kenntnisse beigebracht, auf denen ich all mein späteres Wissen aufbauen konnte. Dieser Lehrer war ein wohlwollender und freundlicher Herr, der mich auch sofort in seine Klasse aufnahm.

An meinem ersten Schultag hatte ich ein wenig Angst. Alles war fremd für mich, der Lehrer, die Mitschüler und die Umgebung. Ich werde diesen Tag nicht vergessen. Noch heute sehe mich vor meinem geistigen Auge als kleinen Jungen, der seine Hefte noch ganz ungeschickt hält, den Stift unsicher in der Hand führt und sich stets davor fürchtet, das Tintenfaß umzustoßen. Mit diesem Bild ziehen auch die anderen Bilder der Kinderzeit wieder vor mir herauf, die schönen und auch die traurigen Bilder meiner Kindertage.

Heute (1994) bin ich 45 Jahre alt oder, wie wir bei uns zuhause sagen: im 46ten Lebensjahr. Mehr als die Hälfte meines Lebens habe ich davon im Ausland zugebracht. Daß ich überhaupt schreiben kann, verdanke ich jenem Lehrer unserer Dorfschule. Meinen Landsleuten in Vietnam erscheint meine Schreibweise wahrscheinlich altmodisch, denn ich lebe immerhin schon

23 Jahre im Ausland und habe daher so manchen Wandel der kommunikativen Konvention, der sich dort vollzogen hat, verpaßt. Ich bilde mir nämlich ein, die einfache Art des Schreibens bewahrt zu haben, die mir in der Jugendzeit eigen war.

Als mein Bruder, Ehrwürden Bao Lac, in die Hauslosigkeit ging, war mein Verstand aber schon recht rege; denn an die Ereignisse dieser Zeit erinnere ich mich ziemlich genau. Es muß der 8. Tag des zweiten Mondes im Jahre 1958 gewesen sein, der Gedenktag der Ordination des Buddha. Mein Bruder hat die Familie verlassen, ohne vorher irgend jemandem von uns seine Absichten mitzuteilen. Meine Eltern waren sehr traurig als sie den Brief fanden, in dem er ihnen seine Entscheidung mitgeteilt hatte. Wir alle haben damals oft geweint, immer wenn wir an ihn denken mußten. Ungefähr zu dieser Zeit reifte auch in mir der Entschluß zur Hauslosigkeit. Damals war ich noch ein Mitglied der Kanarienvogelgruppe der Jung- Buddhisten Gemeinschaft Ha Linh.

Mit unserer Heimatpagode verbinde ich viele schöne Erinnerungen. Wir spielten damals im Garten der Pagode und sangen während der Vollmondabende unsere Lieder. Ich lernte in der Grundschule das Alphabet und zuhause half mir mein Vater beim Lernen. Viele Erinnerungen sind mir noch aus jener Zeit geblieben, Erinnerungen z.B. an die Schulabschlußfeste, an denen es immer eine süße Suppe aus Bohnen gab, die wir Kinder selbst angepflanzt hatten.

Auch diese Zeit ist vorbei. Damals muß sich aber auch die folgende Geschichte zugetragen haben, die ich später gehört habe. Auf seinen Wegen kam Thay Nhu Van, der Abt der Pagode Phuoc Lam, auch einmal an dem Haus meiner Eltern vorüber, hielt an und sagte, daß das Grundstück dieser Familie sehr gut liege und daß dieser Haushalt zwei Menschen hervorbrächte, welche der Religion einmal große Dienste erweisen würden. Ich selbst kann mich an den Anlaß seiner Äußerung nicht mehr erinnern, aber andere haben seine Äußerungen gehört und überliefert.

Da Ehrwürden Nhu Van heute nicht mehr lebt, kann ich mich bei ihm auch nicht mehr über diesen Vorfall erkundigen. Tatsächlich bin ich aber auch jetzt noch neugierig darauf, zu erfahren, auf welchem Wege man einem Grundstück derartige Prognosen abgewinnen könne.

Ich bin nicht abergläubig. Aber die Aufzeichnung von Prognosen und ihre Prüfung sind auch kein Beispiel für den Aberglauben, genauso wenig wie die Feststellung von Phänomenen und Ereignissen, die man sich nicht erklären kann. Man kann doch die Tatsachen nicht einfach deshalb leugnen, nur weil man sie sich nicht erklären kann. Deshalb überprüfe ich auch alle seltsamen Hinweise und Überlieferungen. Am tibetischen Buddhismus, den ich hoch achte, hat mich die Orakelpraxis immer etwas befremdet. Auch deren Prognosen wurden aber häufig bestätigt, obwohl niemand zu erklären vermag, warum die Lage bestimmter Zeichen dieses oder jenes Ereignis ankündigen. Es gibt so vieles auf der Welt, das die Vernunft des Menschen übersteigt.

Seit dem Sommer 1957 fiel mir die Aufgabe zu, die Wasserbüffel zu hüten. Abends, nachdem ich die Herde wieder heimgetrieben hatte, mußte ich die Büffel füttern und baden, bevor sie in den Stall kamen. Tagsüber saß oder lag ich auf dem Rücken eines Büffels und schaute in den Himmel. Das Spiel der Wolken gaukelte mir manche Geschichte vor. Ich konnte dort Personen und Tiere erkennen, die mal ruhig dalagen oder auf den Wolken standen, und wenn die Wolken schneller zogen, auch eifrig bewegt waren. Das regte meine Phantasie an, und ich dachte mich mitten in dieses Geschehen hinein. Meine Kindheit war eine versonnene Zeit. Noch heute wünsche ich mir manchmal in meiner Kindheit zu verweilen. Die Büffel habe ich von 1957 bis zum Sommer 1961 täglich gehütet.

Besonders während der Regenzeit hatte ich viel Spaß mit der Herde, denn das Wasser stieg an und setzte das Land unter Wasser. Kühe und Büffel mußten dann häufig schwimmen und wir Kinder schwammen zwischen ihnen hin und her und spielten im Wasser. Während der Regenzeit meldeten wir uns sogar freiwillig zu dieser Aufgabe.

1958 wurde ich eingeschult. Wir hatten Lektionen zu lernen, wie etwa diesen Vers: „Die Mühe des Vaters ist so hoch wie das Himmalayagebirge" oder: „Die Gefühle der Mutter fließen so unendlich wie das Wasser aus der Quelle." Meine Eltern freuten sich immer über meine Fortschritte beim Lernen. Aber sie wußten bestimmt auch, daß ich diese Sätze, die ich da aufsagen mußte, kaum richtig zu verstehen vermochte. Und wir Kinder selbst machten uns häufig den Spaß, die Wörter der Sätze zu verdrehen.

1959 wechselte ich die Schule. Ich kam in die Schule von Xuyen My und dort in die 2. Klasse. Auch hier lernte ich beim Lehrer Hoang. Während der heißen Tage träumte ich mir oft ein Stück Eis oder ein kühles Getränk, daß mir die Kehle herunterlief. Leider blieben das nur Träume. Ich beneidete damals die Kinder, die Geld für Süßigkeiten hatten. Obwohl meine Eltern nicht ganz arm waren, habe ich von ihnen kein Taschengeld erhalten. Heute denke ich, daß ich damals vielleicht nur zu schüchtern war, um sie nach dem Taschengeld zu fragen. Also beneidete ich lieber jene Kinder als meine Eltern nach dem Geld zu fragen.

Ich war in der Grundschule ein schüchterner Schüler und außerdem auch noch der schlechteste in der Klasse. In der Pause, stand ich abseits, während die anderen Kinder zusammen Ball oder Versteck spielten. Ich kann mich noch heute an die Einsamkeit in der Schule erinnern. In der Schule hatte ich auch keinen Freund. Meine schlechten schulischen Leistungen hemmten mich und meine Gehemmtheit schien wiederum meine Klassenkameraden zu hemmen, sich mit mir einzulassen. Meine Geschwister hatten keine Zeit, mir bei meinen Aufgaben zu helfen, und so manches Mal schlief ich weinend über meinen Mathematikaufgaben ein, wenn mir der Lösungsweg nicht einfallen wollte. Dann ergoß ich mich in meinem Selbstmitleid.

Auch der Unterricht beim Schuldirektor Tap, 1961-1962, änderte nicht viel an diesem Zustand. Ich schien im Unterricht eher noch mehr zurückzubleiben. Jetzt war ich mittlerweile 13 Jahre. Mit meiner Schüchternheit provozierte ich meine Klassenkameraden immer wieder zu Spott und Streichen. Ich hatte noch immer keinen Freund in der Schule. Erst als ich in Japan studierte, lernte ich Thong kennen. Er war der beste Schüler der Schule. Dort lernte ich auch Phan Duc Loi kennen, der auch in Japan studierte, und dort gerade im Begriff war, sein Magister Artium abzuschließen, als ich ankam.

Wenn ich heute Thong schreibe, erzähle ich ihm auch gern über meine Zeit in der Grundschule. Und wenn ich heute mit Lehrer Tap spreche, muß ich ihn immer wieder daran erinnern, wie schlecht ich damals in der Schule war. Dafür lernte ich in den Jahren von 1960 bis 1962 das Flechten von Palmenhüten und erwarb mir mit diesem Können eine kleine Einnahmequelle. Dieser Nebenverdienst half auch meiner Familie. Meine Mutter konnte allein mit ihrer Hände Arbeit die Familie nicht mehr ausreichend ernähren. Sie war sehr fleißig. Sie kümmerte sich um die Mahlzeiten, um den Garten und um die Pflanzen, die um das Haus herum wuchsen. In meiner Freizeit half ich meiner Mutter bei der Gemüseernte und erntete dabei selbst ihre Neckereien über meine Ungeschicklichkeit. Zweimal am Tag ging ich in die Schule. In der Freizeit half ich im Haushalt. Ich kümmerte mich in dieser Zeit um niemanden sonst und keiner kümmerte sich daher auch groß um mich.

Nach Beendigung der Grundschule habe ich 1962 eine Lehre in einer Nähwerkstatt angefangen, bald aber in eine Tischlerei gewechselt. 1964 entschloß ich mich, in die Hauslosigkeit zu gehen. Was mich damals dazu bewogen hat, weiß ich heute gar nicht mehr so genau. Ich vermute, daß die Ordination meines älteren Bruders Bao Lac, im Jahr 1958, schon den Keim dieser Entscheidung in mir gelegt hatte. Aber andere Erlebnisse mit der Religion und in der Pagode ließen diesen Keim reifen.

Meine Eltern waren entschieden gegen meine Entscheidung.

Ich war das jüngste Kind der Familie, sollte in der Familie bleiben und mich später um meine Eltern kümmern. Dieser Wunsch meiner Eltern wollte mir aber nicht einleuchten. Es gab nämlich noch andere Geschwister, die sich um sie hätten kümmern können. Mit allen Mitteln, die ich hatte, versuchte ich, meinen Wunsch durchzusetzen.

Zu den Erlebnissen, die meinen Wunsch, in die Hauslosigkeit zu gehen, langsam reifen ließen, gehört auch das folgende. An einem schönen Tag, 1962, besuchte ich zusammen mit einem Schulkameraden, Van Phu Moi, die Pagode Non Nuoc. Auf dem Rückweg befand ich mich in einer leicht euphorischen Stimmung. Die Atmosphäre in der Pagode, der Duft der Räucherstäbchen, der Klang der Glocke und die vegetarischen Mahlzeiten machten einen tiefen Eindruck auf mich. Ich hatte das Gefühl, heimgekehrt zu sein nach langer, langer Abwesenheit.

Nach diesem Besuch in der Non Nuoc Pagode nahm ich Zuflucht bei meinem Meister in der Ha Linh Pagode. Er gab mir den Dharmanamen Nhu Dien. Mit 13 Jahren sprach ich das Laiengelübde. Ich kann mich heute nicht mehr an alles erinnern. Aber daran erinnere ich mich doch: Ich fühlte mich stark angezogen von der Rezitation meines Meisters. Seitdem besuchte ich die Pagode öfter als bisher.

In der Zeit danach sprach ich auch mit meiner Mutter über meinen Wunsch, mich ordinieren zu lassen. Sie war nicht gerade begeistert und fragte mich, ob die Familie mit einem Mönch für die Religion nicht schon genug getan hätte. Meine Mutter sah meinen flehenden Blick und wurde daraufhin sehr traurig. Also bemühte ich mich darum, meine Familie wieder aufzuheitern, bat aber meine Eltern um die Erlaubnis, mich fortan vegetarisch ernähren zu dürfen. Dieser Wunsch war aber meinem Vater nicht geheuer, denn er erinnerte sich daran, daß es damals mit meinem Bruder genauso angefangen hatte, bevor er schließlich die Familie verließ. Meine Mutter legte seitdem für mich einen Topf Bohnen ein.

In jener Zeit erreichte die Unterdruckung des Buddhismus durch das Diem-Regiem ihren Höhepunkt. In meinem Dorf erfuhr ich nur ganz vage etwas über die „Fünf Bedingungen der Buddhistischen Congregation" Vietnams. Im Jahr 1963 ging ich deshalb in die Stadt Hoi An, um mehr über die Umstände dieses Ereignisses zu erfahren. Ich wollte natürlich auch eine Pagode suchen für meine Ordination. Nach meinem Besuch in der Stadt ging ich zuhause noch öfter als sonst in die Pagode. Mein Elternhaus lag etwa 1km von der Pagode Ha Linh entfernt. Meistens konnte ich aber erst abends zur Pagode gehen. Auf dem Weg zur Pagode mußte ich über die Felder. Deshalb bat ich meinen Vetter, der 5 Jahre älter war als ich, mich auf meinem Weg zu begleiten. Er war sehr gläubig. Leider ist er schon verstorben. In der Pagode nahm ich entweder an den Aktivitäten der Jung- Buddhisten Gemeinschaft teil oder lernte die Rezitation der Sutras. Immer wenn ich abends in die Pagode ging, habe ich dort auch übernachtet. Morgens stand ich dann früh auf und ging zur Arbeit. Meine Mutter sah meine Entschlossenheit, doch sie weigerte sich nach wie vor, mir ihren Segen zu geben.

Bei einer günstigen Gelegenheit fragte ich sie wieder: „Bitte Mutter, gib mir deine Erlaubnis, mich ordinieren zu lassen." Mit Tränen in den Augen antwortete sie mir: „Frag deinen Vater. Wenn er einverstanden ist, dann bin ich es auch." Diese Antwort brachte mich einen großen Schritt der Einwilligung meiner Eltern näher. Jetzt mußte ich nur noch eine günstige Gelegenheit abpassen und meinen Vater überzeugen. Als ich geboren wurde war mein Vater schon 50 Jahre. Jetzt war er 65 Jahre. Wir standen uns schon aus diesem Grunde nicht besonders nahe. Mir ist er als Mensch daher auch immer fremd geblieben. Ich wußte damals nicht, wie sehr er mich liebte, denn er ging in seiner Art kaum aus sich heraus und zeigte selten Anzeichen der Zuneigung. Und nachdem er mich schon mal geschlagen hatte, kühlte sich mein Verhältnis zu ihm noch mehr ab. Ich fühlte mich mehr zu meiner Mutter hingezogen. Mütter sind ja auch generell liebevoller zu ihren Kindern und immer besorgt um sie. Väter sind dagegen eher streng, manchmal auch hart und oft sehr wortkarg. Das macht es einem auch so schwer, sich ihnen zu nähern. Ich glaube so wie mir, erging es auch vielen anderen Kindern.

Während der Zeit der Reisanpflanzung 1964 erzählte ich meinem Vater noch einmal meinen Wunsch, mich ordinieren zu lassen, und bekam von ihm die Antwort: „Wenn deine Mutter einverstanden ist, dann werde ich es auch sein." Als ich diese Worte hörte, schwebte ich über allen Wolken. Meine Freude war unbeschreiblich. Ich kam mir gleich einige Jahre älter vor. Daraufhin bereitete ich alles für den Tag meines Abschieds vor.

In den ersten drei Monaten des Jahres 1964, besorgte ich mir die Kleidung für das Leben im Kloster und bat darum, eine „Wohlseins-Zeremonie" für meine Familie auszurichten. Ich wollte, daß meine Familie sich mit meiner Entscheidung einverstanden erklärte, und ihr Haus am hellichten Tage verlassen. Keinesfalls wollte ich mich wie mein Bruder, der Thay Bao Lac, heimlich in der Nacht von zuhause wegstehlen.

Meine Mutter lud alle meine Geschwister und deren Kinder zur „Wohlseins-Zeremonie" am 14. des fünften Mondes 1964 ein. Das war der Totengedenktag meines Großvaters. Alle Familienmitglieder sollten anwesend sein. Die Leiter der Jung- Buddhisten Gemeinschaft Quyen, Thach und die Mitglieder der Gemeinschaft, sie alle kamen auch zur Andacht, um mir auf meinen neuen Weg Glück zu wünschen. Die Familie richtete das Festmahl aus.

Für meine Habe hatte ich mir eine Blechkiste gekauft, in der die paar Kleidungstücke, die ich besaß, gut hineinpaßten. Außerdem ließ sie sich gut auf dem Gepäckträger des Fahrrads unterbringen. Meine Geschwister gaben mir zum Abschied 670 Dong (vietnamesische Währung). Damals dachte ich, das Geld würde für das ganze Leben ausreichen; denn ein Ordinierter braucht kein Geld und kann auch keins verdienen. So glaubte ich, mit dieser Summe lange auskommen zu können.

Als ich das Elternhaus verließ, flossen die Tränen der Verwandten, während sie mir alle Glück wünschten. Ich war tatsächlich schon sehr glücklich. Mit hohen Erwartungen fuhr ich mit dem Rad nach Hoi An. Aber mit jedem Meter, den ich mich von zuhause entfernte, nahmen die Anstrengungen zu, die ich aufwenden mußte, um meine glückliche Stimmung aufrechtzuerhalten. Dann spürte ich plötzlich auch einen salzigen Geschmack im Mund. Ich hatte tatsächlich Tränen vergossen, ohne das Weinen zu bemerken.

Meine Kindheit war sehr einfach und bescheiden, aber dafür auch weitgehend glücklich. Im Ernstfall konnte ich mich immer an meine Eltern wenden. Von nun an mußte ich alle Entscheidungen selbst fällen. Es begann die Zeit der Ausbildung, der Übungen und der Abhärtungen. Ich fand den Weg zur Lehre des Buddha in jungen Jahren und habe damit auch mehr Zeit für sie gewonnen als jemand, der sich erst später zu diesem Schritt entschlossen hatte. Heute glaube ich, auf alle Prüfungen vorbereitet zu sein und allen Schwierigkeiten begegnen zu können.

Le Cuong wenige Tage vor seiner Ordination, fotografiert am 15.05.1964

In Hoi An im Jahr 1967, drei Jahre nach der Ordination

DIE JUGEND

Die Jugend beginnt auch bei uns mit dem Ende der Pubertät und dauert bis zum Mündigkeitsalter, d.h. sie dauert vom 12ten bis zum 18ten Lebensjahre. Ich verließ meine Familie mit 14 Jahren und fuhr von zuhause aus mit dem Fahrrad direkt zur Vien Giac Pagode in Hoi An. Ihr Abt war damals der Ehrwürdige Thich Long Tri. Es war der Vollmondtag des fünften Monats im Jahr des Drachen (Dienstag, der 24. Juli 1964), wenige Tage vor meinem Geburtstag.

Dort traf ich zuerst Tante Chin, eine alte Frau, die schon einige Jahr in der Pagode aushalf. Auch sie weilt heute nicht mehr unter den Lebenden. Ein Unfall nahm ihr das Leben. Sie meldete mich bei meinem Meister an. Mein Meister war vor 30 Jahren ein junger Mönch im Alter zwischen 35 und 40 Jahren. Er sah gesund und stark aus. Ich trug ihm meinem Wunsch vor. Da er jedoch nach Saigon mußte, um sich von den Folgen des Religionskampfes zu erholen, in den das Diem-Regime den Buddhismus verwickelte, schickte er mich zum Patriarchentempel Phuoc Lam und empfahl mich der Obhut des Ehrwürdigen Thich Nhu Van.

MeinMeistergabmirvorhernocheingebrauchtesKleidungstück, das für die Ordensleute bestimmt war. Es war für mich zu groß und zu lang. Doch ich habe es stolz und glücklich getragen. Ich war froh darüber, daß der Meister mich akzeptiert hatte und blieb einige Tage in der Pagode. Dann machte ich mich, ausgestattet mit dem Brief meines Meisters, auf zum Patriarchentempel Phuoc Lam.

Nach kurzem Aufenthalt im Phuoc Lam Tempel rief mich mein Meister zur Ordination zurück. Voller Freude über diese Nachricht eilte ich zum Abt des Phuoc Lam Tempels und bat ihn um die Erlaubnis, das Kloster verlassen zu dürfen. In der Pagode Vien Giac angekommen, konnte ich aber keine Anzeichen einer Vorbereitung für eine Zeremonie entdecken, sondern traf auf den Novizen Tung, der gerade dabei war, die Haare eines Jungen zu schneiden. Tante Chin sagte mir, daß ich zum Meister gehen sollte, nachdem ich mir den Kopf habe scheren lassen. Meine Ordination war schlicht und einfach, nicht so festlich wie die Ordination meiner Schüler. Da die Ordination für jeden Ordinierten ein bedeutsamer Tag ist, gestalte ich sie dem Anlaß entsprechend auch feierlich und würdig.

Bevor ich zurück nach Phuoc Lam gehen sollte, trug mir mein Meister auf, Schulhefte zu kaufen, denn ich sollte zum nächsten Schuljahr wieder in die Schule gehen. Ich war überrascht und entgegnete: „Ein Hausloser braucht doch nicht zur Schule zu gehen?" An seine Antwort kann ich mich nicht mehr genau erinnern. Meine Entgegnung muß ihn aber amüsiert haben, da sie das Vorurteil reflektierte, daß ein Ordinierter nur zu rezitieren bräuchte. Ich gehorchte aber und ging wieder in die Schule. Heute, nach Jahrzehnten des Lernens, glaube ich, immer noch nicht genug gelernt zu haben.

Der Phuoc Lam Tempel ist ein historisches Anwesen, gebaut im traditionellen vietnamesischen Stil. In der Mitte des Grundstücks steht die Andachtshalle. Sie wurde recht niedrig gehalten. Der Innenraum der Halle war sehr dunkel, da sie keine Fenster hatte. Die Statuen der Dharmabeschützer wirkten im Dämmerlicht furchterregend. Der Patriarchenraum und die Wohnräume der Mönche befanden sich im Hinterhof. Im Vorhof standen der Ost- und der Westflügel der Pagode. Der Ostflügel beherbergte die Küche, das Wohnzimmer und die Abtwohnung. Im Westflügel befanden sich der Verstorbenengedenkraum und die Klassenräume der Novizen.

Während der Zeit meines Aufenthaltes im Tempel, lebten insgesamt 10 Leute dort. Die Novizen, die ein Jahrgang vor mir ins Kloster kamen, waren Hanh Thu, Hanh Duc, Nhu Le, Hanh Chon und Vinh. In meinem Jahrgang waren wir anfänglich zu dritt. Mit mir waren es die Novizen Phong und Duc. Monate später kamen noch Viet und Huan hinzu. Hanh Thu und Nhu Le leben heute nicht mehr und Hanh Duc wurde vor kurzem in Son Linh Baria verhaftet, weil er in der Zeitung und im Radio gegen die Religionsunterdrückung der Regierung Stellung genommen hatte. Einige der Novizen kehrten auch wieder ins weltliche Leben zurück. Hanh Thu war damals unser Oberaufseher, er war streng, aber gerecht, er achtete auf Pünktlichkeit und bestrafte jeden, der gegen die Regeln verstieß. Nhu Le fragte mich das Suramgama Sutra ab, das ich damals auswendig lernte.

Hier machte ich meine ersten Erfahrungen als Ordinierter. Dieses Leben gefiel mir sehr. Im Kloster habe ich auch entdeckt, daß ich gar kein dummes Kind gewesen bin, sondern, daß meine Lebensumstände, die Mithilfe im elterlichen Betrieb, die körperliche Anstrengung bei der landwirtschaftlichen Arbeit und die allzu wenige Freizeit, mit dazu beigetragen haben, daß ich in der Grundschule ein schlechter Schüler gewesen bin. Im Kloster lernte ich ohne Schwierigkeit und mit dem Erfolg beim Lernen wuchs auch mein Selbstbewußtsein, gewann ich an Selbstsicherheit.

1964 wurde der Phuoc Lam Tempel renoviert. Morgens gingen wir in die Schule, nachmittags kletterten wir auf das Dach, um den Arbeitern zu helfen und abends kutschierten wir mit der Kuhkarre nach Cam Ha, um die Ziegelsteine abzuholen. Die Arbeit im Mondschein hatte ihre ganz eigenen Reize. Mit dem Renovieren waren wir ein gutes Jahr beschäftigt. Einigen der Helfer gefiel das Leben im Tempel so sehr, daß sie sich gleichfalls ordinieren ließen. Thay Hanh Thien beispielsweise ist heute der Abt des Patriarchentempels Van Duc. Thay Hanh Tri wurde Abt einer der Pagoden in Duy Xuyen.

Die Zeit verging mir dort wie im Flug. Heute schaue ich 30 Jahre zurück. Was wird die Zukunft noch bringen? Gerade noch sehe ich mich als Kind und jetzt wachsen mir schon graue Haare.

Die neue Andachtshalle des Phuoc Lam Tempels wurde aus Stahlbeton gebaut. Als die Bauarbeit fertig war, war es meine

Aufgabe, die Farben zum Lehrer Thong zu bringen, der die Bilder aus dem Leben des Buddha auf die Vorderseite der Andachtshalle malte. Nach der Renovierungsarbeit entstanden kleine Streitigkeiten in dem Tempel, weshalb ich den Abt bat, zurück zur Pagode meines Meisters gehen zu dürfen. Von dort hatte ich es auch nicht mehr so weit zur Schule.

Im Winter 1964 gab es in unserer Provinz eine große Überschwemmung. Viele Menschen und Tiere ertranken oder starben an den Folgen der Nässe oder verschiedener Verletzungen. Ich bat meinem Meister, meine Familie besuchen zu dürfen. Das Befinden meiner Familie hatte sich verändert. Es war still um das Haus. Mein 6. Brunder wurde zum Militärdienst eingezogen. Meine Mutter besaß nichts außer einigen Früchten, die sie auf dem Markt verkaufte, um einige Kleinigkeiten für sich und meinen Vater kaufen zu können. Als ich nach Hause kam, gab sie mir eine Frucht und sagte, daß ich ihr eine Freude machen würde, wenn ich sie äße. Es gibt nichts größeres auf der Welt als die Liebe einer Mutter. Die Liebe einer Mutter ist ohne Umschweife und jedem unvergeßlich.

In der sechsten Klasse war ich noch ein schlechter Schüler. In der siebten Klasse besserten sich meine Leistungen und ich wurde schon selbstbewußter, nachdem ich die französische Grammatik verstanden hatte. Ich fragte mich, warum der Novize Nhu Pham so viel besser lernte als ich. Dabei entdeckte ich, daß er die Hausaufgaben stets sorgfältig machte, die mathematischen Formeln gut auswendig lernte und während des Unterrichts immer aufmerksam zuhörte. Ich beschloß, ihm nachzueifern. Zu Beginn der siebten Klasse zählte ich noch zu den schlechteren Schülern, aber schon zur Jahresmitte hatte sich das Blatt gewendet, ich erreichte nämlich den Leistungsstand der mittelmäßigen Schüler. Gegen Jahresende der siebten Klasse gehörte ich schon zu den besten Schülern.

In meiner Schulzeit gebrauchten die Lehrer die folgende Methode, um den Schülern das schnelle Denken anzugewöhnen. Sie stellten Aufgaben und nur die ersten zehn Schüler, die die richtige Lösung innerhalb von 5 Minuten abgaben, bekamen eine gute Note. Ich beteiligte mich mit Begeisterung an diesem Wettbewerb. In meiner Klasse waren nur 10 Ordinierte, die anderen Schüler waren Laien. Sie gebärdeten sich manchmal sehr wild. Anstatt sich um ihre Aufgaben zu kümmern, knoteten sie unsere Kutten zusammen, so daß wir stets, wenn wir unsere Aufgaben abgeben wollten, uns gegenzeitig zerrten und zogen. Da wir sie nicht verprügeln durften, waren wir gegen diese Streiche machtlos.

Ich machte auch die Entdeckung, daß die Rezitation und die Meditation meine Schulleistung steigerten. Während der gesetzlich vorgeschriebenen Schulzeit ging ich in die Bodhi-Schule. Während der Ferien ging ich zum Stadttempel oder zur Long Tuyen Pagode um bei Ehrwürden Thich Nhu Hue und Ehrwürden Thich Chon Phat zu lernen. Als die Bodhi-Schule 1965 eröffnet wurde, wurde Ehrwürden Thich Chon Phat ihr Direktor, dann übernahm Ehrwürden Thich Nhu Hue die Leitung der Schule. Sie beide kennen mich aus dieser Zeit und sind daher über meine Schulleistungen von damals im Bilde.

1966 eskalierte wieder die politische Verfolgung des Buddhismus in Mittelvietnam. Ich war damals in der achten Klasse. Mein Meister und ich wurden verhaftet. Ich verbrachte meine ersten drei Monate im Gefängnis während des Nguyen Van Thieu-Regimes. Nach meiner Entlassung fand ich die Pagode unbestellt und verstaubt vor. Der Weg vom Eingang bis zur Andachtshalle war von Bodhiblättern übersät. Nur Tante Chin lebte noch in der Pagode. Wir richteten also die Pagode wieder her und nahmen die täglichen Rezitationen wieder auf. Ich war überrascht, daß nach einer Abwesenheit von nur drei Monaten eine Pagode so herunterkommen konnte.

1966 starb meine Mutter. Das war für mich ein schwerer Verlust. Obwohl ich die Familie verlassen hatte, traf mich die Nachricht mitten ins Herz. Auch mein 6. Bruder verlor sein Leben 7 Wochen vor dem Todestag meiner Mutter und eine Tante von mir starb zur gleichen Zeit wie meine Mutter. So wurde 1966 für mich ein hartes Jahr, das mich so unvermittelt an die Vergänglichkeit des Seienden erinnerte.

Meine schulischen Leistungen besserten sich von nun an jährlich. Jeden Monat bekam ich eine Anerkennung für meine Leistungen. Seit der achten Klasse gehörte ich immer zu den zehn besten Schülern meines Jahrgangs. Ich gab mir jetzt auch wirklich Mühe in der Schule, obwohl ich immer noch nicht recht wußte, wofür ich eigentlich lernen sollte. Aber mein Meister forderte mich auf, zu lernen, also lernte ich.

Nach der Schule nahm ich an den Rezitationen in der Pagode teil und wässerte regelmäßig den Garten. Im Garten der Pagode gab es Süßkartoffeln, deren Knollen wir das ganze Jahr über abernten konnten. Jede Woche stellten wir in der Pagode auch Tofu her. Aber wir aßen diesen Tofu nicht selbst, sondern verkauften ihn auf dem Markt. Wir selbst hatten Tofu und Sojasauce äußerst selten auf unserem Speiseplan. In der Pagode begnügten wir uns mit dem Sojamehl. Aus dem Sojamehl machten wir manchmal auch eine Art Käse oder wir aßen es schmackhaft gewürzt zusammen mit Reis. Während der Entwicklungsjahre braucht der Körper viel Eiweiß. Wir sättigten unseren Eiweißbedarf mit Sojamehl und den erwähnten Speisen. Ich befürchte, daß sich die Verhältnisse in meiner Heimat während der dreißig Jahre meiner Abwesenheit nicht wesentlich geändert haben.

Ende des Schuljahrs 1967, in der neunten Klasse, gewann ich zwei Preise. Einen für meine gute schulische Leistung, den anderen für mein gutes Betragen im Unterricht. Der Preis über meine schulische Leistung wurde mir ohne Bedenken zugesprochen. Aber der Preis über mein Betragen provozierte einige Diskussionen. Einige Lehrer meinten nämlich, daß ein gutes Benehmen für einen Ordinierten selbstverständlich sei und ein Preis in dieser Disziplin daher für mich auch nicht gerechtfertigt sei. Doch der Direktor der

Schule, Ehrwürden Thich Nhu Hue, der jetzige Abt der Pagode Phap Hoa in Adelaide (Australien), bestand darauf, daß mir der Preis zustünde. Da die Presivergabe mit Geschenken verbunden war, mußte ich mir eine Rikscha mieten, um die Geschenke zur Pagode bringen zu können.

Nach Beendigung des Sommers 1968 wurden fünf Schüler unserer Schule, Thay Nhu Pham, Nguyen Thi Thu Huong, Duong Hua Nguyen, Phung Ran und ich, ohne Prüfung in die Oberstufe des Tran Quy Cap Gymnasiums aufgenommen.

Thay Nhu Pham litt später unter Prüfungsangst. Er war zwar ein sehr guter Schüler, versagte aber stets bei den Abschlußprüfungen. Sobald eine Prüfung nahte, bekam er Migräne und war deshalb nicht mehr in der Lage weiter zu lernen. In der neuen Schule blieb ich mit Duong Hua Nguyen, Nguyen Thi Thu Huong und Phung Ran in der gleichen Klasse. Duong Hua Nguyen ist heute Arzt, Nguyen Thi Thu Huong ist Apothekerin von Phung Ran. Mit ihr stehe ich heute leider nicht mehr in Verbindung. In dieser Klasse lernte ich dafür Mau Dung kennen, zu dem ich heute noch Kontakt habe.

In der Bodhi-Schule schwuren Nhu Pham und ich, daß kein Mädchen Klassenbeste sein sollte. Auch Nguyen Thi Thu Huong konnte unseren Schwur nicht brechen, obwohl sie eine sehr gute Schülerin war. Wir hatten eigentlich keine Vorurteile gegenüber den Mädchen und Frauen, aber wir mochten keine eingebildeten Mädchen. Damals glaubten wir, daß die Auszeichnung, Klassenbeste zu sein, ein Mädchen eingebildet machen müßte, was wir also verhindern wollten. Daß unsere Befürchtung nicht gar so falsch war, konnte ich auch später immer wieder erleben. Als ich nach Deutschland kam, erzählte man mir des öfteren von vietnamesischen Frauen, die von sich glaubten, daß kein vietnamesischer Student es wert sei, ihnen auch nur die Schuhe zu tragen. Eine solche Haltung kann gar nicht anders als jedes männliche Herz verletzen.

Ich hatte auch viele Freunde unter den Ordinierten. Im Verlauf dieser 30 Jahre meines Rückblicks, kehrten viele von ihnen ins weltliche Leben zurück. So war beispielsweise der 30. April 1975 einer dieser denkwürdigen Tage in der Geschichte Vietnams, der viele Ordinierte dazu veranlaßt hatte, wieder ins weltliche Leben zurückzukehren.

Ich bat 1969 meinen Meister um die Erlaubnis, nach Saigon zu gehen, um dort meine Ausbildung fortzusetzen. Obwohl die Pagode Vien Giac mit Renovierungsarbeiten belastet war, gab mir mein Meister die Erlaubnis. Thay Bao Lac machte mich mit der Pagode Hung Long in Saigon bekannt und besorgte mir die Wohnerlaubnis dort. Dieser Umzug in den Süden meines Heimatlandes schloß zugleich auch meine Jugendzeit ab.

DAS ERSTE MANNESALTER

Die Jahre des ersten Mannesalters sind wohl die bewegtesten Jahre im Leben jedes Mannes. Diese Altersphase liegt zwischen dem 18ten und 35ten Lebensjahr. Auch in meinem Leben lagen die wichtigsten Ereignisse, das Studium, größere Reisen, der Aufbau eines Sangha und verschiedener Gemeinden in den Asylländern vietnamesischer Flüchtlinge und die Erfüllung meiner Pflichten als Ordinierter unter verschiedenen Lebensumständen, in dieser Lebensphase.

Zum Jahresende 1968 begegnete ich dem Krieg. Das Neujahrsfest des Affenjahres wurde eingeläutet mit dem Donner der Kanonen. Ich sah die Leichen der Kriegsopfer, die Greuel und Verwüstungen des Krieges. Tatsächlich glaubten wir während der Nacht zum neuen Jahr zunächst noch einem besonders imposanten Feuerwerk beizuwohnen, wurden aber am nächsten Morgen eines besseren belehrt. Als wir die Tür öffneten, sahen wir eine Unmenge fremder Gestalten, Soldaten und Flüchtlinge, in der Stadt, die am nächsten Tag auch schon wieder verschwunden waren. Nur die Stadt bleib als Trümmerfeld zurück. Das war die Zeit des Vietnamkrieges, die nur die Vietnamesen selbst richtig einschätzen können und verstehen.

Um als Vietnamese überleben zu können, muß man vielseitig begabt sein. Mit der Vielfalt ihrer Begabungen bauten die Vietnamesen ihr facettenreiches Vietnam. Die Geschichte Vietnams war immer bewegt. Das Schicksal der Vietnamesen war durchweg hart. Niemand wollte diese Verhältnisse. Die Umstände und die jeweils herrschenden Zustände hatten die Vietnamesen so werden lassen, wie sie heute sind. Genauso wenig wie jemand nur die Härten des Lebens ertragen will, möchte auch niemand in einem armen Land geboren sein. Das Karma eines Menschen bedingt die Lebensumstände, in denen sich jemand befindet. Die Ursache für die aktuellen Lebensumstände liegen in der Vergangenheit, aber die Zukunft liegt in unserer Hand, in dem, was wir heute machen.

Ich ging nach Saigon mit leeren Hände und ohne Erfahrung mit dem Leben einer urbanen Gesellschaft. Auch die Pagoden in Saigon unterschieden sich von denen in Mittelvietnam. Unsere Pagoden sind arm und alt, aber dafür traditionsreich. Die Pagoden in Saigon sind groß, doch ohne eine Beziehung zur Natur. Ich mag am liebsten die Früchte Südvietnams. Im Tiefland Südvietnams gibt es viele Obstanbaugebiete. Obwohl der Süden Vietnams von meiner Heimatprovinz nur wenige hundert Kilometer entfernt liegt, unterscheidet sich seine Vegetation gewaltig von der meiner Heimat. Der unter dem Regime des Monsum stehende Süden Vietnams ist gesegnet mit einer üppigen und reichen Vegetation.

Von 1969 bis 1971 konzentrierte ich mich nur auf mein schulisches Fortkommen. Das Leben um mich herum habe ich kaum wahrgenommen. Ich kannte nur den Weg von der Pagode zur Schule und zurück. Ich wollte so schnell wie möglich meinen

Schulabschluß schaffen. Das laute und geschäftige Leben Saigons drang nicht bis zu mir vor. Das Leben dieser Menschen, auch der Menschen, welche die Pagode besuchten, blieb mir fremd. Dafür kann ich mich noch gut an meine Lehrer und Lehrerinnen erinnern. Auch das Andenken an die Meister der Pagode habe ich in meinem Gedächtnis aufbewahrt. Sie haben meine ersten Bildungsschritte geleitet und das Fundament in mir für das gelegt, was ich heute bin.

Ende 1971 machte ich meinen Schulabschluß. Ich war mir damals meines Könnens ziemlich sicher und brannte darauf, meinen Namen auf der Liste derer zu finden, welche die Prüfung bestanden hatten. Heute ist eine bestandene Prüfung kein weltbewegendes Ereignis wie etwa noch vor zwei- oder dreihundert Jahren. Eine Prüfung bescheinigt heute nur den Lernerfolg, akzentuiert aber keinen sozialen Status- oder Reife- Übergang wie in der traditionellen Gesellschaft.

Also wurde auch mein Schulabschluß nicht groß gefeiert. Ich habe aus diesem Anlaß nur meinen Freund Hai in ein vegetarisches Restaurant eingeladen. Meine schulischen Leistungen legten es nahe, daß ich meine Ausbildung fortsetzte. Das Studium wollte ich in Japan fortsetzen. Ich besprach mich mit meinem Bruder Bao Lac, der meinen Wunsch unterstützte und mich seinem Freund, Thay Nhu Tang, der gerade auch in Tokyo studierte, vorstellte. Bestärkt in meinem Vorhaben trug ich dann den Wunsch auch meinem Meister vor, der ihn an die Congregation in Quang Nam weiterleitete. Die Congregation genehmigte schließlich mein Studium in Japan. Mein Mönchsbruder Tam Thanh freute sich mit mir und war mir behilflich, mein Flugtiket zu besorgen. Die Buchung meines Fluges datierte auf den 22. Februar 1972.

Vor meiner Abreise mußten die erforderlichen Formalitäten erledigt werden. Das war so mühsam, daß ich mir wünschte, so schnell wie möglich alles hinter mich zu lassen. Als jedoch der Abschied näher kam, zögerte ich jede Minute hinaus. Auf dem Flugzeug wurde das Lied „Wenn ich diesen Frühling nicht zurückkomme" gespielt. Der Abschied wurde mir schwer. Mit meinen 22 Jahren fühlte ich mich plötzlich gar nicht mehr so behaglich.

In Japan öffnete sich mir eine fremde Welt. Die Kleidung, das Essen, der Wohnstil der Japaner, das alles war neu für mich. Thay Chon Thanh, Nhu Tang, Minh Tam und Nguyen Dat führten mich in die japanische Lebensweise ein. Die Ehrwürdigen sind alle jetzt im Ausland. Und dieses Ereignis liegt auch schon 20 Jahre zurück.

Es ist sehr schwer, in einem hochtechnisierten Land wie Japan ohne Geld zu leben. Schon bei meiner Ankunft am Flughafen in Tokio wurde mir klar, daß meine nächste Zukunft nicht leicht sein würde. Alles kostete hier Geld und ich hatte kein Geld. Gleich zu Beginn meines Aufenthaltes mußte ich mir sogar Geld von Bekannten leihen, um die Studiengebühren bezahlen zu können.

Nach einem 6 monatigen Sprachkurs immatrikulierte ich mich an der Universität. Ich wurde zwar aufgenommen, mußte aber vorher drei Monate arbeiten, um das Geld für die Gebühren zu verdienen. Ehrwürden Thich Minh Tam vermittelte mir eine Wohnstelle in der Honryuji Pagode in Jachioji. Ich wohnte dort bis 1977.

Tagsüber ging ich zur Universität. Abends beteiligte ich mich an den Rezitationen in der Pagode. Zweimal am Tag mußte ich in der Pagode saubermachen.

1977 erhielt ich mein Diplom für das Fachgebiet der Erwachsenenbildung von der Universität Teikyo. Nach meinem Abschluß des Pädagogikstudiums machte ich die Aufnahmeprüfung für den Magister-Artium-Studiengang an der Universität Risso. Ich bestand die Prüfung und begann das Studium mit einigen Mönchen der Nichirenshyu-Schule. Während dieses Studiums packte mich plötzlich der Drang, nach Deutschland zu gehen. Ich wußte nicht weshalb, auch nicht warum. Der äußere Anlaß war jedenfalls der Besuch meines Jugendfreundes Tram. Er ist heute Arzt und hat bei mir die Zuflucht genommen.

Vor meiner Abreise besuchte ein Mönch aus Sri Lanka die Honryuji Pagode. Ihm ging der Ruf voraus, in die Zukunft sehen zu können. Deshalb bat ich ihn auch, mir etwas über meine Zukunft zu sagen. Er erklärte mir, daß ich nicht mehr in Japan bleiben würde und daß meine Zukunft mit einer großen Pagode in Verbindung stünde. Ich fragte ihn auch nach dem Fortgang meines Studiums. Seine Antwort war damals, daß meine weiteren Erfolge sich nicht mehr in Japan ereigneten. Seine Antwort überraschte mich, denn ich wollte unbedingt das angefangene Studium in Japan auch zum Abschluß bringen. Mein erstes Diplom hatte ich als zweitbester der Universität abgeschlossen. Warum sollte ich also das weitere Studium hier nicht schaffen? Doch es kam, wie es kommen sollte. Eigentlich wollte ich nur einen kurzen Besuch in Deutschland abstatten. Doch mittlerweile bin ich 17 Jahre in Deutschland. Heute glaube ich, daß mich mein Schichsal mit Deutschland verknüpft hat.

In dieser Auffassung wurde ich auch durch eine andere Prognose bestärkt. Im Frühling 1984 fragte mich in Kanada nach einer Lehrrede in der Quan Am Pagode ein älterer Herr, der sich mit Astrologie beschäftigte, nach meinen Geburtsdaten, um mir ein Horoskop zu stellen. Nach drei Tagen übergab er mir mein Horoskop und legte es mir zunächst für den Zeitraum von 1984 bis 1994 aus und später dann auch für den Zeitraum von 1994 bis 2004. Nach 10 Jahren mußte ich feststellen, daß seine Prognosen bis zu 90% eingetroffen sind. Dieser Herr ist heute schon 85 Jahre alt, er ernährt sich seit über 60 Jahren vegetarisch und rezitiert täglich das Diamant- Sutra. Von ihm überhaupt ein Horoskop gestellt zu bekommen, ist schon eine Ausszeichnung, denn sein Grundsatz ist, nur solchen Menschen das Horoskop zu stellen, von denen er sich sehr stark angesprochen fühlt.

Arbeit am Friedhof der Pagode Honryuji in Japan (1976)

Während eines Meditationskurses in der Buddhagedenkstätte Vien Giac

Bei der Universität Teikyo (1976)

Die erste Zufluchtszeremonie am 19.08.1978 für die drei Buddhisten Thị Chơn, Thị Ân und Thị Nhân in der Buddhagedenkstätte Vien Giac in der Kestnerstraße, Hannover

Zufluchtszeremonie für Dr. Olaf Beuchling-
Dharmaname Thiện Trí (2014)

Jubiläum zum 50.Ordinationsjahr (2014)

DIE GÜNSTIGEN UND DIE HEMMENDEN EINFLÜSSE

Wie bereits erwähnt, wurde ich in einem Dorf der Quang Provinz geboren. Das karge Land dieser Region läßt sich nur schwer den Lebensunterhalt für seine Bewohner abringen. Die Leute dort sind deshalb auch genauso arm wie das Land. Ohne die Drei Juwelen (Buddha, seine Lehre und die Mönchsgemeinschaft) wäre ich in diesem Lande ein Bauer geworden. Deshalb verdanke ich meine Gegenwart hier auch ausschließlich den Drei Juwelen. Die Buddhalehre hatte mich und meinen Bruder, den Ehrwürden Bao Lac, verändert. Wir beide stammen aus einer wenig begüterten Familie. Ohne die Drei Juwelen hätten wir niemals studieren können. Einem Ordinierten bedeuten akademische Grade an sich nicht viel. Sie zeigen in unserer beider Fall aber, daß jeder Mensch bildungsfähig ist, wenn Wille und Ausdauer da sind. Von Buddha wissen wir, daß jeder Mensch eine Buddhanatur besitzt. Wenn wir die religiöse Praxis ernst nehmen, werden wir auch bestimmt die Erleuchtung erlangen. Die Erleuchtung ist nicht nur ausgesuchten Mensch vorbehalten, sondern jedem Menschen möglich, der sich mit dem starken Willen und intensiver Praxis um sie bemüht. Wer sich bemüht, der erreicht sein Ziel, ganz gleich, ob er reich oder arm ist, von hoher oder von niedriger Geburt, ob er klug oder dumm ist.

In jener Zeit als Buddha selbst wirkte, gehörten nicht nur die Mönche aus den Adelsgeschlechtern und Könighäusern zu seiner Gefolgschaft, sondern auch Mönche niederer Herkunft, Mönche aus den untersten Schichten der indischen Kastengesellschaft. Zu Buddhas Schülern gehörte damals auch Upali, ein Frisieur. Seinetwegen machte man Buddha den Vorwurf, daß er auch die Vertreter niederer Kasten in den Sangha aufnahm. Als jene aber, die diesen Tadel äußerten, kurze Zeit später einem Mönch begegneten, dessen Nimbus herrlich strahlte, wurden sie neugierig und fragten Buddha nach dem Namen dieses Mannes. Buddha antwortete ihnen, daß dieser Mönch eben jener Upali sei, dessentwegen sie ihn eben noch getadelt hätten. Und der Buddha belehrte sie: „Es gibt keinen Unterschied zwischen den Menschen, sofern in ihnen rotes Blut fließt und salzige Tränen aus ihren Augen rinnen."

Immer wieder hören wir aus der Geschichte, daß Menschen der Ansicht waren, wegen ihres Reichtums oder ihrer hohen Geburt über anderen zu stehen, und dieser Abstand ihnen Vorrechte einräumte. Die Systeme der sozialen Schichtung und der politischen Bevormundung, die sie daraufhin aufgebaut hatten, waren allerdings immer nur von kurzer Dauer. Die Unbeständigkeit zerstört die Erscheinungswelt ausnahmlos. Buddha erkannte das Leiden der Welt, so verließ er seinen Reichtum und seine Familie um den Erlösungsweg zu finden.

Auch ich glaube, daß wir selbst verantwortlich sind für unser Schichsal. Unser Karma ist ein Produkt unserer Taten. Niemand kann uns besser oder schlechter machen als wir tatsächlich sind.

Die Kraft des Karmas kann man sich an ganz alltäglichen Beispielen klarmachen. Es gibt Restaurantbesitzer, die über schlechte Geschäfte klagen, während andere wiederum gut verdienen. So haben jene, die klagen, auch die Chance, nicht nur zu klagen, sondern sich aufzumachen, um der Grund für ihren Mißerfolg zu erkunden. Wenn sie sich umsehen, werden sie entdecken, daß die Gäste lieber ein sauberes Restaurant besuchen, das geräumig ist. Die Gäste ziehen schmackhaftes Essen und freundlichen Service schlechter Küche und gleichgültiger Bedienung vor. Der Gast sucht aber nicht nur gutes Essen, sondern auch einen annehmbaren Preis. Nach diesen Gesichtspunkten wählt ein Gast das Restaurant, das er andern vorzieht. Nach diesen Gesichtspunkten kann aber auch ein Restaurantbesitzer sein Geschäft besser führen und seine Geschäftslage verbessern.

Jeden Tag im Leben werden Menschen ihrer Schönheit wegen, um ihren Reichtum, um die Ehre, um die Macht, um ihren Verstand, um ihren Erfolg und um vieles andere mehr beneidet. Aber anstatt sich all das für sich selbst zu wünschen, sollte man sich fragen, wozu wir schön, reich, mächtig, geehrt, klug oder erfolgreich sein wollen. In Vietnam gibt es das Sprichwort: „Es gibt keine Familie, die mehr als drei Generationen reich oder arm bleibt."

Andere klagen darüber, daß wir eine Pagode bauen. Sie fragen, wozu brauchen wir eine Pagode, wenn wir schon eine haben. Aber ist diese Frage nicht genauso sinnlos wie die Frage: Wozu bauen wir Krankenhäuser, wenn wir schon welche haben? Die so fragen, vergessen, daß jedes Krankenhaus sich auf bestimmte medizinische Leistungen spezialisiert, daß es Schulen verschieden Typs gibt entsprechend den alternativen Ausbildungszielen und daß auch nicht jede Pagode die gleichen religiösen Schwerpunkte setzt. Ist es nicht besser, mehr Krankenhäuser, Schulen, Pagoden oder Kirchen zu bauen als mehr Gefängnisse zu besitzen. Ich freue mich, wenn eine neue Pagode entsteht. Die Äbte und die Laien der Pagode müssen sich nicht nur gut mit der Religion auskennen, sondern auch mit der Psychologie des Menschen und mit den Lebnsumständen der Gemeinden. Diese bestimmen die Erwartungen der Gläubigen an die Ordinierten. Eine Lehrrede, welche die Gemeinde nicht anspricht, spricht an ihr vorbei ins Leere.

Ein Lehrer, der kinderpsychologisch geschult ist, kommt entweder pünktlich oder einige Minuten später zum Unterricht. Er verkürzt auch nicht aus Eifer für seinen Lehrstoff die Pause der Schüler, sondern beendet seinen Unterricht lieber einige Minuten vor dem Gongschlag. Die Schüler werden diese Umsicht des Lehrers zu schätzen wissen.

Wenn ein Mönch feststellen muß, daß seine Zuhörer während seiner Lehrrede unruhig werden, einschlafen oder in anderer Form unaufmerksam sind, sollte er sie am besten abbrechen oder ihren Vortrag wenigstens kürzen. Ein guter Redner spricht deutlich, mit Intensität und anregendem Inhalt, er drückt sich einfach und verständlich aus. Eine Rede, die Applaus und Lachen hervorruft, kann als erfogreich angesehen werden. Wichtig ist, die Aufmerksamkeit des Zuhörers auf sich zu ziehen, sein Interesse an der Rede wachzuhalten. Nur sehr gute Redner können ihr Auditorium so an sich fesseln und mitreißen, daß man eine Stecknadel im Raume fallen hören kann.

Wenn wir eine Sache gut gemacht haben, sollten wir nicht damit prahlen. Wenn wir spenden, geben wir mit ganzem Herzen und ohne Reue. Handeln wir so wie der Bauer, wenn er sät und als Saatgut nur die besten Körner wählt. Schlechte Saat bringt schlechte Früchte. Allzu oft vergessen wir die Ursache dessen, worüber wir uns beklagen. Wir sollten uns besser schon gleich von Anfang an um das Beste kümmern.

Jeder will von den anderen geachtet und geschätzt werden. Doch wie selten achten und schätzen wir selbst die anderen. „Ein Professor hielt einmal im Unterricht ein Stück Papier hoch, das einen winzigen Fleck hatte, und fragte seine Studenten: „Meine Damen und Herren, was sehen Sie denn hier?"

Man antwortete ihm: „Einen Fleck." Daraufhin durchschritt der Professor den Hörsaal und erwiderte mit ernster Miene: „Es war nicht ganz falsch, was sie da gesehen haben, aber ganz richtig war es leider auch nicht. Offensichtlich müssen Sie Ihre Sehweise ändern." Daraufhin reagierten die Studenten überrascht und verlangten eine Begründung. Der Professor entgegnete ihnen: „Der Fleck ist sicher deutlich zu sehen. Aber ist das Stück Papier für sie nicht noch viel besser zu sehen gewesen als der Fleck?"

Das Verhalten des Menschen entspricht diesem Beispiel. Die schlechten Eigenschaften eines Menschen sind wie jener Fleck und seine guten stehen dazu wie jenes Stück Papier. Leider achten auch wir eher bei den anderen auf die schlechten Seiten als auf die guten und vergessen darüberhinaus sogar noch die Gegenwart der guten Eigenschaften. Bei uns selbst aber streichen wir stets die Vorzüge heraus und übersehen gerne die Fehler. Wer nur auf die Fehler der anderen achtet, verhält sich so wie einer, der auf der Straße, die er begeht, nur den Abfall sieht und darüber weder die Straße noch die Landschaft erkennt. Wir sollten uns angewöhnen, zuerst auf das Gute im Menschen zu schauen und uns darin zu üben, ihn zu achten und zu schätzen. Dann werden wir auch feststellen, daß wir es leichter mit den anderen haben, wenn wir die Gefühle von Zorn und Haß in uns zügeln. Die Erlösung liegt nicht fern. Sie liegt im Alltag und ist ganz leicht zu erreichen. Wir brauchen nur den Mut und den Willen dazu.

In Asien heißt es: „Die Zeit des Himmels,/ Der Vorteil der Erde /und Der Frieden des Menschen", das sind die drei Bedingungen, die zum Erfolg führen. Ein jedes sollte stets im rechten Augenblick geschehen, an dem richtigen Platz und mit dem Einverständnis anderer Menschen. Der berechtigte Erfolg geschieht nur im Zusammentreffen dieser Bedingungen.

Mit unserer Pagode ist es genauso. Eine Pagode muß richtig eingerichtet sein. Sie muß die Besinnlichkeit fördern und ihren Stimmungen einen Raum bieten, aber auch selbst von sich aus viele Aktivitäten anbieten oder anregen. Nur dann entfaltet eine Pagode auch ihre Anziehungskraft auf die Menschen.

Die Gestalt der Pagode ist nicht minder wichtig. Die Praxis soll zur Buddhaschaft führen. Alle Buddhas sind reich in ihrer Erscheinung. Eine Pagode muß zur Ehre des Buddha gestaltet werden. Auch die Ordinierten müssen sich pflegen. Sie sollten zwar keine Kosmetik verwenden, wie die Laien, aber ihr Schmuck sollte die Praxis sein, ihr Duft die Einhaltung der Gebote der Versenkung, der Weisheit, der Erlösung und der Einsicht in die Erlösung. Wenn ein Mönch keine Tugend besitzt, aber zuviel von den Laien erwartet, werden die Menschen ihn meiden. Er sollte dagegen der Nektar sein, der das Leben versüßt und dem Leben nützlich dient; er sollte keine Drohne sein, die ihren Nektar nur auf Kosten der anderen Menschen saugt.

Auch der Mönch muß die Freigiebigkeit üben und darf sie nicht nur von den Laien erwarten. Der Mönch sollte alle heilsamen Taten praktizieren, zu seinem eigenen Vorteil und zum Nutzen anderer Menschen. Der Mönch soll Barmherzigkeit üben, nicht nur gegenüber dem eigenen Schüler, sondern auch gegenüber den Schülern anderer Meister.

Auch die Tiere und Pflanzen fühlen die Liebe, die die Menschen ihnen angedeihen lassen. Sie gedeihen gut im Schein der Liebe, aber meiden den Menschen, der es nicht gut mit ihnen meint.

Es gilt als eine Regel, daß die Selbsterkenntnis und die Kenntnis unserer Mitmenschen stets erforderlich sind, wenn sich der Erfolg einstellen soll. Ein guter Buddhist betrachtet zuerst sich selbst und macht sich selbst seine eigenen Fehler klar, bevor er sich mit den Fehlern der anderen beschäftigt. Der Blick nach außen ist nicht schwer, während der Blick nach innen Übung verlangt. Wir müssen uns im Gleichmut üben. Im Erfolg sollten wir die überschwengliche Freude vermeiden genauso wie bei der Niederlage den unverhältnismäßigen Ärger. Wir Mönche sind verpflichtet, das Gleichgewicht stets zu suchen und ständig zu bewahren, nur so können sich die Laien uns anvertrauen.

Ein geistiger Führer ist genauso wie ein Kapitän. Auf hoher See muß der Kapitän immer die Ruhe bewahren, um das Schiff durch alle Unbill steuern zu können. Er darf sich nicht vor der Verantwortung drücken, sonst verliert die Mannschaft ihr Vertrauen zu ihm.

Ein Führer muß das Gerede über sich erdulden können, ohne das Bedürfnis zu haben, seine Handlungen rechtfertigen zu müssen. Wie in einer Baumreihe wird der höchste Baum stärker vom Wind bewegt als die anderen Bäume. Wir dürfen nicht den Problemen ausweichen, sondern können sie nur lösen, wenn wir ihnen ins Gesicht sehen und an ihnen arbeiten. Wir sollten uns üben, die Hinweise zu erkennen, die uns sagen, wann es richtig ist, zu schweigen, und wann es besser ist, zu reden. Es empfiehlt sich auch nicht für einen Mönch, sich mit seinen Mitmenschen messen zu wollen. Er sollte vielmehr vermeiden, die Vorzüge der anderen zu beneiden und sie um deretwillen zu verletzen. Unsere Aufgabe ist es für unsere gemeinsamen Rechte zu kämpfen und zu arbeiten.

Es gibt politische Führer, die glauben, daß ihr Volk eine blinde Herde sei. Sie vergessen, daß es sich aus Menschen zusammensetzt, die klüger und weiser sind als sie selbst. Man sollte das Volk nicht unterschätzen. Das Volk hat alle, die in Amt und Würden stehen, nach oben getragen und das Volk kann sie auch alle wieder aus ihren Stellungen holen. Es gibt keine politische Kraft, die größer ist als die Kraft der Mehrheit des Volkes.

Ich möchte nach dieser allgemeineren Betrachtung nun im Hinblick auf die Geschichte der Pagode noch etwas konkreter werden.

Alles in allem hatten wir mit unserem Projekt der Pagode bislang mehr Glück als Probleme. Vergleicht man sie prozentual, dann ist rund 95% der Arbeit reibunglos verlaufen, während 5% der Gesamtarbeitszeit mit Sorgen ausgefüllt waren. In meinen Leben verteilt sich das Verhältnis von Glück und Sorgen recht ähnlich. Meine Kindheit war problemlos und meine schulischen Schwierigkeiten hörten mit meiner Ordination auf. Seitdem war ich ein guter Schüler. Im Kloster hatte ich wiederum die meisten Probleme nur mit den älteren Frauen, die im Kloster halfen, und zwar auch nur dann, wenn sie mehr sein wollten als Laienhelferinnen und die Novizen zu bevormunden versuchten. Auch sie spornten mich an, meine Pflichten noch besser zu erfüllen und mich ihrem Einfluß zu entziehen.

Als ich nach Deutschland kam und mit meiner Arbeit hier begann, gab es zunächst finanzielle Schwierigkeiten, die mich vor die Wahl stellten, in Deutschland zu bleiben oder zurück nach Japan zu gehen. Doch auch diese Probleme wurden im Verlaufe meines

Deutschlandaufenthalts gelöst. Als ich mich nach Deutschland aufmachte, hatte ich weder genauere Vorstellungen, über das, was mich erwartete, noch über die Dauer meines Aufenthalts. Heute ist es 17 Jahre her, seitdem ich hier angekommen bin und nur die Zukunft weiß, wie lange ich noch hier bleiben werde.

In den Universitäten stieß ich kaum auf Schwierigkeiten. Das Erlernen fremder Sprachen fiel mir stets leicht. Ich genoß die Konversation in der Fremdsprache mit zunehmender Entwicklung meiner Fremdsprachenkenntnisse.

Als ich mit dem Bau der Pagode in Hannover begann, gab es wieder mehr Probleme als in der Zeit davor. Ich war aber nicht entmutigt, sondern dachte immer daran, daß auch ein großes Schiff im Meer von den Wellen getragen würde. Ich war daher auch nicht allzu enttäuscht über das Gerede der Leute hinter meinem Rücken. Ja ich vermag weder traurig zu sein, wenn die Menschen mich verurteilen, noch freudig zu sein, wenn sie mich loben. Ich folge nur der Buddhalehre wie ein Schiff seiner Kompaßnadel folgt.

Die älteren Buddhisten befürchten immer, daß junge Mönche leicht der Versuchung durch Frauen erliegen könnten und sie wollten uns deshalb auch tatkräftig vor solchen Menschen schützen. Aber mir zeigt ihr Verhalten nur Kleinmut angesichts der Lehre. Wenn wir nämlich gut praktizieren, kann uns auch keine Versuchung etwas anhaben. Der Buddha lehrte: „Nur der Wurm im Löwenleib kann ihn vernichten". Von außen droht den Löwen keine Gefahr. Er ist der König der Wildnis, kein Tier würde ihm etwas anhaben können. Genauso ist es mit einem Ordinierten. Wir sollten uns nur um unsere eigenen Fähigkeiten bemühen, und die Versuchung nicht fürchten. Der schwache Punkt liegt immer bei einem selbst und nicht bei den anderen.

Buddha lehrte uns sehr viel. Seine Nachfolger, Ordinierte wie Laien, vergessen leider viel zu häufig seine Lehren. Zur Zeit des Buddha gab es zwei Bhikkhus, die gemeinsam auf Almosengang gingen. Der eine bekam immer eine volle Schale, während der andere selten etwas bekam. Die beiden hatten ein verschiedenes Karma mit verschiedenen Verdiensten in ihren vorherigen Leben. Jeder von ihnen erntete nur das, was er in der Vergangenheit selbst gesät hatte.

Eine andere Geschichte: Buddha schickte einmal Sariputra in ein Dorf, um eine Lehrrede abzuhalten. Nur wenig Menschen kamen, um ihn anzuhören. Das nächste Mal schickte der Buddha den Purna dorthin. Ihm hörten viele zu und nicht wenige haben bei ihm Zuflucht genommen. Sariputra fragte nach dem Grund und Buddha erklärte: „Obwohl Du mein bester Schüler bist und der weiseste Mönch, hattest du keine Verbindung mit den Menschen im Dorf in deinem letzten Leben. Purna dagegen war in seinem Leben vorher ein Ruderer gewesen, der einen Ameisenhaufen vor der Überflutung gerettet hatte. Die Ameisen wurden als Dorfbewohner wieder geboren. Wegen dieser Beziehung kann Purna die Dorfbewohner besser belehren.

Diese Geschichte bringt uns das Gesetz von Ursache und Wirkung und das Gesetz der Nebenbedingungen näher. Alles, was wir tun oder was uns widerfährt, hängt mit Ereignissen unserer Vergangenheit zusammen, das, was wir heute mit Leichtigkeit erledigen können, genauso wie das, was uns schwer fällt oder worin wir versagen. Es sind nicht wenig Menschen, die hohe akademische Qualifikationen erwarben und dementsprechend gut dotierte Posten oder Ämter bekleiden, die aber trotzdem nicht fähig sind, die Intellektuellen oder die Öffentlichkeit zu überzeugen. Andere wiederum schaffen es durch die Erfahrung, die sie im Praktizieren der Buddhalehre gewonnen haben. Unser Schicksal ist kein Geschick, das uns ein übernatürliches Wesen zugeschickt hat, sondern das Ergebnis unserer eigenen Taten in den früheren Leben und kann deshalb auch verändert werden.

Wenn wir mit einer Arbeit beginnen, sollten wir uns nicht wünschen, sie problemlos und einfach erledigen zu können. Die

Leichtigkeit, mit der sie uns von der Hand geht, macht uns fahrlässig und hochmütig.

Ein älterer Herr aus unserer Gemeinde kam kürzlich zu mir und entschuldigte sich bei mir für seine Kritik, die er ein Jahr zuvor über den Bau der Pagode ausgesprochen hatte. Nach seiner Meinung bräuchten die Ordinierten auch heute keine Pagode, so wie sie auch zur Zeit des Buddha keine Pagode gebraucht hatten und es zu Buddhas Zeiten auch keine Pagoden gegeben hatte.

Ich habe ihm geantwortet, daß er zwar auf eine historische Tatsache ganz richtig anspiele, aber trotzdem daraus die falschen Schlüsse ziehe; denn eine Pagode gehöre ja niemandem persönlich. Sie ist das Gut der Allgemeinheit. Niemand kann allein eine Pagode bauen. Auch unsere Pagode ist nur durch die Kraft der Gemeinschaft entstanden. In der Zeit des Buddha waren die Lebensumstände und das Klima anders. Das Klima Indiens ist heute immer noch überwiegend tropisch. Tage wie Nächte sind in manchen Jahreszeiten so heiß, daß man lieber unter einem Baum sitzt, als sich in einem Haus aufhält. Aber im Alter machte das Leben im Freien auch einige der Mönche zu jener Zeit krank. Der König Bimbisara und sein Volk hatten deswegen das erste Vihara im Bambusgarten für diese Mönche gebaut. Damals brauchte Buddha nicht zu sammeln. Die Laien hatten diese Stätte für ihn und seine Gefolgschaft aus freiem Antrieb gebaut. Heute im Ausland ist es anders, die Laien sind weniger engagiert als jene damals, weshalb sich die Mönche dafür auch mehr um die allgemeinen Angelegenheiten kümmern müssen. Nach diesem Gespräch ging jener Herr zufrieden nach Hause.

Der Buddha bezeichnete solche Menschen als weise. Wer seinen Fehler erkennt und ihn zugibt, ist ein Weiser. Aus ihm spricht die Demut.

Ein Gläubiger opfert den Drei Juwelen ohne Erwartung einer Gegenleistung. Ein Ungläubiger würde das Leben der Ordinierten dagegen als parasitär bezeichnen. Er kann nicht verstehen, warum die Mönche ständig für ihren Unterhalt um Spenden bitten müssen. Warum sollten sie nicht wie jeder andere auch arbeiten? Im Buddhismus weiß man dagegen, daß der Spender dem Empfänger danken sollte, denn nur seinetwegen kann er überhaupt die Tugend der Freigiebigkeit üben.

Es gibt durchaus auch Länder, in denen die ordinierten buddhistischen Mönche einer Arbeit nachgehen, doch ihr Lohn allein könnte eine Pagode finanziell nicht unterhalten. Nach 8 stündiger und manchmal sogar 16 stündiger Arbeit kehren die Mönche zur Pagode zurück, physisch erschöpft und viel zu müde für die Meditation und das Rezitieren. Aber wie soll sich der Geist entwickeln, wenn er nur schläft und in diesem Falle auch verständlicherweise schläft. Der Buddha lehrte: Die Pflicht der Ordinierten ist, die Lehre zum Wohl aller Lebewesen zu verbreiten. Die Aufgabe der Laien dagegen ist es, die Ordinierten bei ihrer Arbeit zu unterstützen. In der modernen Gesellschaft haben die Ordinierten zunehmend mehr auch Aufgaben der Laien übernommen. Dagen kann ein Laie umgekehrt dem Ordinierten keine seiner genuinen Pflichten, seiner Übungen und Disziplinen abnehmen. Hinsichtlich der religiösen Zusammenarbeit sind sowohl auf der Seite der Laien als auch auf der Seite der Ordinierten Rückschritte zu verzeichnen. Die Chance des Laien, auf einen gut ausgebildeten und in der religiösen Praxis fortgeschrittenen Mönch zu treffen, sind gesunken, und die Chancen eines Ordinierten, die ganze Zeit des Tages unangefochten seinen religiösen Aufgaben, seinen Übungen und seiner Disziplin zu widmen, haben sich minimiert. Das Verhältnis zwischen Mönch und Laie ist heute gestört. Wahrscheinlich hatte Buddha deswegen diese Zeit als die Zeit der Nachblüte des Buddhismus bezeichnet. Mancher Mönch ist kein richtiger Mönch mehr, aber ein richtiger Laie kann er auch nicht mehr sein. Daneben nimmt die Zahl der Laien zu, die glauben, weil sie einige Bücher über den Buddhismus gelesen haben, die Mönche belehren zu können. Die Verwirrung ist groß, wenn in einer Gesellschaft niemand mehr weiß, wo sein Platz ist.

Es ist eigentlich überflüssig, weil die Feststellung selbstverständlich ist, zu betonen, daß auch die Pagode Vien Giac das Ergebnis der Arbeit einer Gemeinschaft ist, die sich über ihren Glauben definiert, und daß der Aufbauerfolg nicht nur ein Erfolg dieser Gemeinschaft, ihrer Solidarität ist, sondern auch des Grundes und Bundes, der sie zur Gemeinschaft gemacht hat, des Buddhismus.

DIE HELFER DER PAGODE

Hier in Europa gibt es das Sprichwort: „Auch Rom wurde nicht in einem Tag erbaut." Genau genommen dauert Roms Aufbau schon Jahrhunderte. Im Fall der Pagode Vien Giac ist es auch nicht anders. Die Buddhisten in Deutschland sind nicht so reich wie die Deutschen und noch viel ärmer als die Vietnamesen in den USA oder in Frankreich. Doch die Buddhisten in Deutschland sind sehr gläubig. Ich hatte nicht erwartet, daß sie jemals fähig wären, so viel Geld für Spenden aufzubringen. Bei der Verwirklichung unseres Planes, die Pagode zu bauen, ließ ich mich von einer vietnamesischen Weisheit leiten. Ich machte den Sturm aus vielen kleinen Winden. Wir haben ein weiteres Sprichwort, das unser Vorgehen treffend beschreibt: Ein Baum macht noch keinen Hügel, drei Bäume zusammen zeichnen die Silhouette eines Berges. Ich war froh über jede Spende, ganz gleich wie hoch der Betrag war und von wem sie kam. Mein Anspruch ist, den Menschen immer gleich zu achten, ganz gleich wie hoch der Betrag seiner Spende für die Pagode ist. Die Pagode ist der Besitz aller Gläubigen. Diese Auffassung hat meine Arbeit stets bestimmt.

Es gibt nur eine Wahrheit, doch es gibt viele Wege, die zur Wahrheit führen. Es ist jedem freigestellt, welchen Weg er einschlagen will. Niemand weiß genau, welches der allerbeste Weg zur Wahrheit ist. Der Weg, der für den einen gut ist, kann für den nächsten schon falsch sein. Viele Missionare agierten in dem Glauben, daß nur ihre Religion, die richtige sei. Wenn wir deren Verhalten aber genauer betrachten, müssen wir feststellen, daß sie mit diesem Vorurteil sich schon an der Religion selbst vergangen haben. Diesen Fehler unnachsichtiger Rechthaberei haben nicht die Gründer der Religionen begangen, sondern ihre Anhänger, welche die falschen Schlüsse aus der Lehre ihrer Gründer gezogen haben.

Bei unserem Projekt haben uns viele sehr leise geholfen, ohne großes Aufsehen davon zu machen. Sie freuten sich über unseren Erfolg genauso still, wie sie sich an ihm selbst beteiligt hatten. Das waren die hilfsreichsten Hände beim Bau der Pagode. Viele ältere Menschen trugen ihren Teil dazu bei, indem sie kleine Kuchen zu den Festen verkauften, die sie selbst gebacken hatten. Jeder Kuchen wurde so zu einem Baustein im Mauerwerk der Pagode. Die Buddhistinnen Dieu Anh, Dieu Kim, Dieu Hue, Dieu Hiep, Chung, Sau Lau, Tam, Dieu Nhuy, Vien Tuyet, Dieu Hien, Tang, Thi Khiem und die Buddhisten Minh Thien, Minh Luong, Sau Lau und viele andere mehr waren immer zur Stelle, wenn die Pagode ihre Hilfe brauchte. Auch die Buddhisten und Buddhistinnen Hanh, Phuong, Peter, Binh, Ty, Tuan, Thien Nguyen, Tu halfen bei jeder großen Feier in der Küche, ohne sich jemals zu beklagen. Ihre tätigen Beiträge gehören zu den lebendigen Bausteinen der Pagode Vien Giac.

Auch die Mitarbeit der Ordinierten Hanh Tan, Hanh Bao, Hanh Niem, Hanh Tinh, Hanh Chau, Hanh An, Hue Niem, Hanh Ngoc, Hanh Nhu, Hanh Quang und die neuordinierten Thien Cu, Thien Tuong, Thien Duc verwob sich zu einem wertwollen Baugestein für die Pagode. Sie waren immer bei der Bauarbeit dabei, versäumten aber auch keine Andacht, es sei denn sie waren schwer krank. Ihre Hilfe war leise und stark. Sie trugen alle Sorgen mit, die während der verschiedenen Bauphasen immer wieder auftraten. Auch die Nonnen, obwohl sie alle schon über 60 Jahre alt sind, waren unermüdlich im Einsatz. Sie kochten die Mahlzeiten und bereiteten alles dafür vor. Selten weniger als 30 Personen pro Mahlzeit hatten sie zu verköstigen. Sie haben wirklich hart gearbeitet, und sich damit genauso wie alle anderen um die Pagode verdient gemacht.

Auch die Organisationen außerhalb der Pagode, mit denen die Pagode aber eng verbunden ist, haben ihren Beitrag geleistet: die Congregation und die Vereinigung der Vietnamesischen Buddhistischen Flüchtlinge. Die Vereinigung hat schon dreimal den Vorsitzenden gewechselt. Zuerst war es der Buddhist Thi Minh Van Cong Tram, dann kam Thi Chon Ngo Ngoc Diep und jetzt Thi Tam Ngo Van Phat. Buddhist Thi Tam behielt sein Amt über drei Amtzeiten und hilft mir bei den Verwaltungsarbeiten der Pagode. Er hilft der Pagode schon seit 1982. Jeden Tag kam er zur Pagode und erledigte die Büroarbeiten, die ich ihm auftrug, oder er schrieb selbst Bittbriefe an die Ortsvereine.

Die Vereinigung der Vietnamesischen Buddhistischen Flüchtlinge hat jetzt Ortsvereine in Norddeich, Bremen, Hamburg, Hannover, Berlin, Frankfurt, Saarland, Reutlingen, Karlsruhe, Freiburg, Rottweil, Nürnberg, München, Wiesbaden, Mannheim und Münster. Vor kurzem hat Münster leider seine Arbeit eingestellt. Besonders die Ortsvereine haben sich als das Rückgrat der Pagode erwiesen. Überall sind die Gläubigen dabei, auch die nicht so aktiven Buddhisten mit in unsere Aktivitäten einzubeziehen. Nicht selten unterbanden sie das aufkeimende Gerede und brachten es zum Stillstand noch bevor es mir zu Ohren kam. Viele beschwerten sich deswegen darüber, vor allem, daß man ihre Meinungen nicht beachtete oder sie sogar untergrub, weil sie gar nicht bis zu mir gelangt seien.

Jede Aktion der Pagode wurde landesweit von den Ortsvereinen durchgeführt. Die Mitglieder des Vorstandes besuchten alle Familien, um für den Bau zu sammeln, oder sie für eine neue Idee zu erwärmen. In der Regel waren sie erfolgreich, aber auch sie mußten Niederlagen einstecken.

Damit wir alle gemeinsam unsere großen Feste in der Pagode feiern konnten, den Vesaktag, das Ullambanafest, das Neujahrsfest, mieteten die Ortsvereine Busse und brachten auf diese Weise ihre Mitglieder nach Hannover. Die Ortsvereine erhalten und gestalten das lebendige Umfeld der Pagode, ihre größere Gemeinschaft.

Nicht wenige der Buddhisten erklärten mir, wie sehr sie sich freuten, die Pagode endlich fertig zu sehen. Angesichts der Pagode können sie voller Stolz erklären, daß Sie Buddhisten sind. Das gleiche Motiv bewegte nicht zuletzt auch mein eigenes Handeln. Auch ich möchte, daß meine Landsleute und die Buddhisten stolz auf sich und ihre Leistungen sein können.

Eine weitere Organisation, mit der wir eng verbunden sind, ist die Jung- Buddhisten Gemeinschaft. Eine Gruppe junger Menschen, die ihrem Alter entsprechend gemeinsame Aktivitäten organisiert. Diese Gemeinschaft besteht aus den Familien Minh Hai (Norddeich), Phap Quang (Hamburg), Tam Minh (Hannover), Chanh Niem (Berlin), Chanh Dung (Nürnberg) und Chanh Dinh (Saarland). Sie beteiligte sich an allen Veranstaltungen der Pagode und besonders an den Kulturabenden bei den großen Festen.

Niemand konnte auch nur ahnen, daß gerade diese jungen Menschen die Arbeiten durchführten, vor welchen sich alle anderen herumdrückten, die unattraktivsten Arbeiten wie das Reinigen der Musikhalle, das Aufräumen und Nachräumen, die Entsorgung der Müllsäcke. Das sind keine Fremden, diese jungen Menschen, das sind unsere Verwandten, Kinder, Nichten, Neffen und Geschwister. Das ist die viel versprechende Zukunft unserer Gemeinschaft. Diese Jugendlichen sind die vitalsten Bausteine der Pagode. Wir denken an sie mit Liebe. Ich war tief gerührt, als ich die Spendenkiste der Jung- Buddhisten- Gemeinschaft in meinen Händen hielt. In der Kiste war zwar keine üppige Summe, doch die Liebe allein zählt, mit der sie der Gemeinschaft ihre Ersparnisse zugedacht hatten. Ihre Liebe schimmerte wie die reine Seide, die noch niemand getragen, die noch niemand gebraucht hatte, frei von jeder Spur alltäglicher Abnutzung. Diese Jugend tritt einmal unser Erbe an, sie bewahrt die Werte unserer Kultur in der Zukunft.

Auch viele Christen beteiligten sich an dem Bau der Pagode mit ihrem Rat und mit ihren Taten. Sie betrachteten die Pagode nicht als Symbol der buddhistischen Religion, sondern auch als ein Wahrzeichen der vietnamesischen Kultur, der Sitten und Bäuche der vietnamesischen Heimat. Ihr Weitblick war bewundernswert, während es mir sehr leid tat um manchen Buddhisten, der überhaupt keinen Beitrag leistete, stattdessen aber über die Pagode herzog. Es war unfaßbar.

Die engen Mitarbeiter der Pagode, wie die Sekretärin Frau Nga, wie der Onkel Sanh, Nhu Than, wie Herr Hanefeld, Frank und die anderen, sie alle arbeiteten in ihrem jeweiligen Aufgabenbereichen an unserem Projekt mit, und sorgten dafür, daß unsere Zeitschrift gedruckt werden konnte. Sie entlasteten mich jeden Tag.

Als 1989 die Mauer mitten in Deutschland fiel und die Grenzen zum Ostblock durchlässig wurden, strömten auch viele Vietnamesen, die in der ehemaligen DDR oder in den kommunistischen Staaten Osteuropas gearbeitet hatten, nach West-Deutschland. In der Zeit unmittelbar nach diesem Ereignis kamen viele von ihnen in die Pagode und suchten bei uns Hilfe und Beistand. Nach ihrer Einweisung in die verschiedenen Regionen Deutschlands kehrten sie aber wieder in die Pagode zurück, um uns für die erste Hilfe zu danken, die sie bei uns empfangen hatten. Die meisten von ihnen waren Nordvietnamesen. Sie sind alle kommunistisch erzogen worden. Sie kannten nur den Marxismus und die Dogmen der Partei. Heute sind sie wieder zur Religion zurückgekehrt. Ich glaube, daß tief in jedem Menschen ein Verlangen nach Religion existiert. Nur die Religion kann wirkliches Glück bringen, jede andere Weltanschauung führt meistens ins Unglück.

Die Vietnamesen sind sehr geschickt und sie lernen schnell. Obwohl sie keine gelernten Maurer waren, hatten Chuong, Ha, Hiep, Hung und ihre Kameraden die Maurerarbeiten in der Pagode ausgeführt. Obwohl sie keine gelernten Tischler waren, hatten Dung, Hiep, Ha, Hoai und ihre Kameraden die Holzarbeiten erledigt. Obwohl sie keine gelernten Fliesenleger waren, hatten Truong, Hoang, Ha, Hung und ihre Kameraden die Böden der Pagode gefliest. Viele von ihnen haben Zuflucht genommen. Zwei von ihnen ließen sich sogar ordinieren. Andere haben ihre Diät gewechselt und ernähren sich nur noch vegetarisch. Dank der Buddhalehre wurden aus diesen jungen seelisch verhungerten Menschen sittlich reife Mitglieder der buddhistischen Glaubensgemeinschaft und der Gesellschaft. Gutherzig haben sie das karge Leben in der Pagode erduldet, nur um an dem Bau der Pagode mitzuarbeiten. Wir konnten ihnen nichts als zwei einfache Mahlzeiten und ein hartes Lager auf dem Boden anbieten.

Es gab auch viele Deutsche, die auf die eine oder die andere Weise am Bau der Pagode mitgewirkt hatten. Es waren deutsche Buddhisten oder Deutsche, die mit dem Buddhismus sympathisierten. Auch die deutschen Beamten und unsere unmittelbaren Nachbarn waren uns immer wohlgesonnen. Der Buddhismus ist eine Religion der Barmherzigkeit, Gewaltlosigkeit und Haßlosigkeit. Der Buddhismus ist eine großmütige Religion, die nicht an der äußerlichen Form haftet. Der Buddhismus geht jeder Rivalität aus dem Wege und stellt es jedem frei, sich ihm zu nähern oder sich von ihm zu entfernen. Gerade diese Offenheit und der Verzicht auf Reglementierung macht den Buddhismus begehrenswert. Gut 30 Deutsche haben bislang schon bei mir Zuflucht genommen. Die Zahl der deutschen Interessenten, die bisher in die Pagode kamen, übersteigt einige Tausend bei weitem.

Jedes Jahr feiern wir drei große Feste, das Vesak-, das Ullambana- und das Neujahrsfest. Tausende von Autos kommen und parken auf einem Gelände, das uns die Messegesellschaft zur Verfügung gestellt hat, weil unser eigener Parklplatz viel zu kein ist. Wir sind der Messengesellschaft für ihre Großzügigkeit dankbar und verbunden. Je mehr Menschen an diesen Feierlichkeiten teilnehmen, desto mehr Autos kommen nach Hannover. An diesen Tagen beherrschen die vietnamesischen Gesichter das Bild der Straßen, die das Grundstück unserer Pagode begrenzen. Die Nachbarn dulden diese kleinen und kurzfristigen Invasionswellen seit 15 Jahren, ohne sich bei uns zu beklagen.

Dr. Meihorst ist mein großer Freund und Helfer geworden. Ich bin ihm tief verbunden und zu Dank verpflichtet. Obwohl er kein Buddhist ist, hat er sehr viel Sympathie für uns und den Buddhismus. Er nahm an den jährlichen Meditationsveranstaltungen in Deutschland teil. Er ist Vorsitzender der Ingenieurskammer Niedersachsens und der Ingenieurskammer Deutschlands, ein Vorstand von Organisationen, die ungefähr 800000 Ingenieure zu ihren Mitgliedern zählt. Er ist auch der Ratgeber der Pagode geworden. Seine Firma arbeitete für die Pagode, ohne ihr jemals eine Rechnung zu stellen. Er machte uns mit guten Anwälten bekannt, welche die juristischen Belange der Pagode in verschiedenen Rechtsangelegenheiten vertraten. Er stellte uns die Prüfer zur Verfügung, die uns halfen, die Arbeit der verschiedenen Firmen zu beurteilen und ihre Rechnungen zu kontrollieren und die uns auf manche Überberechnung aufmerksam gemacht haben. Ohne seine Hilfe wäre der Bau der Pagode sicher um einige hunderttausend Mark teurer geworden. Herr Dr. Meihorst hat mir auch finanziell ausgeholfen mit zinslosen Darlehen, wenn ich in finanzielle Bedrängnis geraten bin. Er hat sich uns gegenüber immer großzügig, wohlwollend und hilfreich gezeigt. Ich persönlich, aber auch wir Vietnamesen, werden ihn und sein Verhalten niemals vergessen.

Ich möchte auch besonders Herrn Dr. Dienemann, einen guten Buddhisten, hier erwähnen. Er ist zwar kein direkter Schüler von mir, aber er hat der Pagode in vieler Hinsicht geholfen. Er beteiligte sich regelmäßig an den Kursen der Pagode und an den Kursen der deutschen Gruppe, die den Buddhismus in der tibetischen Tradition lernt und übt.

Ich stehe auch tief in der Schuld von Herrn Dr. Geißler und von Frau Michael, Herrn Dr. Lewandowski und Herrn Dr. Dammemann, meinen Gesprächspartnern im Bundesministerium des Innern. Sie alle trugen im Rahmen ihrer Ressorts und Kompetenzen an der Realisierung der Pagode und ihrer verschiedenen Projekte bei. In der Vergangenheit war die Hilfe des Bundesministeriums unentbehrlich, heute fördert sie einen wichtigen Teil unserer aktiven Arbeit.

Die Ehrwürdigen Thich Minh Tam, Thich Tanh Thiet und andere Ordinierte in der ganzen Welt waren mir immer eine sehr große Hilfe gewesen. Besonders Ehrwürden Thich Minh Tam war zu mir wie ein großer Bruder, der mir stets sowohl geistig als auch materiell zur Seite stand, jedesmal wenn ich seinen Beistand brauchte. Die Feststellung, daß ohne die Hilfe des Ehrwürdigen Thich Minh Tam die Pagode Vien Giac nicht bestünde, ist ebenso wahr.

Die Buddhisten in Kanada oder in den USA halfen mir mit ihrem monatlichen Beitrag und ihrem zinslosen Darlehen. Nach der Einweihung der Pagode rief ich die Congregation zusammen und sagte den Mitgliedern, daß ich vorhabe, die Pagode der Congregation der Vereinigten Vietnamesischen Buddhistischen Kirche Europas zu opfern. Die Hilfe für die Pagode kam ja nicht nur von den Vietnamesen in Deutschland, sondern aus ganz Europa und auch von den Vietnamesen, die auf anderen Kontinenten lebten. So erschien mir diese Opfergabe gerechtfertigt.

Die beruflich qualifizierten Vietnamesen, wie die Elektriker Tuan, Dung, Son, Phong und andere oder die Heizungsbauer Long, Giac My, Thien Tinh, Thien Le, Phuc, Hoai, Dung ermöglichten es der Pagode, durch ihren selbstlosen Einsatz einige hunderttausend Mark zu sparen.

Besonders zu erwähnen ist in diesem Zusammenhang der Architekt Tran Phong Luu. Er hat sein ganzes Können und viele, viele Stunden Arbeit und Fleiß für die Pagode eingesetzt. Er allein hat den Entwurf und die Projektplanung durchgeführt. Er kämpfte mit den vielen großen Plänen, damit sie alle rechtzeitig fertig waren und für die Realisierung zur Verfügung standen. Sein großer Eifer und sein nicht minder großer Einsatz wurden ihm aber selten mit Lob vergolten, häufiger hörte man unzufriedene Stimmen. Heute ist die Pagode gebaut. Keiner kann an seiner Leistung vorübergehen, ohne ihr Respekt und Achtung zu zollen. Niemand der die Pagode betritt, wird seine Leistung vergessen, die Pagode erinnert immer an seine Leistung. Es ist üblich, daß der Architekt mit 10% der

Gesamtbaukosten als sein Arbeitslohn vergütet wird. Herr Tran Phong Luu nahm kein Geld von der Pagode. Die finanzielle Vergütung seiner Arbeitsleistung stiftete er der Pagode, aber der Lohn des Ruhms wird ihm bleiben. Auch Herr Tran hat sich durch seinen selbstlosen Beitrag in das Gedächtnis der Menschen und in die Geschichte des Buddhismus in Deutschland eingetragen.

Die Zahl der Menschen, die einen finanziellen Beitrag zum Gelingen der Pagode beigesteuert haben, ist groß, so groß, daß ich sie hier alle namentlich gar nicht nennen kann. Ich hoffe, daß die vielen gutherzigen Spender, die ich hier nicht erwähnt habe, mir diese Unterlassung verzeihen und mir trotzdem auch weiterhin geneigt bleiben.

Kürzlich habe ich im Fernsehen eine Sendung gesehen, die sich mit der Psychologie der Deutschen in Chicago auseinandersetzte. Sie beschrieb das Heimatgefühl der Deutschen, die 30 oder mehr Jahre ununterbrochen in Chicago gelebt hatten und ihr Heimatland trotzdem nicht vergessen konnten. Was ist die Heimat? Das Wort, das so kurz ist und so einfach auszusprechen, drückt doch so viel aus, daß man mit seiner Erklärung Bücher füllen könnte, ohne den Sinn zu erschöpfen.

Nach dem zweiten Weltkrieg emigrierten viele Deutsche. Die Vietnamesen sahen sich 1975 in einer ähnlichen Lage. Auch sie verließen ihre Heimat zu Hunderttausenden. Ihr Exodus verteilte sie auf der ganzen Welt. Und überall, wo man sie aufnahm, versuchten sie sich der fremden Kultur anzupassen. Aber auch sie wollten nicht ihre eigene Sprache und Kultur vergessen. Sie gründeten deshalb Vereine, Gesellschaften, die sich gegenseitig helfen. Sie bauten die Tempel, ihre Pagoden, in den Ländern, wo sie seßhaft wurden, um ihre Religion zu pflegen.

Natürlich gibt es auch unter den Auswanderern Leute, die ihre Abstammung vergessen haben. Doch das ist eher selten. Auch gibt es Menschen, die ihren eigenen Landsleuten das Leben unnötig schwer machen in der Fremde. Glücklicherweise ist dieser Typus

Mensch eher selten. Verhaltensweisen dieser Art scheinen mit der Situation und den Umständen der Auswanderung oder der Flucht zusammenzuhängen. Nicht jeder ist der neuen Herausforderung, dem Kulturschock, gewachsen und vermag dabei seine Integrität zu wahren. Das konnte ich auch am Beispiel der Vietnamesen beobachten.

Wenn ich auch bislang nur über die Menschen sprach, die mir bei der Gründung der neuen Pagode beigestanden haben, so kann ich es mir doch nicht verhehlen, auch daraufhinzuweisen, daß es auch nicht an den Menschen gefehlt hat, die mir schaden wollten. Darunter waren Vietnamesen wie Deutsche, die immer eines gemeinsam hatten, nämlich, daß sie alle radikal und unnachgiebig eingestellt waren.

Aber jedes Leid vergeht und jede Trauer lindert die Zeit. Der Raum bleibt für eine Weile scheinbar unbeweglich, fast wie ein Trost für den Verlust der Menschen. Ich möchte ganz im Stillen leben, ohne jeden Streit. Doch manche Menschen wollen sich unbedingt mit mir messen. Ich verstehe nicht warum und wofür? Manchmal möchte ich mich ganz zurückziehen. Ich würde einen Ort, an dem es keine Menschen gibt, vorziehen. Doch meine Zeit der Weltabgeschiedenheit ist noch nicht gekommen. Ich muß noch ein bischen warten, denn meine Gemeinde braucht mich noch eine Weile.

DER SCHATZ DER PAGODE VIEN GIAC

Die Pagode beherbergt viele Kostbarkeiten. Doch von allen Kostbarkeiten überragt eine alle anderen. Sie stellt den unendlichen Wert des Geistes dar und ist ein Beweis der Erleuchtung des Buddha. Diese Kostbarkeit sind alle jene, die sich der Pflege, Übung und Disziplin der Buddhalehre verpflichtet haben. Ihre Zucht und Pflichterfüllung ist eine lebendige Kostbarkeit. Neben dieser bewahrt die Pagode auch andere auf, z.B. die Reliquien. Unsere Pagode besitzt neun Reliquienperlen, die Erde der vier Plätze, die den Pilger anrühren, und zwei Steine von dort, wo Buddha das Lotus- und das Parinirvana Sutra gesprochen hatte.

Als der Buddha noch lebte, lehrte er seine Schüler alles, was sie zur Erleuchtung führen könne. Bevor er starb sagte er: „Als Person habe ich Euch gelehrt. Wenn ich gestorben bin, ist die Vinaya euer Lehrer". In dem Vinayapitaka steht deshalb, solange die Gebote noch beachtet und eingehalten werden, existiert auch die Religion noch in ihrem wahren Sinn. Der Verlust der Gebote kommt einer Religionsvernichtung gleich. Der Buddhismus blüht und gedeiht in Übereinstimmung mit der Einhaltung der Gebote und dem Praktizieren der Lehre. Der Buddhismus hat eine bewegte Geschichte, er blüht auf, welkt dahin oder verschwindet auch selbst in seinen Ursprungsgebieten. Was auch immer ihm widerfuhr, es war die Reaktion auf das Verhalten der Buddhisten.

Die Ordinierten sind die Stütze des Buddhismus. Die Tugend der Ordinierten beeinflußt die Religion unmittelbar. Ein Ordinierter braucht kein weltliches Qualifikationszertifikat. Seine Qualifikation ist allein die Tugend, der er sich befleißigt. Fromm reden, aber unfromm handeln, ist eines Ordinierten unwürdig. Ein Ordinierter rät niemandem außer sich selbst. Sein Tun soll beispielhaft sein für die anderen, sein Lassen von dem Geist des Buddhismus bestimmt sein. Ein Ordinierter soll seine Pflicht erfüllen, denn das geistliche Leben ist kein Müßiggang, sondern ein harter Kampf.

Die Pflichten der Ordinierten

Das höchste Ziel eines Ordinierten ist die Erleuchtung. Damit verbunden sind seine Bemühungen um die Erlösung anderer Menschen. Wenn wir selbst keine Erleuchtung erlangen, wie können wir dann den anderen dabei behilflich sein. Zu den Pflichten des Ordinierten gehören jeden Tag zwei Andachten, die Rezitation der Buddha- Namen, die Übung der Meditation, das Bekenntnis der unheilsamen Handlungen und die Buße.

Die Vergeltung der Spenden der Laien werden hingegen als die groben Pflichten angesehen. Wenn wir unsere Pflichten nicht erfüllen, werden wir im nächsten Leben in dem Bereich der Höllenwesen oder der Tiere wiedergeboren. Aber selbst dieses Schicksal vermag manchen Ordinierten nicht zu schrecken. Der Ordinierte ist kein König und lebt auch nicht wie ein König. Sein Leben ist schlicht und einfach. Pflichterfüllung und Barmherzigkeit sind die Tugenden, die der Ordinierte ständig übt. Er schlichtet den Streit und baut Brücken über die Abgründe der Gegensätze.

Die Ordinierten der Pagode Vien Giac sind alles meine Schüler. Auch die Gastmönche oder Besucher versäumten keine Morgenandacht und keine morgendliche Meditation. Die Praktiker sind die echten Edelsteine der Pagode. Selbst wenn sie krank sind, versäumen sie es nicht, ihre Pflichten zu erfüllen. Auch die Älteren machen die Niederwerfungen und Verbeugungen, obwohl diese Übungen für sie sehr anstrengend sind. Während der Klausur intensivieren wir die Praxis, den Umfang der Übungen, die Anforderungen an die Disziplin. Niemand von uns wagt es, seine Pflichten zu vernachlässigen. Mindestens viermal am Tag erscheinen wir zur Andacht: um 6.00 Uhr morgens, um 11.00 Uhr mittags, um 17.00 Uhr nachmittags und um 20.00 Uhr abends. Manche meditieren darüberhinaus auch noch einmal um 22.00 Uhr. Die 24 Stunden des Tages werden knapp. In jedem Bereich wird ein Mensch, der seine Fähigkeiten übt, seine Kenntnisse schult und seine Fertigkeiten regelmäßig gebraucht, auf dem Gebiet seiner Wahl erfolgreich sein. Mit der Verwirklichung der Buddhalehre verhält es sich wie mit der Ernährung. Es gibt Speisen, die schmecken, andere Speisen schmecken weniger, ihr Verzehr ist aber ernährungsphysiologisch notwendig. Der Körper verarbeitet jede Nahrung zu den Nährstoffen des Körpers, die den Stoffwechsel betreiben, die Erneuerung von Gewebe und Zellen ermöglichen. Auf der Ebene des Geistes ist es ganz ähnlich. Wer regelmäßig und sorgfältig praktiziert, wird die Erleuchtung erreichen so sicher wie man durch die Nahrungsaufnahme gesättigt wird.

In den letzten Jahren haben wir während der Klausur intensiv Verbeugungen gemacht. Wir verbeugten uns bei jeder Namensnennung des Namens von Avalokiteshvara Bodhisattva, der Namen der tausend Buddhas, bei jedem Wort des Lotussutras. Das ist eine äußere Form der Praxis, die in der Pagode Vien Giac durchgeführt wurde. Die Ordinierten mußten sich in den Disziplinen des Sutra, Vinaya und Sastra bilden. Auch die Kenntnis der chinesischen Schriftzeichen wurde geübt. Nebenher müssen natürlich auch alle anfallenden Arbeiten in der Küche, im Büro, während der Bauphase auch an der Baustelle und wo sonst Arbeit ansteht, verrichtet werden. Jeder Ordinierte hat am Tag ungefähr 12 Stunden für die persönlichen Bedürfnisse und zum Schlafen.

Die Pflichten der Laien

In den Jahren zwischen 1984 und 1987 veranstaltete die Pagode auch Lehrgänge für die Laien. Sie kamen knapp 10 Tage in die Pagode und versuchten in dieser Zeit das Leben eines Ordinierten, übernahmen seine Pflichten und studierten die Buddhalehre. Seit 1988 werden diese Kurse von der Congregation auf der europäischen Ebene organisiert und veranstaltet. Es ist sehr wichtig, daß die Buddhisten die Buddhalehre kennen und praktizieren lernen. Nur so kann die Pagode für sie ein religiöser Mittelpunkt werden.

Das Konzept der religiösen Integration der Laien und ihrer stärkeren Verbindung mit der Pagode hat geschichtliche Vorbilder. Die Könige der Ly- und der Tran- Dynastien waren gläubige Buddhisten. Ihre Regierung brachte dem Volk Wohlstand und Frieden. Die Tugend der Könige war die Garantie für die Entwicklung des Landes.

Die Buddhisten, die in der Nähe der Pagode wohnen, etwa die Familien Quang Ngo, Vien Tuyet, Thien Y, Dieu Nhuy, kommen jeden Tag in die Pagode, um an den Verbeugungzeremonien teilzunehmen. Sie haben zuhause genug Arbeit, trotzdem lassen sie es sich nicht nehmen, jeden Tag für einige Stunden die Lehre zu praktizieren.

Nicht nur Vietnamesen, in letzter Zeit auch immer mehr Deutsche, üben sich in der Verwirklichung der Lehre. Sie sind in unserer Pagode die „Ausländer", doch der Anblick von ihnen bei den Verbeugungen oder bei den Rezitationen berührt mich immer wieder tief. Sie lernen fleißig die Bedeutung der Sutren. Ihre Bemühungen kann man nicht mit Gold aufwiegen.

Wir haben das Glück neun Reliquienperlen zu besitzen. Sie zählen zu jenen Kostbarkeiten, die man um keinen Preis der

Welt bezahlen kann. Wir unterscheiden drei Arten von Reliquien: die Reliquien des Buddha, der Arhats und der Patriarchen. Die Reliquien des Buddha sind heute sehr selten. Die drei berühmtesten Reliqien sind die beiden Zähne und das Haar des Buddha, die in China, Sri Lanka und Burma verehrt werden. Außerdem hinterließ Buddha verschiedene Perlen als Reliquien, die nach seiner Verbrennung entstanden sind. Diese Perlen gibt es in drei Größen: in der Größe einer Eßstäbchenspitze, in der Größe eines Reiskorns und in der Größe eines Sesamkorns. Die beiden größeren Perlen sind heute Raritäten. Die sesamkorngroßen Perlen gibt es noch hier und da. Die Reliquien der Arhats oder die der Patriarchen genügen dagegen nicht den drei Eigenschaften einer Buddhareliquie. Diese drei Eigenschaften sind:

1) ihr leichtes Gewicht und ihre Wasserabweislichkeit. Die Reliquien gehen zwar im Wasser unter, wenn wir sie nach unten drückt, aber sie schwimmen auf der Wasseroberfläche, wenn man sie auf das Wasser fallen läßt.

2) ihre gegenseitige Anziehungskraft. Wenn wir mehrere Reliquien auf der Wasseroberfläche schwimmen lassen, bewegen sie sich langsam aufeinander zu.

3) ihre Fünffarbigkeit. Die Buddhareliquien haben fünf Farben. Wenn wir die scheinbar cremefarbigen Perlen unter dem Mikroskop betrachten, werden die fünf Farben der buddhistischen Flage sichtbar.

Die Reliquien des Buddha haben schon 2500 Jahre überdauert und besitzen immer noch die gleichen Eigenschaften wie am ersten Tag. Der Körper des Buddha wurde zwar verbrannt, doch sein Dharmkaya existiert ewig.

Als wir 1986 die Reliquien durch die Opfergabe der Nonne Tu Ngoc bekamen, habe ich sie zuerst in der Andachtshalle untergebracht. Zur Betrachtung freigegeben habe ich sie allerdings erst, nachdem wir den Namen des Avalokiteshvara Bodhisattva 500 mal rezitierten und bei jeder Rezitation eine Verbeugung gemacht hatten. Alle, die bei dieser Zeremonie anwesend waren, schlossen sich uns an und machten ebenfalls ihre tiefen Verbeugungen. Ein Gefühl der Hochachtung, die Stimmung der Andacht und die fromme Hoffnung auf Erlösung übertrug sich auf alle Anwesenden, rührte sie in unbeschreiblicher Weise an und entrückte sie für eine kleine Weile aus ihrer alltäglichen Welt.

Wer die historischen Plätze des Buddha besucht hat, der hat dieses Gefühl schon einmal erlebt und vielleicht auch noch intensiver. Indien ist ein heiliges Land, das Land der Weisen. Das Himalayagebirge und der Gangafluß übertragen ihre geheimnisvolle Atmosphäre auf ganz Indien. Trotz aller Anzeichen der Modernisierung, aller sozialen und wirtschaftlichen Veränderungen der indischen Gesellschaft wandern die weisen Männer genauso wie in jener heiligen Zeit durch Indien, wirken die vollendeten Yogis in Indien noch heute.

Auch wegen des Besitzes dieser Reliquien gewinnt die Pagode Vien Giac an Anziehungskraft für die Buddhisten. Tausende besuchen jedes Jahr die Pagode. Buddha und Bodhisattvas beschenken so die Pagode mit ihrer Gnade.

Von unserer Indienreise 1989 brachten wir auch Erdreich von den historischen Schauplätzen mit nach Deutschland, die Erde von den heiligen Stätten des Wirkens Buddhas: Erde aus dem Rehgarten von Benares in der Nähe von Varanasi, dem Erleuchtungsort in Bodhgaya, Erde aus dem Zwillingsbaum-Wald von Kushinagar und aus dem Lumbinigarten in Nepal. Diese Plätze gelten den Buddhisten als die Plätze, die anrühren. Wenn ein Buddhist an diese Stätten gelangt, übermannt ihn ein Gefühl des Bedauerns, begleitet von einem Glücksgefühl, Gefühle, die er nicht unterdrücken kann. Das Bedauern kommt auf, weil er zu spät auf die Welt kam und dem Buddha nicht persönlich begegnet ist. Das Glück ergreift ihn, weil er diese heiligen Stätten sehen durfte. Im Parinirvana Sutra sagte Buddha, daß ein Buddhist wenigstens einmal im Leben einen dieser Orte besuchen sollte; denn dort hätte er noch die Gelegenheit die Anwesenheit des Buddha zu erfahren und die Saat für die Begegnung mit den Buddhas der Zukunft zu säen.

Von dieser Reise brachte ich auch zwei kleine Steine mit. Der eine Stein stammt von dem Geiergipfel, wo Buddha das Lotussutra und das Parinirvanasutra lehrte. Der andere stammt von dem Ort, wo Buddhas irdischer Leib verbrannt wurde. Die beiden Steine legte ich in die Stupa der Zehntausend-Buddhastatuen.

Schätze dieser Art stellen nicht nur eine historische, sondern auch eine geistige Verbindung mit dem Wirken Buddhas her und adeln den Ort ihrer Aufbewahrung, der damit auch zu einem Anziehungspunkt für die Buddhisten in Deutschland wird. Ich hoffe, daß sie ewig auf der Welt verweilen und den Lebewesen nutzen mögen.

DIE PAGODE IM BLICKFELD DER MEDIEN

Als 1978 die vietnamesische Flüchtlingswelle auch an Deutschland nicht vorüberging, mußten viele Studenten aus unterschiedlichen Gründen ihr Studium abbrechen. Auch mir erging es nicht anders. Kaum ein Jahr in Deutschland, wurden meine Sprachkenntnisse in Friedland und Göttingen dringend benötigt. Im Zusammenhang mit meiner Dolmetschertätigkeit im Auffanglager Friedland und in den Krankenhäusern Göttingens wurden auch die Medien auf meine Berufung als Mönch und meine Aufgabe der religiösen Betreuung der Flüchtlinge aufmerksam.

Zeitungen, Rundfunk und Fernsehen interviewten mich. Sie berichteten über mich, über die Buddhagedenkstätte Vien Giac in der Kestnerstraße und über meine Arbeit. Auf diesem Wege wurden auch die karitativen Verbände und die Bundesregierung auf meine Arbeit hier in Deutschland aufmerksam. In den Jahren zwischen 1979 und 1981 berichteten die regionalen Zeitungen, die Hannoversche Allgemeine Zeitung, die Neue Presse, oder die Bild-Zeitung, über die Feiern, die wir in der Pagode ausrichteten und über die Hilfe, die die Pagode den neuankommenden Flüchtlingen gewährte.

Das ZDF zeigte mich verschiedentlich bei der Ausübung meiner karitativen Arbeiten. Die Öffentlichkeit konnte sich auf diesem Wege ein Bild machen von der Pagode und ihrer Arbeit.

Als wir 1987 die Grundsteinlegung der neuen Pagode feierten, berichteten deutsche und ausländische Zeitungen über das Ereignis. Sie berichteten wahrheitsgetreu und positiv über die Pagode.

Das ZDF machte im November 1993 noch einmal Aufnahmen in der Pagode und zeigte sie in einer Sendung über die Anziehungskraft des Buddhismus auf Deutsche zusammen mit Bildern von anderen buddhistischen Zentren des tibetischen und thailändischen Buddhismus sowie den Stätten des Buddhismus deutscher Tradition unter dem Titel: „Ein Weg zum Glück, Buddhismus in Deutschland". Auf diese Weise wurden noch mehr Deutsche aufmerksam auf uns und unsere Pagode.

Verschiedene Rundfunksender brachten ihre Features auch über uns. Die Resonnanz dieser Sendungen machte uns die Bedeutung der öffentlichen Medien für unsere Arbeit und für die Pagode immer klarer. Die Berichterstattung war stets korrekt, weshalb ich auch jede Einladung zu einem Interview angenommen habe. Eine der häufigsten Fragen, die ich zu beantworten hatte, war: „Warum kommen Sie nach Deutschland und richten hier eine Pagode ein?" Jedesmal habe ich etwa in diesem Sinne geantwortet: Es ist mein Schicksal. Eigentlich wollte ich gar nicht so lange in Deutschland bleiben. Ich hatte vor, nur ein Jahr hier zu bleiben und dann zurück nach Japan zu gehen, um meine Promotion abzuschließen. Doch als die vietnamesischen Flüchtlinge nach Deutschland kamen, brauchten sie geistlichen Beistand. Sie baten mich, hier in Deutschland bei ihnen zu bleiben.

Eine Pagode wollte ich eigentlich auch nicht bauen. Und wieder bedrängten mich die Buddhisten so sehr, daß ich gar nicht anders konnte. Die Pagode sollte sie über den Verlust ihrer Heimat hinwegtrösten. Ich konnte gar nicht anders, als mich dem Willen der Gemeinschaft zu beugen.

Eine andere, sehr häufig gestellte Frage war auch: „Sind Sie ein Missionar der buddhistischen Kirche?" In diesem Punkte konnte ich sie immer guten Gewissens beruhigen. Der Buddhismus missioniert nicht, um Anhänger zu gewinnen. Wer an die Lehre und an den Buddha glaubt, findet von selbst den Weg zum Buddhismus. Wir achten auch den, der nicht an die Lehre glaubt. Der Buddha ermahnte uns: „Wer an mich glaubt, ohne mich zu verstehen, der ist im Begriff mich zu verleugnen." Ein Buddhist soll das Gehörte gut erwägen, und wenn er es als richtig akzeptiert, dann soll er es praktizieren. Der Buddhismus fordert keinen blinden Glauben. Im Buddhismus ist die Erleuchtung das Ziel. Jeder Buddhist soll Erleuchtung erlangen, und nur deshalb der Gemeinschaft beitreten.

Für mich ist die Religion wie eine Blume. Es steht uns frei, die Blume zu betrachten oder sie in unserem geistigen Garten anzupflanzen. Ein Garten mit vielen Pflanzenarten sieht einfach schöner aus.

Zu den typisch wiederkehrenden Fragen gehörte auch diese: „Was ist der Kreislauf der Geburten, ist sein Zweck Nirvana und Erleuchtung?"

Auf diese kurze Frage hätten Tage nicht ausgereicht, sie zu beantworten, wie also die Minuten eines Interviews. Trotzdem habe ich, der Situation angemessen, etwa die folgende Antwort gegeben: Es gibt Menschen, die glauben an das Geschehen der Wiedergeburten, die meisten Menschen glauben hingegen nicht daran. Trotzdem werde ich versuchen, die Auffassungen über die Wiedergeburt darzustellen, so gut ich kann.

Nehmen sie z.B. den Wechsel der Aggregatzustände: Wasser verdampft bei steigenden Temperaturen aus seiner flüssigen Form zu Gas und verwandelt sich wieder aus dieser Dampfform bei Abkühlung zu Wasser. In der Atmosphäre erscheint dieser Kreislauf in den Stufen: aufsteigende Luftfeuchtigkeit, Wolken, Regen. Bei stärkerer Abkühlung verfestigt sich das Wasser hingegen zu Schnee und Eis.

Ein Mensch macht ähnliche Übergänge durch. Ein menschliches Leben von 70 oder 80 Jahren erscheint uns schon sehr lang. Im Vergleich mit dem unendlichen Kreislauf der Wiedergeburten ist das eine kurze Spanne. Nach der Auffassung des Buddhismus besteht die Möglichkeit in sechs Daseinsweisen wieder zu erscheinen: in der himmlischen, in der menschlichen, in der titanischen, in der theriomorphen, in der gespensterartigen und in der höllischen.

Das Leben gleicht einem Stromkreis. Der Tod ist nur ein Abschnitt davon. Der Geist ist wie der Strom, der Körper ist wie die Glühbirne. Die Birne wird eines Tages zerstört, der Strom bleibt erhalten. Wenn wir die Birne ersetzen, dann leuchtet die neue Birne wieder. Es hängt von der Leistung der neuen Birne ab, ob das Licht heller oder dunkler wird. Das nennen wir Karma.

Wer aus diesem Kreislauf aussteigen will, muß die vier Edlen Wahrheiten erkennen, den achtfachen Pfad praktizieren und die 12 Kausalkettenglieder betrachten. Wer die Lehre verwirklicht, geht ins Nirvana ein. Nur wer im Nirvana ist, kann die Welt als wirklich leidvoll erkennen und die Barmherzigkeit für die Lebewesen entwickeln, wie der Buddha uns das vorlebte.

Wir sind Lebewesen dieser leidvollen Welt, wir kennen nur unsere Gefühle oder manchmal auch die Gefühle der Welten, die niedriger sind als unsere. Die Welten der Götter und höheren Wesen sind uns nicht zugänglich. Nirvana ist ein erlöster Zustand. Nur die Erleuchteten und Erlösten können es erfassen und erleben. Wer ins Nirvana eingetreten ist, unterliegt nicht mehr dem Gesetz der Wiedergeburt.

Es gibt Leute, die glauben, daß sie die Erleuchtung in kurzer Zeit erreichen können. Das ist ein Irrtum. Betrachten Sie Ihre Erfahrung: Für das Abitur brauchten sie 13 Jahre. Für ein Diplom nochmal fünf oder mehr Jahre und für jede weitere berufliche Qualifikation weitere Jahre dazu. Die Erleuchtung zu erlangen, dauert im Vergleich zu diesen Qualifikationsschritten noch erheblich länger. Man rechnet die Zeit, die dazu benötigt wird, in Kalpas.

Die Buddhisten glauben nicht an ein Ende nach dem Tod. Der Tod ist der Beginn eines neuen Lebens. Nur wenige Buddhisten haben Angst vor dem Tod. Denn sie wissen, danach ist immer wieder das Leben. Wenn Sie glauben, daß die Erlösung schnell geschehen kann, dann könnten auch die recht haben, die ihre Schwierigkeiten mit dieser Vorstellung haben. Aber der Glaube, daß die Erkeuchtung erst nach langer Zeit erreicht werden kann, ist auch nicht verkehrt.

Eine andere, oft gestellte Frage war: „Gehört der vietnamesische Buddhismus dem Mahayana oder Hinayana an?" und: „Was sind die Unterschiede zwischen den Meditations- und Rezitations-Schulen?"

In Vietnam gibt es zwei buddhistische Strömungen. Die Mahayanatradition wurde vom Norden her überliefert und die Hinayanatradition aus dem Süden. In Asien, in den Ländern wie China, Mongolei, Tibet, Japan, Korea und Vietnam hat sich die Mahayanatradition ausgebreitet. In den Ländern Laos, Kampodscha, Burma, Thailand und Sri Lanka hat sich die Hinayanatradition durchgesetzt. Allein in Vietnam begegnen sich beide Traditionslinien. Seit 1963 arbeiten die Vertreter beider Fahrzeuge zusammen und gründeten die Vereinigte Vietnamesische Buddhistische Congregation.

Die Urtradition des vietnamesischen Buddhismus ist die Meditation. In dem letzten Jahrhundert hat auch die Rezitation wegen ihrer Popularität einen festen Platz in unserer Praxis gefunden. Auch die Tantrapraxis ist integriert worden in das Klosterleben. Der vietnamesische Buddhismus vereinigt daher Strömungen dieser drei Traditionen in sich.

Oft wurde ich auch gefragt: „Was sind die Gebote für die Laien und für die Ordinierten im Buddhismus?" Meine Antwort gab ich stets in diesem Sinne: In allen Religionen gibt es Gebote, an denen sich die Menschen bei der Ausbildung ihrer Tugenden ausrichten sollen. Im Buddhismus gibt es beispielsweise fünf Gebote für die Laien:

1. Abstehen vom Töten

2. Abstehen vom Nehmen, was einem nicht gegeben wird.

3. Abstehen von sexuellen Untugenden

4. Abstehen vom Lügen

5. Abstehen von Rauschmitteln.

Ein Laie soll wenigstens eines dieser Gebote einhalten, er ist aber nicht genötigt, sie alle einzuhalten. Natürlich ist das Einhalten aller Gebote erwünscht und das Streben, sie alle zu befolgen, wird ermutigt. Die Gebote sind wie die Zäune, die den Menschen leiten, d.h. davor bewahren helfen, unheilsame Taten zu begehen. Die Gebote sind Regeln der Tugend. Wer sie befolgt, kommt auch in seiner Praxis besser voran. Wer sie vernachlässigt, kommt als letzter zur Erleuchtung. Niemand wird wegen einer Verfehlung zusätzlich bestraft, das Gesetz von Ursache und Wirkung läßt jeden das ernten, was er sich selbst ausgesät hat.

Die religiösen Pflichten eines Ordinierten gehen da sehr viel weiter. Zunächst muß er mehr Gebote beachten als der Laie. Der Ordinierte wird angehalten, sehr tugendhaft zu leben. Einmal gibt es für ihn die 10 Gebote, dann die 250 Gebote und schließlich die 348 Gebote für die Ordinierten. Alle Gebote sind Regeln der Tugend. Hat man ein leichtes Gebot übertreten kann man es meist schon durch das Bekenntnis wieder gut machen. Nach dem Übertreten der schweren Gebote wird der Ordinierte vor den Sangha- Rat, der sich aus 20 Mönchen zusammensetzt, zitiert. Doch im Normalfall zieht jeder Mönch für sich selbst die Konsequenzen. Sowohl die Ordination geschieht freiwillig als auch die Laisierung. Eintritt in die Ordination und Entlassung aus der Ordination sind immer möglich. Das hat es bei uns schon immer gegeben und das wird es auch immer weiter geben. Nur selten gibt es Mönche, die die Gebote wirklich mißachten.

Eine besonders im Westen sehr häufig gestellte Frage bezieht sich auf die Rolle der Frau im Buddhismus. Der Buddhismus hat mit der Geschlechterdifferenzierung keine Probleme. Buddha hat wiederholt gesagt: alle Menschen besitzen eine Buddhanatur. Wer ernsthaft praktiziert, wird ein Buddha. Da gibt es keine Unterschiede für Frauen und Männer. Der Buddha ist ein Weiser mit Sinn für Gerechtigkeit und Gleichheit. Jeder Mensch besitzt die Fähigkeit eines werdenden Buddha, es hängt nur von seinen Bemühungen ab, wie schnell er diesen Zustand zu erreichen vermag.

Da ich mich gerade in einem Land des Westens aufhalte, hat mich auch die folgende Frage, die öfter gestellt wurde, eigentlich nicht überrascht: „Glauben Sie, daß der Buddhismus eine wichtige Rolle in der westlichen Gesellschaft spielen wird?" Häufig konnte ich bei dieser Frage heraushören, daß der Fragesteller, von dieser Bedeutung des Buddhismus, nach der er gefragt hatte, schon überzeugt war.

Jede Religion ist wie ein Medikament, das die Krankheit kurieren soll. Wir sind, unabhängig von Geburt, Stellung und Nationalität, in den Augen des Buddha Kranke. Ein Kranker braucht Heilung. Niemand kann von sich selbst behaupten, daß Krankenhäuser überflüssig seien. Der Buddhismus eignet sich als Medikament für jeden „kranken" Menschen.

Ich glaube, es war die geographische Lage und die soziale Situation Asiens, welche dem Wirken und dem Gelübde des Buddha günstig waren, Buddhas Erscheinung in Indien geboten sein ließen. Gesetzt der Fall, daß Buddha in Europa bzw. in Deutschland geboren worden wäre, dann wären Sie heute alle Buddhisten (die Zuhörer lachten). Die Verbreitung des Buddhismus läßt sich mit einem Baum vergleichen, dessen Stamm tief und fest verwürzelt ist in Asien. Seine Äste ragen von dort aus über die anderen Kontinente, nach Europa, Amerika, Australien und Afrika. An den Ästen befinden sich nicht nur die Zweige und Blätter, sondern auch die Blüten und die Früchte.

Einige Reporter stellten mir auch sehr schwierige Fragen. Dann fragte ich mich immer, ob sie denn vorhätten, mich um eine Antwort verlegen zu machen. Mein Grundsatz ist, jede Antwort so einfach und klar wie möglich zu formulieren und stets das Thema direkt anzugehen. Dabei bemühe ich mich außerdem die Person und die Gefühle meiner Zuhörer und Fragesteller zu achten, sie selbst und ihren Glauben nicht zu kritisieren. Nichts liegt mir ferner als irgendeine Religion zu diskriminieren.

Andere Fragen waren so einfach. Ein Vietnamese würde sie niemals stellen. Aber was für einen Vietnamesen normal ist, kann durchaus fremd oder interessant sein für einen Menschen des Abendlandes. Zu Fragen dieses Typs würde ich die folgende rechnen: „Warum werden die Ohrläpchen des Buddha so lang dargestellt?" Die Vietnamesen würden vor dieser Frage staunen. Herr Hanefeld, ein deutscher Buddhist, der in der Pagode wohnt und an den Einführungen für die deutschen Interessenten immer teilnimmt, antwortete einmal: „Buddha wurde als Prinz geboren, als solcher trug er schweren Ohrschmuck, der seine Ohren lang zog."

Ich muß gestehen, daß ich bei dieser Antwort auch nur mit Mühe mein Lachen unterdrücken konnte. Aber die deutschen Zuhörer sahen in dieser Antwort offensichtlich eine Logik. Die Vietnamesen hingegen glauben vielmehr an die 32 Merkmale eines Buddha und die 80 Schönheiten einer hohen Geburt. In Asien herrscht der Glaube, daß lange Ohrläppchen ein langes Leben anzeigen. Dieser Glaube gehört aber nicht zu den 32 Merkmalen eines Buddha, sondern geht aller Wahrscheinlichkeit nach auf chinesische Einflüsse zurück.

Die Neugier richtete sich auch auf den Brauch der Ordinierten, sich die Haare scheren zu lassen. Als ich auf die Frage: „Warum scheren sich die Ordinierten ihre Haare?" antwortete, mußte ich selbst lachen. In Asien hat sich niemand seit Jahrtausenden darüber gewundert. Ein Ordinierter unterscheidet sich von den Laien in vieler Hinsicht. Sie verhalten sich im Alltag anders, sie leben nach einem anderen Zeitplan. Sie tragen eine besondere Kleidung. Außerdem lehrte Buddha, daß die Mönche sich zweimal im Monat die Haare scheren sollten, damit sie an der Zeremonie des Bekenntnisses der unheilsamen Taten teilnehmen können. Das Scheren der Haare soll nicht die Unterscheidung zwischen den Laien und Ordinierten optisch kenntlich machen, sondern hat die Bedeutung der Entsagung. Mit der Ordination ist ein Akt der Entsagung gegenüber der Welt verbunden. Die Haare stellen die unheilsamen Gefühle des Menschen dar. Das Scheren der Haare zeigt die Bereitschaft an, auch die negativen Einstellungen zu vernichten.

Die meisten Fragen, die man mir gestellt hat, betreffen sehr praktische Dinge. Die Westler sind in einer durch Technik bestimmten Gesellschaft aufgewachsen. Ihre Gedanken sind immer praktisch orientiert, während die Vietnamesen und die Südost-Asiaten viele Dinge akzeptieren, ohne nach ihrem Grund zu fragen. West und Ost unterscheidet sich auch in dieser Hinsicht.

Meine Gedanken und die buddhistischen Gedanken, welche ich den deutschen Zuhörern und Interessenten dargestellt habe, sollten eines Tages zu den Gedanken der Deutschen werden. Nur so kann der Buddhismus wirklich in diesem Land aufblühen. Der Bodhibaum wächst in Asien im Freien. In Europa muß er in einem Gewächshaus untergebracht werden. Der Buddhismus ist wie ein Strom, der in jeder auch noch so kleinen Rille fließen kann. Die Menschen sind wie die Brücken, die die Ufer verbinden.

Viele schöne Bilder von der Pagode sind in den Zeitschriften wie Esotera, Nobilis und den verschiedenen Tageszeitungen erschienen. Gerade solche Artikel zogen die Aufmerksamkeit der Deutschen auf sich, und weckten in ihnen das Interesse an der Pagode und für den Buddhismus. Häufig erklärte ich auch den Reportern, daß Deutschland ein gutes Land sei und die Deutschen ein warmherziges Volk seien, das viel für uns, die Flüchtlinge getan habe. Wir könnten ihnen nur durch unseren geistigen Beitrag diese Mühen vergelten. Einer dieser Beiträge ist auch die Anwesenheit dieser Pagode. Es soll auch ein Geschenk an Deutschland sein. Und wenn wir eines Tages in unsere Heimat zurückkehrten, könnte die Pagode ja nicht mit zurückgehen, selbst wenn wir sie mitnehmen wollten. Und wenn wir weiter hier bleiben, dann trägt die Pagode einen historischen Inhalt in sich, der die Güte der Deutschen gegenüber den vietnamesischen Flüchtlingen ausdrückt und den Einfluß des Buddha auf den Westen darstellt. Die Weisheit des Buddha erstreckt sich über die Länder und Kontinente, von Osten nach Westen.

DIE LEBENSWEISE EINES ORDINIERTEN

Als Buddha noch lebte, nahm er Menschen aller Schichten und jeder Abstammung in seinem Gefolge auf. Allerdings stellte er auch Bedingungen. Einigen verweigerte Buddha die Aufnahme. Ein Beamter, der den Dienst noch nicht gekündigt hat, kann nicht ordiniert werden. Ein Verheirateter muß das Einverständnis des Ehepartners vor der Ordination erreichen. Die Verschuldeten müssen vor der Ordination ihre Schulden abbezahlt haben. Jeder, der die Ordination vollzogen hat, muß diese vier Regeln befolgen:

1) Ein Ordinierter lebt von Almosen und darf nur einmal am Tag etwas essen.

2) Nach dem Essen muß die Gehmeditation praktiziert werden und man darf nur unter einem Baum schlafen.

3) Ein Ordinierter darf nur drei Kleidungstücke besitzen. Jede Kleidung darüberhinaus muß anderen gespendet werden.

4) Krankheit soll mit Kräutern kuriert werden.

Das waren die vier Hauptregeln im Leben eines Ordinierten zur Zeit des Buddha. Auch heute sollten sie den Alltag eines Ordinierten bestimmen.

Warum sollen sich die Ordinierten nur von Almosen ernähren und nur einmal am Tag essen? Um das Essen zu bitten, ist ein Akt der Demut. Ein Ordinierter soll Demut üben. Während das Betteln den Hochmut der Ordinierten bekämpft, sammeln die Laien mit ihren Gaben gute karmische Verdienste für sich an. Die Beschränkung der Mahlzeiten auf eine, drückt dagegen die Genügsamkeit der

Ordinierten aus. Ein Ordinierter ist genügsam im Genuß der Speisen, im Tragen einfacher Kleidung und im Schlaf. Diese Tradition wird heute noch von den Mönchen der Hinayanatradition in Thailand, Burma und Sri Lanka weitergepflegt. Die Mahayanatradition hat einige Veränderungen vorgenommen. Die Ordinierten gehen heute nicht mehr auf den Almosengang. Die Laien bringen ihnen die Lebensmittel in die Pagode, aus denen die Helfer in der Pagode Speisen zubereiten. In einem Mahayana- Tempel werden drei Mahlzeiten am Tag eingenommen, die allerdings weder reichlich noch festlich sein dürfen. Das Abendessen sollte mit Schamgefühl eingenommen werden.

Nach der Mahlzeit gehen die Mönche dreimal um den Buddha. Diese Gehmeditation wird heute sowohl von dem Mahayana als auch von dem Hinayana praktiziert. Sie fördert die Verdauung. Das Schlafen unter einem Baum ist nur für das Leben in Indien geeignet. Keines der anderen buddhistischen Länder beachtet heute noch diese Regel. Sogar die Mönche zur Zeit des Buddha wurden nach längerer Zeit im Freien krank. König Bimbisara und die Laien bauten Hütten für die Mönche in dem Bambusgarten. So entstand das erste Vihara. Auch das Leben im Freien ist ein Akt der Entsagung. Die Ordinierten sollten nicht an den angenehmen Seiten des Lebens festhalten.

Der Mönch hat keinen Privatbesitz, es sei denn er verwaltet es für den Sangha. Das einzige Eigentum eines Mönches besteht aus drei Gewändern, Civara genannt. Diese Gewänder werden im Todesfall an andere Mönche weiter vererbt. Von dieser Regel wird nur dann Abstand genommen, wenn der Verstorbene an einer ansteckenden Krankheit gelitten hatte.

Als Medikament empfahl der Buddha eine Art Kräutermedizin. In einem gesunden Körper lebt ein gesunder Geist. Aber die Krankheit erwirkt eine Dispens für viele Gebote der Lehre des Buddha.

Wer diese vier Hauptregeln akzeptiert, kann das Leben eines Ordinierten führen. Darüberhinaus muß ein Mönch noch andere Regeln befolgen: Er darf keine Person besonders lieben, er muß sich in der Weisheit und Barmherzigkeit bilden. Er darf auf niemandem länger als eine Nacht böse sein. Im Vinaya sind sehr viele Regeln kodifiziert, hier nenne ich nur einige. Im Laienleben können wir eine Person bevorzugt lieben, andere nicht mögen. Für einen Ordinierten ist eine darartige Fixierung der Gefühle auf eine Person im Guten wie im Schlechten nicht gestattet. Die Aufgabe eines Ordinierten ist, sich in Weisheit und Barmherzigkeit zu üben. Auch darf ein Bhikkhu auf niemanden über Nacht böse sein, schon gar nicht Haß für ihn empfinden.

In der Hauptpraxis eines Ordinierten dürfen die oben erwähnten Regeln und Verhaltensweisen nicht fehlen. Der Ordinierte hat auch jeden Streit zu meiden, noch darf er Rivalitätsgefühle in sich aufkommen lassen. Alles, was einem Laien erstrebenswert erscheint, sollte der Ordinierte hinter sich gelassen haben. Wer sich mit einem Ordinierten messen will, der hat sich einen Formlosen zum Maßstab gewählt. In der Mönchsgemeinschaft leben die Ordinierten im Sinne der sechs zum Frieden führenden Regeln, die von Buddha erlassen wurden, um sich selbst und anderen Nutzen zu bringen.

Es gibt natürlich auch unter den Ordinierten, jene die besser oder schlechter praktizieren. Keiner gleicht ja dem anderen. Das ist ganz ähnlich wie in der Schule. Auch in der Schule gibt es gute und schlechte Schüler. Nicht jeder Schüler wird zum Lehrer und auch die Lehrer unterscheiden sich nach ihrer Qualifikation. Hat ein Schüler ausreichend Verdienste angesammelt, dann wird er auch auf verständnisvolle und gute Lehrer treffen und sehr viel von ihnen lernen. Wer schlechteren Lehrern begegnet, muß sich selbst unterrichten, für sich einen eigenen Weg finden. Meistens fühlen sich die Schüler von einem guten Lehrer überfordert, denn sie müssen sehr viel arbeiten, um viel zu lernen. Ein schlechter

Lehrer ist dagegen oft bequemer für den Schüler, doch seiner Praxis schadet er nur.

Meine Auffassung über die Pflichten des Lehrers sind verständlicherweise biographisch geprägt. Als Bauernsohn mußte ich auch viel kämpfen, um meine heutige Stellung zu erreichen. Eingedenk meiner eigenen Erfahrungen möchte ich natürlich auch, daß meine Schüler ihre Bemühungen intensivieren und verstärken. Mein schwacher Punkt ist mein Temperament. Wenn ich beobachte, daß sich jemand nicht hinreichend bemüht, dann brause ich leicht auf und schreie ihn an. Die meisten meiner Schüler zeigen Verständnis für mein Temperament. Sie nehmen mir die Aufwallungen meines Gemütes nicht übel. Sie erkennen an, daß sie der Grund meiner Erregung gewesen sind, und setzen ihr Verhalten mit dem meinen in Beziehung. Trotzdem ist es falsch, so temperamentvoll ungehalten zu reagieren .

Es kommt auch vor, daß ich vor lauter Beigeisterung für die Arbeit, so wie eine leistungsstarke Lokomotive ihre Waggons anzieht, die anderen mit mir mitzureißen versuche und in meinem Eifer gar nicht mehr bemerke, daß mancher allein seines Alters wegen schon nicht mehr mithalten kann, ein anderer gerade gesundheitlich nicht auf der Höhe ist und einem Dritten die Voraussetzungen fehlen, die ich für diese Arbeiten mitbringe. Ich vergaß oft, daß nicht alle Menschen die gleiche Konstitution haben wie ich. Wenn jemand krank war, wünschte ich ihm zwar gute Besserung, doch ich ermahnte ihn auch immer,sich um seine Besserung zu bemühen.

Auch bei den Schülern, die leise rezitieren und laut sprechen, sparte ich keine Kritik. Manchmal ist das ihr Karma, doch im Buddhismus kann jedes Karma gebessert werden.

Andere Schüler waren unbegabt, doch ich wollte unbedingt, daß sie lernten. Das Ergebnis war, daß sie die Pagode verließen. Viele sagen deshalb, daß ich ein Diktator bin. Ich weiß nicht, ob ich immer recht gehandelt habe. Doch einer muß die Zügel in den Händen halten, und das kann auch nur einer. Wie sonst kann das Pferd wissen, wohin und auf welche Weise es sich bewegen soll. Ich weiß, daß verschiedene Reiter nacheinander dasselbe Pferd reiten können, daß ein Führer gewechselt werden kann, aber es können nicht viele Führer gleichzeitig am selben Projekt arbeiten! Ich bin stets bereit, mir die Meinungen der anderen anzuhören, nichts desto weniger muß ich aber die Entscheidungen treffen und die Verantwortung dafür übernehmen, und niemand sonst.

Ja ich bin leicht erregbar. Manchmal schreie ich alle Pagodenbewohner an. Das ist ein Fehler. Jetzt teile ich bei den Veranstaltungen die Aufgaben zu. Jeder ist dann für seinen Aufgabenbereich verantwortlich. So kann ich mein Temperament zügeln und hoffe, mit der Zeit dieses Fehlverhalten korrigieren zu können.

Es kam auch vor, daß ich meinen Schülern als Strafe auftrug, zu knien oder zu fasten. Danach habe ich mich selten wohl gefühlt und habe mich gefragt, ob ich denn meinen Pflichten als Lehrer wirklich gerecht geworden bin. Schließlich habe ich diese Strafen wieder aufgehoben.

Ich bemühe mich, stets ein einfaches und demutiges Leben zu führen, so wie es sich für einen Ordinierten und einen guten Lehrer ziemt. Natürlich habe ich noch mehr Fehler, die ich teils mit Absicht teils ohne jede Absicht begehe, die ich selbst erkenne oder die mir verborgen sind. Diese Fehler sind das Ergebnis meines Karmas. Damit habe ich alles gesagt, was ich hier sagen kann. Was ich nicht sagen kann, davon wissen die Buddhas und die Heiligen. Ich versuche, so gut ich es kann, meine Fehler zu verbessern. Aber niemand ist vollkommen.

Ich habe schon des öfteren gutes und schlechtes über mich selbst geschrieben. In der südostasiatischen Tradition pflegt man eine eingenartige Sitte. Über die Toten solle man nur gutes sagen. So werden die Menschen zu Lebzeiten andauernd kritisiert, aber nach dem Tode immer gelobt. Nur schade, daß die Toten die Lobreden gar nicht mehr genießen können. Wenn der Tod ein Schmuck des Leben sein sollte, nutzt dieser Schmuck dem Leben sehr wenig.

Eines Tages werde ich wie alle anderen auch sterben. Doch ich wünsche mir, daß mein Tod nichts an dem Verhalten gegenüber meiner Person ändert. Eine Selbsttäuschung bringt weder einem Lebenden noch einem Toten Gutes. Laß das Leben wie es sein muß, und das Sterben wie es sein wird. Ein Krieger muß wissen, wann ein Angriff stattfindet und wann ein Rückzug erforderlich ist. Wie andere Vorbilder in der Geschichte gehandelt haben, so werde ich auch handeln müssen. Ich wurde geboren, bin aufgewachsen, wurde ausgebildet und habe gearbeitet für das Leben und für die Religion. Eines Tages werde ich zu alt sein, um meine derzeitigen Aufgaben und Pflichten erfüllen zu können, dann muß ich den richtigen Augenblick erkennen und den Platz frei machen für einen Fähigeren, der nach mir kommt. Ich glaube, jeder Mensch hat ein Recht auf Vergeltung seiner Mühen, auf den Aufstieg, den er sich verdient, aber wenn ich an meinem Amte hafte, versperre ich nur dem Berechtigten den Weg.

Ich schätze besonders die selbständigen Menschen. Die Selbständigkeit verweist auf Willensstärke. Der Selbständige weiß, daß wir uns auf nichts verlassen können, weder auf Macht noch auf Reichtum. Besonders von Macht und Reichtum gehen die zerstörerischen Wirkungen auf unsere Persönlichkeit aus. Deshalb gilt es immer den Willen zu stählen und sich selbst genau zu prüfen. Es nicht ratsam zu viel über sich selbst zu sprechen, besser ist es, auf die Kritik der anderen zu achten. Was auch immer man auf dieser Welt erreichen kann, Reichtum, Macht, Titel, Diplome, akademische Grade, nichts davon ist es wert, damit anzugeben. Diese Dinge sind nicht nur im Leben trügerisch, sondern auch auf dem Weg der Erleuchtung.

Nur wer alles verlassen kann, kann auch alles erreichen. Wer viel begehrt verliert auch viel. Introspektion ist immer besser als Außenorientierung. Die Praxis des Ordinierten sollte immer vom Fleiß, von der Bemühung, von der Regel und von der Standhaftigkeit gegenüber den Schwierigkeiten bestimmt sein.

Wieviele Ordinierte haben den Vinaya gelernt und ihn doch auf die leichte Schulter genommen. Wenn sie kritisiert werden, sagen sie, daß sie keinen Wert auf die Anerkennung durch andere Menschen legen. Aber im weltlichen wie im religiösen Leben achten die Menschen stets die Tugendhaften. Zur Entscheidung für den Weg des Mönchs wird niemand gezwungen. Aber jemand, der im Sinne der Lehre praktiziert, muß wissen, daß die Tugend weder durch das Gerede noch durch den Lob der Menschen gemindert oder vermehrt wird. Was ist denn die Wahrheit anderes als das So-Sein, als das So- Gekommen.

AUF DEM ALMOSENGANG

Als ich 1971 die Bhikkhugebote in meiner Heimat empfing, hatte ich die Bedeutung dieses Begriffes schon gelernt. Bhikkhu bedeutet: Almosengehen, Übel bekämpfen und das Böse zerstören. Während meiner Auslandsaufenthalte habe ich meine Pflicht als Bhikkhu noch nicht erfüllen können. Erst die Arbeit an dem Bau der Pagode gab mir die Gelegenheit, dieses Gebot zu verwirklichen.

Die Bitte um Almosen hat keineswegs allein den Sinn des Bettelns für den Lebensunterhalt oder die Nahrung. Das Betteln heißt in seiner höheren Bedeutung, die Bitte um die Erleuchtung, welche der Rettung aller Lebewesen dient. Ein Mönch bettelt um Speisen, die seinen Körper ernähren, aber er tut dies allein um der Erleuchtung willen. Erst mit ihr kann er selbst auch den Lebewesen nützlich sein.

Der Buddha und seine Schüler haben damals nicht anders als heute das Betteln in der einen oder anderen Form praktiziert. Als Suddhodana noch lebte, schickte er einen Boten nach dem anderen zu Buddha, um ihn aufzufordern, auf den Thron zurückzukehren. Keiner seiner Boten kehrte zum Königshof zurück. Die Kraft der Lehrrede des Buddha machte auch sie zu Mönchen. Als der Buddha nach Kapilavatsu zurückkehrte und zusammen mit seinen Schülern bettelte, ärgerte sich König Suddhodana über sein Verhalten und und sprach zu ihm: „Du bist von königlichem Blut. Was fällt Dir ein zu betteln!" Aber Buddha antworte ihm ganz ruhig: „Verehrter Vater und König. Ganz gleich welcher Herkunft ein Mensch ist, jeder ist angewiesen auf die Arbeit der anderen so wie sie angewiesen sind auf die seine. Ich bettele nicht, weil ich meinen Körper ernähren will, sondern um den Spendern eine Gelegenheit zu bieten, gute

Verdienste anzusammeln. Obgleich wir von königlichem Blut sind, leben wir doch durch die Arbeit des Volkes. Mein Beispiel soll den Hochmut zügeln." König Suddhodana verstand den Buddha und empfing ihn erfreut.

Die Übel, die es zu bekämpfen gilt, existieren nicht nur in der äußeren Welt, sondern auch im Geist. Um das Böse zu vernichten, muß der Bhikkhu selbst erst einmal seinen Geist vor jedem bösen Gedanken schützen.

Die Mönche der Theravadatradition und die Bettelmönche in Vietnam praktizieren noch das Betteln in den Straßen Asiens. Die Mönche der Mahayanatradition in Japan, China, Korea und Vietnam praktizieren diesen Brauch seltener. Ich habe festgestellt, daß beides, Geben wie Betteln, seine eigenen Schwierigkeiten und Vorzüge hat. Das Geben sieht zwar sehr einfach aus, nur fällt es nicht immer leicht. Das Betteln dagegen ist besonders dann nicht leicht, wenn der Hochmut noch in einem steckt. Das Beispiel des Buddha ist sehr einleuchtend und wir müssen ihn dafür bewundern. Er war ein Kronprinz, der Macht und Reichtum hatte. Doch er hat alles verlassen, nur um ein einfaches, ja zunächst sogar asketisches Leben zu führen. Er ging in die Dörfer, von Haus zu Haus und bettelte. Diese Tradition wirde heute noch von vielen Mönchen befolgt.

Eigentlich sollte der Geber dem Bettler danken. Nur durch den Bettler kann der Spender Verdienste sammeln. Nach der Einweihung der Pagode Vien Giac hatte ich Schulden. Neue Schulden türmten sich auf die alten Schulden. Ich schickte viele Bittbriefe an die Buddhisten. Das Ergebnis meines Ersuchens war mager. Zu groß waren die Bedürfnisse und zu gering die Mittel. Daraufhin begab ich mich in die Restaurants der Chinesen, Laoten, Thailänder und Vietnamesen und bat auch sie um eine Geldspende, mit der ich die Arbeiter zu entlohnen gedachte.

Zuerst bettelte ich in Hannover und dann in Berlin. Danach reiste ich in die anderen Städte Deutschlands. Die Buddhisten, die mich begleiteten, sprachen mehrere Sprachen und waren sehr gläubige Laien. Wir mußten immer auf Fremdsprachen wie Englisch, Deutsch, Französisch, Japanisch, Thailändisch, Laotisch, Pekinesisch, Kantonesisch und Vietnamesisch vorbereitet sein. Wir wandten uns stets in der Sprache unserer Adressaten an sie um eine Spende.

Mein erster Tag auf dem Almosengang machte mich weder froh noch traurig, aber auch die Hoffnung auf ein gutes Gelingen war nicht geweckt. Also konnte ich auch nicht entmutigt werden. Ich dachte bei mir, daß der Buddha und seine Schüler genau das taten, was wir jetzt auch zu tun im Begriff waren. Wenn wir Hilfe fänden, dann würden wir dankbar sein, wenn nicht, dann würden wir uns in aller Ruhe verabschieden. Ja wir haben sogar damit gerechnet, beschimpft und verjagt zu werden und uns vorgenommen auch dann den Gleichmut zu bewahren. Mit diesen Vorsätzen begannen wir unseren Bittgang.

Wie auch sonst bei anderen Gelegenheiten begegneten wir in manchen Restaurants Leuten, die uns wohlgesonnen waren und etwas spendeten, aber wir lernten auch andere Leute kennen, die uns kühl empfingen und uns unverrichteter Dinge wieder gehen ließen. Andere sahen die Bilder unserer Pagode und zeigten sie ihren Frauen mit der Bemerkung: „Liebe Frau, schau nur diese Arbeit an. Das sieht doch gar nicht so schlecht aus. Wir sollten uns an einer guten Arbeit beteiligen und eine Spende machen."

Wir bedankten uns und gingen weiter. Ja manchmal wurden wir auch zum Essen eingeladen und besser bewirtet als die Gäste. Dann ließen die Eigner ihre Ober die Gäste empfangen und vertieften sich mit uns in Gespräche über den Buddhismus und das Verdienst durch das Spenden. Dann spendeten sie zwei- dreihundert Mark und wollten uns gar nicht mehr gehen lassen. Denen haben wir dann erklärt: „Ein Mensch erwirbt Verdienste, tausend Menschen genießen. Ein Baum blüht, zehntausend Bäume duften."

Wenn ein Mensch Verdienste ansammelt, können mehrere Menschen aus seiner guten Tat Nutzen ziehen. Wenn ein Baum blüht, breitet er seinen Duft aus, so daß auch andere Bäume neben ihm von seinem Duft umfangen werden.

Viele, denen wir auf unserem Bittgang begegnet sind, verspachen, die Pagode zu besuchen, wenn sie erst einmal fertig sei. Andere erzählten uns von ihren Sorgen in einem fremden Land. Einige haben uns gestanden, daß sie durch uns das erste Mal jemand anderem geholfen hätten. Eines Tages betraten wir auch zwei japanische Restaurants. Nach längerem Begrüßungszeremoniell erklärte ich ihnen mein Anliegen. Sie gaben mir ein paar Mark. Wir verabschiedeten uns höflich. Einige meiner Begleiter amüsierten sich über die Situationskomik und meinten ironisch zu mir, daß ich in Japan so lange studiert hätte, nur um hier ein paar Mark zu betteln. Wir lachten alle darüber und gingen zum nächsten Restaurant.

Jedesmal bevor wir ein Restaurant betraten, haben wir vorher geraten, ob wir einen Spender finden werden oder nicht. Schon nach wenigen Sätzen stand fest, ob der Besitzer uns wohlgesonnen war oder nicht. Zu unserem Glück muß ich sagen, hat uns in all den vielen Restaurants, die wir besucht haben, niemand beschimpft. Die Mehrheit bekundete Sympathie für uns. Nur 10% verweigerten eine Spende.

Unter den Restaurantbesitzern waren auch Katholiken. Obwohl einer anderen Konfession folgend, spendeten auch sie für unsere Pagode, weil sie erkannten, daß wir für eine gute Sache arbeiteten. Wer waren diese Menschen mit den großzügigen Herzen. Es waren Thailänder, Laoten, Kompodschaner, Hongkongnesen, Taiwanesen, Chinesen, Japaner, Koreaner, Malaysier, Leute aus Singapur und natürlich auch Vietnamesen Sie haben mich nicht erwartet. Doch wir brachten ihnen Freude. Die Freude einer begangenen guten Tat. Einige kannten unsere Pagode schon vom Hören-Sagen, fanden aber noch nicht die Zeit, uns zu besuchen. Wir gaben ihnen die

Gelegenheit, einen Beitrag an dem Bau der Pagode zu leisten und die Bilder der Pagode zu betrachten.

Bei dieser Aktion erhielten wir auch neue Adressen von weiteren Restaurants, die wir noch nicht kannten, mit dem Hinweis auf Wohlergehen und Spendenbereitschaft.

Hin und wieder mußten wir uns auch ausweisen. Nachdem wir unsere Ausweise und die Bilder der Pagode gezeigt hatten, entschuldigten sie sich bei uns und erklärten uns, daß man heute nicht mehr das Gold von der Bronze unterscheiden könne. Wir bedankten uns und gingen.

In den „Nachrichten der Pagode Khanh Anh" (9/91) berichtete der Ehrwührdige Minh Tam auch über die Einweihung der Pagode Vien Giac. In seinem Text stand auch ein Satz, der mich besonders rührte: „Das Geld ist wie Staub, die Menschlichkeit ist wahres Gold". Das Geld wird zwar schwer verdient, und trotzdem ist es instabil und kommt schnell abhanden. Nur die zwischenmenschliche Beziehung ist kostbar, sie ist das wahre Gold. Dieses Gold ist ihr Andenken an die Pagode, ist ihr Beitrag für die Pagode.

Ein verstorbener Dichter äußerte in seinem Buch: Am Ende verschwinden alle Erscheinungen, nur die Pagode bleibt noch. Der Hochehrwürdige Thich Man Giac, mit dem Dichtername Huyen Khong, sagte:

> *„Das Dach der Pagode beschützt die Seele der Nation,*
> *Eine ewige Tradition der Ahnen. "*

Die Pagode Vien Giac wurde von den Buddhisten mit ihren Spenden im Wert von vier Millionen Mark gebaut. Den Rest haben meine Schüler und ich gesammelt. Wir gingen in jede Stadt und in jedes Haus, um die barmherzigen Herzen zu bewegen. Unsere Arbeit ist nicht mit Worten zu beschreiben. Wenn ich die Bilder der Pagode betrachte, jene von der Anfangszeit und jene von heute, dann kann ich es immer noch nicht glauben, daß dies eine

Tatsache ist. Nur der feste Glauben und die Geduld konnten dies verwirklichen.

Mir bleibt nichts anderes zu tun, als die herzlichsten Dankesworte an alle zu richten. Sie alle, Vietnamesen und die Vertreter anderer Völker, sie, die hier schon genannt wurden und sie, die es vorzogen, anonym zu bleiben, haben uns bei dem Bau der Pagode geholfen. Diese Güte kann mit nichts vergolten werden. Der Buddha und die Bodhisattva mögen Ihnen immer gnädig sein.

Der Bettelgang lehrte mich die Geduld und sehr viel über die Menschen um mich herum auf dieser Welt der Erscheinungen. Ich wage es nicht mehr, in der Praxis der Buddhalehre nachzulassen und bete, daß alle Lebewesen die Weisheit der Buddhas erlangen und die Buddhaschaft antreten mögen.

DIE GOLDENEN HERZEN

Nach der Lektüre des Artikels „Auf dem Almosengang" in der Zeitschrift Vien Giac Nr.66, schrieben mir viele Buddhisten oder sie riefen mich an, um unsere Aktion gutzuheißen, sie zu beglückwünschen. Wir danken allen für ihre herzlichen Worte.

Auf dem Bettelgang geriet ich in erfreuliche und befremdliche Begebenheiten. So kamen wir beispielsweise in das Restaurant eines Taiwanesen. Nach dem wir unser Anliegen dargelegt hatten, erwiderte der Besitzer: „Wissen Sie, Ich glaube weder an Buddha noch an Gott. Ich glaube nur an die Macht des Geldes. Nur Geld kann mir ein angenehmes Leben geben." Wir sahen uns gegenseitig an. Meine Schüler und ich waren bestürzt. Niemand hatte eine solche Antwort erwartet. Ich entgegnete dann ruhig: „Ja, Sie haben auf den ersten Blick recht. Trotzdem glaube ich, das sie ihre Haltung überdenken sollten. Jetzt sind Sie noch gesund und stark. Das Geld kann Ihnen daher all das geben, was Sie begehren. Wenn Sie aber alt werden, wird das Geld auch Sie verlassen haben, nur die Krankheit und das Leiden wird Sie begleiten. Sie werden das Krankenhaus benötigen. Wenn Sie gesund sind, lehnen Sie ein Medikament ab, daß Ihnen angeboten wird. Dennoch gilt auch schon für diesen Zustand der Satz: Vorbeugen ist besser als Heilen. Jetzt leiden Sie nicht, weil Sie Geld haben. Aber eines Tages werden auch Sie die Religion benötigen."

Als er dies hörte, überlegte er kurz und spendete einige hundert Mark. Meine Schüler rätselten über den Beweggrund für seine Spende. Schließlich lachten wir, freuten uns und hofften, daß wir keinem zweiten Besitzer mit dieser Weltanschauung begegneten.

Der Besitzer eines thailändischen Restaurants brachte uns in eine überraschende Situation ganz anderer Art. Die Thailänder sind meistens gläubige Buddhisten, die sich in Gebefreudigkeit üben. Das Spenden ist ihnen ja von zuhause her vertraut. Man rief alle Arbeiter zusammen und jeder legte seinen Beitrag in einen Briefumschlag. Im Verlaufe unseres Gesprächs erklärte uns der Besitzer, daß sich in der Nähe viele Thailänder aufhielten und gab uns die Adresse mit der Aufforderung sie alle aufzusuchen.

Als wir dort ankamen, stellte sich heraus, daß diese Adresse ein Bordell war. Ich war zunächst wie gelähmt und wußte nicht was ich tun sollte. Ich wagte auch nicht im Auto zu bleiben und dort auf meine Schüler zu warten, denn das war kein geeigneter Ort für einen Mönch, auch der Aufenthalt draußen vor dem Haus erschien mir eher unpassend. Meine Schüler, es waren alles Laien, beharrten aber drauf, hineinzugehen, da sie nun schon einmal da wären. Nach 30 Minuten wurde ich ungeduldig. Als sie endlich wieder herauskamen, erklärten sie mir den Grund für die Dauer ihres Aufenthaltes. Sie zitterten am ganzen Körper und antworteten, daß sie zu jeder Frau gehen mußten, weil jede spenden und sich über die Pagode informieren wollte. Ich sah mir den Briefumschlag mit den Spenden nachdenklich an. Meine Schüler sagten, daß es auch in den verachteten Vierteln viele warmherzige Menschen gäbe, während man in den sauberen Vierteln nicht selten auf Verdorbenheit träfe.

Beide Geschichten zeigen die Wahrheit. Beide weisen auf die Kehrseiten des Lebens. In dem größten Schmutz des Lebens gibt es immer noch einen Raum für die Heiligkeit des Geistes. Während an der Spitze des Reichtums die Leute im Angesicht des Geldes ihren wahren Charakter zeigen.

Viele Buddhisten rührte das Mitleid, als sie sahen, wie sehr ich mich um die Mittel für den Bau bemühte, und spendeten noch mehr. Einige hatten noch weitere Ideen, wie man zu Geld kommen könnte. Alle diese Erlebnisse belehrten mich über vieles und brachten mir nicht wenig bei. Danach gingen wir nur noch in die vetnamesischen Restaurants oder zu Vietnamesen chinesischer Abstammung. Das Ergebnis war besser und ersparte uns auch viel Arbeit, denn da mußten wir nicht mehr lang und breit erzählen und erklären. Alle hatten schon einmal von dem Bau der Pagode Vien Giac gehört.

Auch bei dieser Entscheidung trafen wir auf das Pro und Contra. Doch jede Kritik, positiv wie negativ, ist jetzt noch zu früh. Nur wenn der Sarg zugenagelt ist, kann man das abschließende Urteil fällen. Für mich zählt nicht das (Ver)Sprechen, sondern die Handlung. Wichtig ist das, was wir für die Welt und die Menschen schaffen können.

Kürzlich hatte ich auch eine Idee im Zusammenhang mit dem Turm der Pagode. In dem Turm sollten 10000 Buddhastatuen aufgestellt werden. Meine Idee war es nun, von den Buddhisten einen symbolischen Beitrag für die Statuen im Turm zu fordern. Jeder der sich an seiner Buddhanatur erinnern wollte, sollte der Pagode 120,--DM für eine Namenstafel unter der Statue spenden. Schließlich werden wir doch alle einmal Buddhas.

Einige machten sich den Spaß und fragten: „Ich brauche nur 120,--DM zu spenden, dann werde ich ein Buddha, nicht wahr? Eigentlich sind 120,--DM nur ein kleines Entgeld für den Preis der Rückführung zur Buddhanatur." Die Gleichheit im Buddhismus drückt sich dadurch aus, daß jeder Mensch eine Buddhanatur hat und Buddha werden kann. Bei einem Verstorbenen kann der Verwandte Verdienste in seinem Namen erwerben und sie ihm dann widmen. Auch die Sterbenden spendeten, um eine bessere Wiedergeburt zu erlangen oder im besten Falle, die Erleuchtung zur Buddhaschaft zu erreichen.

Die 10000 Buddhas werden an den Wänden des Turms aufgestellt. Ich hoffte also auf die Unterstützung der Buddhisten in dieser Angelegenheit. Hätte ich ein gutes Einvernehmen mit den

Buddhisten für diese Aktion gefunden, wäre derBau der Pagode schon 1992 fertig gewesen. Selbst der Parkplatz wäre dann schon gepflastert.

Meine Bemühungen der letzten sieben oder acht Jahre waren auch von dem Wunsch beseelt, den Deutschen unsere Kultur und unsere Religion näherzubringen. Ich habe auch gehofft, daß die Pagode in Deutschland auch den jungen Vietnamesen, die schon in der Fremde geboren worden sind, eine Stätte vietnamesischer Kulturpflege sein könnte, und damit einen Beitrag zur Erhaltung der vietnamesischen Kultur im Exil zu leisten.

Ich habe meine Leute immer ermahnt, auf die Kritiken ruhig zu reagieren. Man soll das Ende einer Sache abwarten, bevor man sich über sie äußert. Die Geschichte des Buddhismus in Deutschland ist noch viel zu jung, um schon jetzt ein Urteil über sie fällen zu können.

Der reife Mensch überprüft zuerst sich selbst, bevor er die anderen Menschen prüft. Nur die Fehler der anderen korrigieren zu wollen und an sich selbst überhaupt nicht zu arbeiten, ist ein großer Mangel. Das ist genauso wie bei einem Restaurantbesitzer, der die vegetarischen Speisen seines Hauses anspreist und sie auch ganz gut kocht, aber sich selbst und seine Familie nur mit Fleischgerichten ernährt. Das ist genauso wie jene Menschen, welche ihren Nächsten die Buddhalehre anpreisen, aber selbst keinen Versuch auf ihrem Wege wagen. Die leere Rede nützt niemanden. Besser sollte man das Reden in die Tat umsetzen. Es ist besser das zu tun, was man kann, um einen Beitrag für die Entwicklung der Welt zu leisten. Ein Beispiel wäre, nach der Lektüre meines Buches, darüber nachzudenken, ob Sie schon etwas zur Arbeit der Pagode beigetragen haben. Wenn nicht, dann können Sie Ihre Familie zusammenrufen und darüber beraten, wie Sie der Pagode helfen können. Oder wenn Sie schon einen Beitrag geleistet haben, überlegen Sie, ob ein weiterer Beitrag Ihre Mittel übersteigen würde. Oder fragen Sie Ihre Freunde, ob sie sich nicht doch an einem Beitrag für die Pagode beteiligen wollen. Das sind Beispiele für ein konstruktives Verhalten.

Wenn wir die Arbeit anderer Menschen mit mehr Großmut sehen, werden wir uns selbst auch besser und befreiter fühlen. Ich hoffe, daß meine Ermahnungen niemanden verletzt haben.

Aus dem Schlamm können immer noch die duftenden Lotusblüten wachsen. In der Samsarawelt gibt es immer Menschen, die das persönliches Glück für die Erlösung der Lebewesen nach dem Vorbild des Buddha einsetzten. Mitten unter den „kritischen Zeitgenossen" leben immer noch die goldenen Herzen, die so sind wie die Ihrigen. Sie haben sich unermüdlich für die Pagode eingesetzt, haben unaufhörlich Beiträge an und für die Pagode geleistet. Mit Ihrem Beitrag haben sie auch den Menschen im Westen eine Gelegenheit geboten, in der Pagode Vien Giac auch die Kultur Vietnams kennen zu lernen.

Ich bin weder traurig noch froh, weder selbstzufrieden noch hochmütig, noch fühle ich irgendeinen Minderwertigkeitskomplex. Nur eines habe ich: Selbstsicherheit, einen starken Willen und mein Können. Ich bin überzeugt von der Gnade des Buddha in meinen Werken. Wenn ich ein Werk abgeschlossen habe, stelle ich fest, daß die Passiva von den Aktiva überwogen werden. In Prozenten ausgedrückt, sehe ich nur 10 % Mißerfolg und 90% Erfolg. Keine schlechte Bilanz. Ich habe auch stets nur die günstigen Ergebnisse erwartetet; denn ich dachte stets an das, was Buddha über die Hindernisse lehrte. Mit diesem Gedanken bei der Arbeit fühlte ich mich immer gelöst.

Ein altes Sprichwort sagt: „Schöne Pagode, schlechte Mönche". Das will sagen, daß eine schöne Pagode die Mönche verderben könnte. Aus den Erfahrungen der Vergangenheit habe ich meine Lehren gezogen und die Pagode nach der Einweihung der Congregation der Vereinigten Vietnamesischen Buddhistischen

Kirche in Europa überschrieben. Sie gehört also niemandem persönlich. Ich dachte dabei auch an meine Zukunft. Wenn alle Schulden bezahlt sind, werde ich mich zurückziehen und meine Zeit meiner Praxis widmen. Die Leitung der Pagode soll dann an andere Mönche übergeben werden, die fähiger sind als ich. Ich werde mich der Übersetzungsarbeit zuwenden und mehr von den Gelehrten lernen. Die Buddhisten sollen dadurch erkennen, daß ein Ordinierter kein Privateigentum besitzt und die ganze Welt nur eine trügerische Erscheinung ist.

Einst hatte der Buddha sogar sein Königreich verlassen. Die Aufgabe einer Pagode ist mit dieser Großtat gar nicht zu vergleichen. Im Vietnamesischen hat das Wort „Abt" eine Bedeutung von einem, der auf die Pagode achtgibt. Wenn dies alles wäre, was ein Abt zu tun hätte, bräuchte niemand in die Hauslosigkeit zu gehen. Auch ein Laie könnte in diesem Sinne ein Abt sein. Aber in die Hauslosigkeit zu gehen, nur um auf eine Pagode aufzupassen, ist reine Zeitverschwendung. Eine Pagode, wie stabil sie auch sein mag, könnte höchstens ein paar hundert Jahre existieren. Wichtiger als ihre Erhaltung ist die Erhaltung der Buddhalehre. Die Lehre nützt einer Vielzahl von Generationen, es ist besser auf die zu achten.

Warum werden dann Pagoden gebaut? Eine Pagode ist nur ein Mittel, um die Menschen in die Lehre einzuführen, sie ist niemals selbst das Ziel der Erleuchtung. Die Erleuchtung kann nur durch die Verwirklichung der Buddhalehre erreicht werden. Ohne die Pagode würde uns aber ein Ort fehlen, an dem wir ungestört praktizieren könnten, so wie ohne die Schule der Schüler keine Gelegenheit besäße, seinen Lernerfolg zu kontrollieren. Es ist falsch, das Ziel mit dem Mittel zu verwechseln. Durch das Mittel können wir zwar das Ziel erreichen, aber das Mittel selbst könnte niemals das Ziel sein. Daran sollte jeder Praktizierende denken.

Ich hoffe mit diesen Zeilen noch mehr Helfer für mein

Projekt zu finden. Darum bedanke ich mich noch einmal bei allen Buddhisten und Dharmafreunden, die sich an dem Projekt beteiligt haben. Möge der Buddha Ihre Familien und Ihnen selbst gnädig sein. Möge alle Ihre Wünsche in Erfüllung gehen. Möge der Buddha die Ungläubigen auf den Weg der Erlösung führen. Möge alle Menschen wie Brüder miteinander leben.

DIE BAUABSCHLUSSFEIER

Viele Buddhisten haben durch die Februarausgabe der Zeitschrift Vien Giac (Nr. 72) erfahren, daß die Pagode anläßlich des Ullambanafestes ihre Bauabschlußfeier veranstalten wird. Sie fragten sich, ob das nicht nur wieder ein anderer Begriff für die Einweihung der Pagode sein sollte, oder ob dieser Begriff seine eigene Bedeutung habe. Offensichtlich bedeuten Einweihung und Abschlußfeier etwas Verschiedenes. Das Wort „Abschluß" bedeutet hier, eine Arbeit als endgültig fertig zu betrachten. Das Wort „Bau" nennt das Objekt der Arbeit, die als beendet begriffen wird, die Pagode. Und das Wort „Feier" verweist auf die Art und Weise, in der wir die Feststellung besiegeln wollen, daß unsere Arbeit abgeschlossen worden ist.

Die Bauabschlußfeier soll also den Zeitpunkt markieren, an dem mein Wunsch, eine Pagode zu bauen, in Erfüllung ging, und d.h. auch, an dem an der Pagode keine Bauarbeiten mehr geleistet werden. In unserer Tradition sagt man auch die „Dang Son"-Feier. „Dang Son" bedeutet: auf den Berg steigen. Warum sprechen wir in diesem Zusammenhang davon, „auf den Berg (zu) steigen"? Früher befanden sich bei uns die meisten Pagoden in den Bergen. Wenn eine Pagode fertig gebaut war, wurde eine Zeremonie veranstaltet, die den Abt als rechtmäßigen Leiter der neuen Pagode einführte. Früher lebten die Mönche meistens auch in den Bergen und sie wurden deshalb auch als Bergmönche bezeichnet. Ein Bergmönch lebte fern von dem weltlichen Treiben, einfach und abgeschieden von dem Leben im Tal. In dieser Haltung äußert sich der Gedanke der Weltentsagung im Buddhismus. Heute überwiegt mehr die Praxis des „In-Die-Welt-Gehens". Die Mönche sollen an dem Leben teilnehmen, sie sollen die Leiden der Lebewesen teilen.

Die Mönche sollen praktizierende Bodhisattvas sein. Die Pagoden in der Stadt wurden aus dieser Überlegung heraus gegründet. Die Verwirklichung dieses Ideals ist nicht einfach. Das Leben ist komplex und voller Überraschungen. Wenn die Mönche nur den Gewohnheiten des alltäglichen Lebens folgen würden, dann würden sie sich von der Religion entfernen. Lebten sie aber nur nach der Lehre, dann würde die Welt sie nicht mehr begreifen und als Außenseiter abtun. Das Leben eines Mönches als ein Bodhisattva im Leben ist daher schwierig. Ein fähiger Mönch könnte die Welt ändern, sie aus einer Welt voller Leiden in eine Welt voll Glück verwandeln. Ein unfähiger Mönch würde natürlich von der Welt integriert und zurück ins weltliche Leben gezogen. Für das Ins-Leben-Gehen gibt es nur zwei Möglichkeiten: entweder der Mönch ändert das Leben oder das Leben ändert den Mönch. Die Patriarchen sagten immer, ein Ordinierter ist ein Schwimmer gegen den Fluß des Lebens.

Die meisten Vietnamesen denken, daß die Mönche lebensmüde seien oder Menschen, die keinen Erfolg im Leben haben. Andere glauben, daß nur Liebeskranke in die Pagode gehen. Den Meisten erscheint das weltliche Leben viel verheißungsvoller als das Leben der Mönche. Deshalb schließen sie von sich auf andere und glauben, daß es den Mönchen gar nicht anders ergehe. So übersehen sie, daß eigentlich die Ordinierten, es wirklich gut mit dem Leben meinen. Sie sind alles andere als lebensmüde. Nur wer wirklich das Leben schätzt und Mitleid mit den Menschen hat, kann sein persönliches Glück opfern, um die Leiden der Menschen zu lindern und eine glückvolle Welt zu gestalten. Ein lebensmüder Mensch könnte das niemals schaffen, auch nicht das Leben eines Ordinierten zu führen.

Als ich nach Deutschland kam, wünschte ich mir so sehnlich, daß viele Menschen dem Buddhismus Achtung schenken würden und sie die Merkmale des Buddhismus sofort erkennen könnten. Aus dieser Überlegung heraus bemühte ich mich auch um den

Bau der Pagode. Das Personalpronomen „Ich" steht hier nicht für die Bedeutung meines subjektiven Innenlebens, sondern für eine regulative Instanz und einen Faktor des Beginnens der Arbeit in einem fremden Land. Jeder weiß ja, daß eine gute Lokomotive mit schlechten Waggons überhaupt nichts transportieren könnte. Aber jeder weiß auch, daß gute Wagons ohne eine fähige Lokomotive auch nicht weiter kommen. Beide Faktoren ergänzen sich.

1977 kam ich nach Deutschland, und erst 1984 began ich mit den Arbeiten für den Bau der Pagode. Die Bauarbeit begann offiziell am Vesakfest 1989, als ich 40 Jahre alt wurde. 1989 lebte ich schon 26 Jahre als ordinierter Mönch nach den Regeln des Buddhismus. Zunächst dachte ich, daß ein so junger Mensch nicht über ausreichende Erfahrung verfügte, um ein derartiges Projekt zu leiten. Nach vietnamesischer Tradition sind die Jahre um die Dreißig, die Altersperiode, in der ein Mann seine Kinder zeugt. Mit vierzig ist ein Mann im besten Reifealter. Trotzdem glaubten viele, daß ich noch zu jung sei für eine derartige Aufgabe, nämlich mit Steinen den Himmel zu flicken, wie sie sich ausdrückten. Ich verfügte auch über kein Geld, mein einziger Besitz war die Lehre des Buddha. Ich war überzeugt, daß im Leben wie in der Religion die besten Jahre zwischen 40 und 60 Jahren liegen. Davor oder danach ist das Leistungsniveau schwächer. Zu jung zu sein oder zu alt, das sind beides keine guten Vorraussetzungen für eine große Arbeit. Deshalb beschloß ich das Projekt mit meinem vierzigsten Lebenjahr zu beginnen. Ganz gleich, was ich auch gemacht habe, ohne die Gnade des Buddha, der Dharmabeschützer und der lebenden wie der verstorbenen Buddhisten hätte ich gar nichts geschafft.

Heute, nachdem die Pagode fertig ist, kann man sich vielleicht besser ein Bild davon machen, welche Mühen und wieviel Schweiß die Verwirklichung der Pagode gekostet haben. Die Hindernisse, welche dieses Projekt aus dem Wege räumen mußte, lassen sich kaum noch erahnen. Die Zeremonie der Bauabschlußfeier setzte sich aus den folgenden Ritualen zusammen:

1. Die Dankzeremonie an die Drei Juwelen, daß die Bauarbeit glücklich abgeschloßen wurde.

Bei allen Arbeiten sind immer die Leiter verantwortlich für den Ablauf des Projekts. Ohne die Unterstützung der Geführten könnte auch ein Leiter seine Arbeit nicht verrichten. Fällt gute Saat auf schlechten Acker, wird sie verdorren. Diese Zeremonie ist die wichtigste Zeremonie, weil sie auch die Inthronisierung des Abtes beinhaltet und die Zielsetzung für die nächste Zukunft.

2. Die Einweihung der 1000 Buddhastatuen in dem Turm und die Beisetzung der Reliquien dort.

Nachdem der Buddha vor mehr als 2500 Jahren ins Nirvana einging, hat er uns viele Reliquien hinterlassen. Die Pagode Vien Giac besitzt 9 davon. Während der Bauabschlußfeier wurden die Reliquien in dem Turm beigesetzt. Gleichzeitig wurden die Statuen der sieben Buddhas der Vergangenheit und die 1000 kleinen Buddhastatuen in dem Turm eingeweiht.

3. Die Gedenkzeremonie für die Eltern aus den vergangenen Leben.

Da auch die Verstorbenen ihren Beitrag zum Entstehen der Pagode geleistet haben, wird auch ihnen eine Gedenkzeremonie gewidmet, den verstorbenen Eltern aus vielen vergangenen Leben.

4. Die Danksagung an die lebenden Eltern.

Die Vietnamesen leben schon so lange im Ausland, daß sie vor lauter Arbeit oft die Pflichten gegenüber ihren Eltern vernachlässigt haben. Wenn die Eltern nicht mehr leben, ist die Fürsorge für sie zu spät. In dieser Feier machte ich den Vorschlag, daß:

a) die Festteilnehmer über 80 rote traditionelle Kleider tragen sollten,

b) die Festteilnehmer über 70 gelbe traditionelle Kleider tragen sollten,

c) die Festteilnehmer über 60 blaue traditionelle Kleider tragen sollten.

Warum diese Farbunterscheidung? Die blaue Farbe repräsentiert bei diesem Fest die Farbe der Langlebigkeit. Die gelbe Farbe steht für die nächst höhere Langlebigkeit und die rote Farbe stellt die höchste Langlebigkeit dar. Wer sich die traditionelle Kleidung nicht anlegen wollte, konnte natürlich auch in der westliche Kleidung erscheinen. Allerdings boten die Bilder der traditionellen Kleidung den Nachkommen eine schöne Erinnerung.

Dieses Fest sollte auch niemanden in Unkosten stürzen. Es sollte nur eine alte Tradition wieder lebendig gemacht werden. Diese Tradition sollte dann von der jüngeren Generation weitergeführt werden. Die Eltern können sich schon im voraus über die Fürsorge ihrer Kinder freuen. Die Kinder werden es nicht bereuen, daß sie ihren Eltern schon zu Lebzeiten ihre Liebe gezeigt haben.

An diesem Tag schenkten die Kinder ihren Eltern Blumen und die Enkel überreichten Geschenke an die Großeltern. Sicher kann die Freude der Eltern auch ihr Leben verlängern. Ein Sohn sprach im Namen aller Söhne die Dankesworte an die Eltern.

Das waren die Hauptzeremonien der Bauabschlußfeier. Außerdem gab es noch einen Kulturabend am 4. September 1993. Der Abend wurde durch die Vorführung der Künstler aus Amerika und mit der Unterstützung der Buddhisten- Gruppen in Deutschland zu einem Erfolg.

Die Pagode ist fertig gebaut. Die Bauabschlußfeier ist veranstaltet. Was muß noch gesagt werden?

Einige wichtige Punkt sollen noch erwähnt werden.

1. Die Mitglieder.

Wir alle wissen, daß die Pagode Vien Giac niemals nur von den Ordinierten hätte gebaut werden können. Umgekehrt gäbe es die Pagode auch nicht ohne die Ordinierten.

Mit Blick auf die Laien darf ich sagen, daß wir heute eine starke Gemeinschaft bilden. Als ich und die Ordinierten nach Deutschland kamen, haben wir uns bemüht, die buddhistische Tradition der Vietnamesen weiter zu pflegen. Inzwischen leben 40000 vietnamesische Buddhisten in Deutschland. Wir haben eine Vereinigung der Vietnamesischen Buddhistischen Flüchtlinge gegründet. Die Vereinigung hat 14 Ortsvereine und 8 Jung-Buddhisten-Gemeinschaften. Sie stellen eine starke Anhängerschaft dar, die die Aktivitäten des Buddhismus in Deutschland in vieler Hinsicht unterstützt. Sie sind auch das Kapital der Zukunft, sowohl für den Aufbau des Landes als auch für den Buddhismus. In Europa sind die Buddhisten in Deutschland mittlerweile die aktivsten. Die Anzahl der Buddhisten, die Zuflucht genommen haben, wächst stetig. In den Jahren von 1978 bis jetzt habe ich für mehr als 3000 Menschen Zufluchtzeremonien abgehalten. Mehr als 10000 nahmen schon ihre Zuflucht in Vietnam. Sie alle sind die Säulen des Buddhismus in Deutschland.

Außer den zwölf Ordinierten in der Congregation in Deutschland, die in Vietnam ihre Ordination erhalten haben, habe ich noch fünfzehn Schüler ordiniert. Davon kehrten schon drei ins weltliche Leben zurück. Eine Schülerin hat sich meiner Kontrolle entzogen. Insgesamt habe ich noch 11 Schüler. Ich zähle sie nach der Reihenfolge ihrer Ordination auf:

1. Thien Phuoc (zurück ins weltlichen Leben)

2. Thien Thanh („ „ „ „)

3. Hanh Nguyen, studiert jetzt in Dharamsala, Indien.

4. Hanh Tan, wohnt noch in der Pagode Vien Giac. Nach

seinem Abschluß an der Universität wird er für einige Zeit zum Studium nach Indien gehen.

5. Thi Nguyen, heute heißt sie Thanh Hai. Sie nahm die Zuflucht bei mir und ließ sich in Indien ordinieren. In Taiwan hat sie dann eine eigene Sekte gegründet, die weder dem weltlichen Leben noch dem Leben nach den Regeln der Ordination zugeordnet werden kann (sie steht jetzt außerhalb meiner Kontrolle).

6. Thien Nam (ein Deutscher, der zurückkehrte ins weltliche Leben)

7. Nonne Hanh Niem

8. Nonne Hanh Tinh

9. Nonne Hanh An

10. Nonne Hanh Chau

11. Nonne Hanh Ngoc

Diese Nonnen sind alle über 60 jahre alt. Sie ließen sich ordinierten, doch sie müßten nach der Vinaya von der Ehrwürdigen Nonne Dieu Tam in Hamburg ausgebildet werden.

12. Novize Hanh Bao, er ist seit 3 Jahren ordiniert und gelobte auch schon die 10 Gebote des Sramanera einzuhalten.

13. Novize Hanh Man, ordiniert seit 1 Jahr, lebt in der Pagode Vien Giac.

14. Nonne Hanh Nhu

15. Nonne Hanh Quang

Diese beiden Nonnen gingen nach Marseille in das Pho Da Nonnenkloster.

In den sechzehn Jahren meines Aufenthaltes in Deutschland habe ich fünfzehn Schüler ordiniert. Heute sind mir noch elf davon geblieben. Auch an diesem Beispiel kann man sehen, daß das Leben in der Ordination nicht einfach ist.

Viele fragten mich auch schon nach meinem Nachfolger. Auch auf diese Frage gibt es viele Antworten, ich will hier aber nur einige davon anschneiden.

Nach der Einweihungszeremonie kamen die Ordinierten in der Congregation in Deutschland mit mir überein, die Pagode an die Congregation in Europa zu überschreiben. Nach meiner Amtsablegung hat die Congregation die Vollmacht einen Nachfolger zu ernennen. Ich persönlich war immer der Ansicht, daß mein Nachfolger ein fähiger Mönch sein müßte, der aber nicht unbedingt mein Schüler zu sein bräuchte. Sollte sich einer meiner Schüler als fähig erweisen, dann könnte die Congregation auch ihn ernennen. Viele Menschen befürchteten, daß in einer großen Pagode nicht immer fähige und tugendhafte Mönche lebten. Das kann zwar auch sein, aber das Junktim zwischen großer Pagode und schlechten Möchen ist nicht zwingend. Aus ähnlichen Gründen hört man öfter: „Reiche Leute sind nicht auszuhalten". Aussagen dieser Art wehen auf dem Hauch des Neides. Wenn ein reicher Mensch tugendhaft ist, dann müssen wir ihn genauso achten, als ob er arm wäre. Und was tun wir mit dem Armen ohne Tugend? Ist er mitleiderregend oder tadelnswert? In einer großen Pagode können genauso gut tugendhafte Mönche leben wie auch andere. Mönche einer großen Pagode sind nicht minder ehrenwert wie andere Mönche. Und was wollte man tun, wenn in einer kleinen Pagode ein Mönch sein Amt ausübte, der den Buddhismus nur schlecht kennt?

In der Zukunft braucht unsere Pagode, die ja ein buddhistisches Diasporazentrum ist, drei gleichermaßen gute, fähige und gebildete Mönche, welche sich die Leitung der Pagode im Hinblick auf drei verschiedene Funktionen brüderlich teilen sollten. Einer aus diesem Dreigespann sollte sich um die Deutschen kümmern, in derem Lande wir eine buddhistische Diasporagemeinde sind. Die Anzahl der Deutschen, die den Buddhismus kennen lernen wollen, wächst stetig. Der zweite Mönch sollte die Schulung der Ordinierten und Laien im Kloster organisieren und leiten, und der dritte Mönch hätte sich vor allem um die zeremoniellen Angelegenheiten der Pagode zu kümmern. Nur bei Erfüllung dieser drei Aufgaben zusammen werden wir auch allen Pflichten, die sich der Pagode hier in Hannover stellen, unter den gegebenen Umständen gerecht.

2. Die Finanzierung

Die Pagode kostete bis jetzt, wie schon verschiedentlich erklärt, sieben Millionen Mark. Zu dieser Summe habe ich die Eigenleistungen der Helfer noch nicht hinzugerechnet. Diese Pagode zählt zu den größten Pagoden des vietnamesischen Buddhismus im Ausland. Die baulich beanspruchte Fläche beträgt dreitausend Quadratmeter. Den Hauptanteil der Kosten haben die Buddhisten selbst aufgebracht. Und trotzdem ist unsere Pagode auch die Pagode mit dem größten Schuldenberg. Unsere Schulden belaufen sich derzeit auf mehr als zwei Millionen Mark. Diese Schulden sollen in zehn Jahren abbezahlt sein. Wenn wir uns an diesen Plan halten, wäre die Pagode im Jahre 2004 schuldenfrei. In diesem Jahr werde ich dann auch von meiner Funktion als Abt zurücktreten und mich ausschließlich um meine geistige Praxis kümmern. Die Leitung der Pagode wird offiziell der Congregation in Europa überlassen. Vielleicht haben sich bis dann auch schon die Bedingungen in Vietnam so geändert, daß die Congregation in Vietnam Mönche nach Deutschland entsenden wird, die sich in der Zukunft um die Pagode kümmern. Das Werden und die Unbeständigkeit der Welt können wir nicht voraus berechnen. Deshalb ist es müßig, Pläne über die Zukunft zu schmieden.

Auch wenn die Pagode fertig gebaut vor uns steht, heißt das nicht, daß wir keine Schulden haben, daß sie schuldenfrei ist. Ich hoffe weiterhin auf die monatlichen, aber auch auf die unregelmäßigen Spenden. Der Bau der Pagode war eine schwere Arbeit, die wir jetzt vollendet haben. Aber die Erhaltung der Pagode ist eine Aufgabe, die nicht leichter zu bewältigen ist. Auch die Erhaltung der Pagode ist abhängig von den Spenden der Buddhisten.

Seit dreizehn Jahren wird die Pagode von der Regierung der Bundesrepublik Deutschland unterstützt. Sie finanziert uns die Herausgabe unserer Zeitschrift „Vien Giac" und die Veröffentlichung eines Buches in jedem Jahr. Die Bundesregierung unterstützte uns auch bei der Bezahlung unserer Wasser-, Strom- und Gasrechnungen. In Deutschland sind die Kosten der Sozialhilfe und der Arbeitslosenunterstützung in den letzten Jahren enorm gestiegen. Wir müssen damit rechnen, daß die Bundesregierung uns nicht endlos weiterhelfen kann. Mittlerweile leben die meisten von uns schon über zehn Jahre in diesem Lande, sie haben ihr Auskommen für Wohnung, Arbeit und Brot gefunden und hier und da auch schon Kapital gebildet. Langsam müssen wir unsere Angelegenheiten voll und ganz selbst übernehmen.

Viele Vietnamesen haben mir versichert, in die Heimat zurückzukehren, wenn das kommunistische Regime abdanken würde und sie nichts mehr zuhause zu befürchten hätten. Wenn diese Situation einträte, so fragten sie mich, ob ich dann hier allein in der Pagode zurückbleiben wollte.

Natürlich wäre auch jeder Ordinierte froh über eine derartige Entwicklung in der Heimat. Doch die Freude kommt nicht ohne Sorgen. Für die Pagode Vien Giac hätte ich einige Ideen: Daß alle in die Heimat zurück wollen, wenn der Kommunismus auch in Vietnam zusammengebrochen wäre, darüber besteht gar kein Zweifel, am meisten zieht es die ältere Generation in die Heimat zurück. Aber ein großer Teil der jüngeren Generation, die hier erfolgreich Fuß gefaßt hat, würde wahrscheinlich nur besuchsweise nach Vietnam fliegen. Und man sollte sich auch klarmachen, daß Vietnam zwei Millionen Heimkehrer auf einmal weder unterbringen, noch ernähren, noch wirtschaftlich integrieren könnte. Das sind die Sorgen die ich mir für diesen Zeitpunkt mache.

Während seiner Eröffnungsrede der Computermesse in Hannover, die zwischen dem 24. und dem 31. März 1993 stattfand, erkärte Bundeskanzler Kohl, daß die Bundesregierung die Ausrichtung der Expo 2000 in Hannover unterstützen wird. Der Bund wird 40% der Kosten dieser Weltschau übernehmen, die Landesregierung wird 30% davon tragen und die Stadt Hannover etwa 10%. Die restlichen 20% sollen die Privatfirmen beisteuern. Die Expo 2000 soll vom 1. Juni bis zum 31. Oktober des Jahres 2000 dauern. Der Bauplan für die Expo 2000 soll zehn Milliarden DM kosten und es werden 25 Millionen Besucher in Hannover erwartet. Dies ist ein großes Ereignis für Hannover und natürlich auch für Deutschland. Auch der Pagode Vien Giac kommen in diesem Zusammenhang neue Aufgaben und Möglichkeiten zu. Die Expo wird unter dem Motto „Mensch, Natur und Technik" veranstaltet. Die Religionen sollen bei der Vermittlung dieser Thematik ihren besonderen Beitrag leisten. Darüberhinaus hat es sich so gefügt, daß die Pagode Vien Giac sich auch räumlich mitten im Geschehen der Expo befinden wird und deshalb gibt es auch schon heute bei verschiedenen Regierungsstellen Überlegungen, wie man die Pagode in die Veranstaltungen der Expo einbeziehen könne. In diesem Zusammenhang erscheint es mir gar nicht vermessen, auch auf finanzielle Unterstützung durch die Regierung zu hoffen, welche sie in die Lage versetzen könnte, dieser ihr zugedachten Aufgabe gerecht zu werden.

Ein anderer sehr erfreulicher Aspekt ist die Tatsache, daß die Anzahl der Deutschen, die sich für den Buddhismus interessieren, mit jedem Tag größer wird. Es ist im Westen üblich, sich über die Leistungen und Pflichten im Klaren zu sein. Sie haben in letzter Zeit schon aus diesem Grunde nicht wenig zu unserer Arbeit beigetragen.

Ein Familienvater hat seine Pflichten gegenüber seinen Kindern. Ein Firmenbesitzer macht sich Gedanken über den Umsatz seiner Fabrik. Ein Politiker untersucht ständig die Folgen seiner Politik. Ein Hausbesitzer beschützt seinen Besitz und so ließen sich all die vielen Aufgaben, Pflichten, Interessen und Funktionen aufzählen, die man zuhause in der Familie, bei der Arbeit, im Beruf und in der Öffentlichkeit zu berücksichtigen hätte. Wir können nicht sagen, daß diese Leute, die in den erwähnten Grenzen ihre Pflicht tun, gierig oder ausbeuterisch sind. Sie tragen die Verantwortung für ihre persönlichen oder für die allgemeinen Angelegenheiten. Sie tragen die Verantwortung gegenüber ihrer Familie oder der Institution, in derem Namen sie wirken.

Im Leben gibt es viele Menschen, die nach Ruhm, nach Reichtum, nach Liebe streben. Nur wenig Menschen streben nach der Erleuchtung und Erlösung. Nur wenig Menschen streben nach karitativen Zielen. Man spricht zwar des öfteren von heiligen Werken, nur die Mitarbeit daran fällt eben weitaus schwerer. Viele Leute haben mich bei meiner Arbeit beobachtet, sie bemerkten, daß ich immer wieder um Mithilfe und Beiträge bat, und erklärten daraufhin, daß ich zu gierig sei. Ja ich leugne gar nicht, gierig zu sein. Ich bin begierig, die Buddhalehre zu praktizieren und Gelegenheiten für andere zu schaffen, genau das zu tun. Ich bin begierig, die Pagode zu bauen, um Tausenden eine geistige Stätte zu bieten. Ich bin begierig auf eine Pagode wie die Pagode Vien Giac, nicht um darin zu zu wohnen, sondern um zu beweisen, daß die Lehre des Buddha Wunder wirken kann. Es gilt doch auch den Deutschen zu zeigen, daß die Vietnamesen ein tatkräftiges Volk sind und Buddhisten sind, für die das Bekenntnis mehr ist als nur ein Wort. Vietnamesen sind friedfertige Menschen, die sich auch für die Allgemeinheit aufopfern können. Ich bin auch begierig, ein Andenken in Europa zu schaffen, das an die Zeit der Vietnamesen im Ausland erinnern soll. Im Leben gibt es viele Begierden, die nur der persönlichen Befriedigung dienen, und viele Menschen streben danach. Aber es gibt auch Begierden, die allen Menschen dienen. Diese wollen dagegen nur wenige verwirklichen. Mögen die Menschen, die für die Allgemeinheit eintreten, immer zahlreicher werden.

Ein Bergsteiger braucht viel Kraft, um seinen Kampf mit der Zeit und den schwindenen Kräften bestehen zu können. Beim Abstieg braucht man sich dafür weniger anzustrengen. Und bei einer Baumreihe beoachten wir, daß der Wind die höheren Bäume immer mehr bewegt als die anderen. So muß auch ein Führer immer mehr Kritik ertragen als seine Gefolgschaft.

Überall im Leben, in der Welt der Laien nicht anders als in der klösterlichen Welt, gibt es Gerede, Egoismus, Rivalitäten, Ressentiment und ähnliche Schwächen mehr. Wir sollen sie wie den Abfall des Lebens betrachten. Niemand möchte diesen Abfall bei sich haben. Niemand möchte ihn in seinem Gedächtnis bewahren, denn er könnten nur den Geist beflecken. Jeder sollte sich um seinen eigenen Kehrricht kümmern. Nur so können wir bereit sein für die Lehre und die Weisheit des Buddha. Die Schulung des Geistes ist das wichtigste im buddhistischen Leben. Die Verwirklichung der Buddhalehre impliziert viel Geduld, die Gleichmut und die Schulung der Weisheit. Die Verwirklichung der Buddhalehre soll kein Mitleid bei anderen hervorrufen, sondern soll die Welt und den Menschen zur Wahrheit, Tugend und Schönheit führen. Wer gut praktiziert, der bleibt oben; wer nicht, der wird untergehen. Die Praxis der Buddhalehre kann nur erfahren werden und nicht allein durch den Verstand aufgenommen werden. Manche fragten mich: Haben Sie viel Kummer während des Bauprojekts gehabt? Sind sie auf Hindernisse gestoßen? Haben Sie noch die Zeit gefunden für Ihre geistige Praxis? Nichts ist einfach. Jeder Erfolg kostet die Überwindung der Versuchungen und die Willenskraft des Menschen. Ich stellte immer wieder fest: Die Unterschiede der Menschen nach Stellung, Ruhm, Reichtum, und intellektuellen Wissen sind unwesentlich im Verhältnis zur Willenskraft. Nur der Wille macht die wesentlichen Unterschiede zwischen den Menschen aus. Wer Ausdauer besitzt, der wird Erfolg haben. Ich lege großen Wert auf vier Faktoren in der Praxis der Buddhalehre, die sich als Lösungsmöglichkeiten bewährt haben, Hindernisse, die auf dem Weg zur Erleuchtung auftraten, zu beseitigen.

a) Mit genügend Mut ausgestattet, hört man gar nicht auf das Gerede um sich herum und geht direkt auf sein Ziel los. Auch dann braucht es noch viele Mittel, vor allem sollten alle unheilsamen Mittel gemieden werden, um den Mitmenschen nicht zu schaden. Das ist die Haltung willensstarker Menschen.

b) Mit Vorsicht ausgestattet, vermag man viele Hindernisse zu antizipieren, kann man ihnen rechtzeitig aus dem Weg gehen, hat man noch Zeit, sich auf die richtigen Mittel zu besinnen, um auf diese Weise die Gefühle der anderen nicht zu verletzen und das Ziel zu erreichen. Auch diese Menschen erweisen sich als willensstark.

c) Geduld und Stehvermögen können einem ebenso behilflich sein, die Hindernisse zu überstehen, sie einfach auszuhalten und abzuwarten, bis sie sich verflüchtigt haben oder vorübergezogen sind.

d) Als vierte Alternative der Abwehr von Hindernissen bietet sich auch noch der Ausweg an. Man ändert das Ziel oder die Methode es zu erreichen.

Viele glauben, ohne diese Alternativen auszukommen, in der Hoffnung, einen problemfreien Weg zu finden. Ich habe aber feststellen können, daß die Widerstände, die Hindernisse und Schwierigkeiten das Gefühl des Lebens erst vermitteln, das Leben bereichern und den Wert des Erfolgs steigern. Ohne Widerstand kein Lebensgefühl.

Ich bin ein Mensch wie jeder andere. Ich bin traurig, ich freue mich, habe Grund zum ärgern, ich liebe und hasse, wie all die anderen Menschen auch. Doch ich glaube, daß sich meine Gefühle und Empfindungen von denen der anderen Menschen dem Grad der Intensität nach unterscheiden. Jemand, der sich nicht im Sinne der

Buddhalehre übt, hat nur wenig Kontrolle über seine Gefühle. Ein Ordinierter übt sich jeden Tag in Selbstkontrolle. Er hat die Gebote eines Bhikkhu angenommen. Er praktiziert die Buddhalehre um seinen Geist zu reinigen. Unser Geist ist wie ein schmutziger Teich, auf dem sich der Mond der Weisheit nicht spiegeln kann. Der Mond existiert immer. Wenn unser Geist aber noch voller Leidenschaft ist, getrübt vom Schmutz der Welt, dann kann sich das Licht des Mondes nicht auf seiner Oberfläche spiegeln. Eines Tages können wir unseren Geist vielleicht so weit klären, daß dieses Licht der Weisheit von ihm reflektiert wird. Der Buddha war auch nur ein Mensch. Aber er hat die Erleuchtung erreicht und uns den Weg der Erlösung gezeigt. Wenn wir wie der Buddha sein möchten, müssen wir unseren Geist disziplinieren und klären.

Schwierigkeiten gibt es überall. Die Hauptsache ist, ob wir fähig sind, sie zu überwinden. Vor einer Schwierigkeit wegrennen kann jeder. Ich bedanke mich für alle Kritik und für jede aufbauende Meinung über meine Person. Ich versuche mich ständig zu bessern, ein vollkommener Mensch zu werden. Nur Heilige machen keine Fehler mehr. Ich hoffe, daß an meinem Grab nicht nur meine guten Taten, sondern auch meine Fehler erwähnt werden. Ich habe viele Totenansprachen gehört, keine entsprach der Wahrheit ganz. Über die Toten nur das Gute nachzurühmen nutzt keinem. Warum erzählen wir den anderen nur seine guten Eigenschaften? Nach dem Tod kann niemand mehr hören, was über ihn geredet wird, aber unter den Lebenden herrscht oft nur Rivalität und Ressentiment, es überwiegen die Übel und Leiden. Wer keine Willenstärke hat, würde sofort entmutigt. Ich habe, dank der Gnade des Buddha, einen starken Willen, der vieles zu ertragen vermochte. Ich wurde in einem Land geboren, das seinen Bürgern nicht so viele Aufstiegschancen bieten kann. Ich bin auf dem kargen Land der Quang-Provinz aufgewachsen. Meine heutige Position verdanke ich einzig und allein meinem Willen. Mein Bruder, der Ehrwürdige Thich Bao Lac, Abt der Pagode Phap Bao in Australien, hat ähnlich wie ich gehandelt. Ehrwürdiger Bao Lac wurde vor fast 40 Jahren ordiniert. Er hat kein Hindernis gescheut und ist vor keiner Versuchung davon gelaufen. Er blieb immer auf seinem geraden Weg. Sein Wille ebnete alle Probleme vor seinen Schritten ein.

Jeder Mensch wurde auf diese Welt geboren gemäß seiner karmischen Kraft. Durch die Praxis der Buddhalehre können wir unser Karma verändern und zum guten wenden. Obwohl wir mit vielen Aufgaben beschäftigt sind, praktizieren mein Bruder und ich die Meditation, die Rezitation, das Bekenntnis der unheilsamen Handlungen. Wir übersetzen Bücher und Sutren. Wir bauen Pagoden und unterweisen die Buddhisten in der buddhistischen Lehre und Lebensweise. Ich sage jedes Jahr an meinem Geburtstag zu meinen Schülern: „Meine Eltern haben mich geboren, meine Ausbildung haben die Laien Buddhisten bezahlt. Meine Lebensphilosophie lernte ich von meinem Lehrern und von den Patriarchen. Heute arbeite ich zum Nutzen der Menschen und der Religion. Das ist meine Pflicht. Mein Leben heißt, diese Pflicht zu erfüllen, für nichts anderes lebe ich.“

Ein guter Sohn teilt die Schwierigkeiten der Familie. Ein guter Schüler teilt die Probleme seiner Lehrer und hilft ihnen bei ihrer Arbeit. Sind das überflüssige Worte oder Worte, die zu streng klingen? Nur andere belehren zu wollen, und die Lehren selbst nicht zu beherzigen, das ist nicht mein Ziel. Ich möchte vor allem, daß die Leute, die bei mir in der Pagode wohnen, auch etwas aus meinem Leben lernen können.

In den 16 Jahren, die ich (1993) nun in Deutschland bin, hätte ich die Pagode Vien Giac nicht bauen können, ohne die Unterstützung der Ordinierten und der Laien. Viele von ihnen halfen mir im Stillen, beklagten sich nicht. Die meisten, die mich und die Pagode kritisierten, haben auch nichts zum Gelingen der Pagode beigetragen. Die Kritik hat nur dann einen Wert, wenn sie eine aufbauende Funktion erfüllt. Der Kritisierte muß aus der Kritik lernen können. Wenn Kritik nur wegen des Ressentiments geäußert wird, ist sie wert- und nutzlos. Sie ist vielmehr schädlich.

Ich wurde auch gefragt, wie man die Bürde mit mir teilen könnte. Es hat 10 Jahre gedauert, bis die Pagode fertig gebaut war und es wird noch einmal 10 Jahre dauern, bis die Schulden abgezahlt sind, die ich zu diesem Zweck aufgenommen habe. Von der Zeit des Baubeginns bis heute, habe ich vieles versucht, um an Mittel und Hilfe zu kommen. Die „Ein- Quadratmeter- Aktion, die „Ein- Baustein- Aktion", die „Ein- Dachziegel- Aktion, die Bittgänge und Bittbriefe und all das andere, was ich hier schon berichtet habe. Ich habe guten und schlechten Rat erhalten, von den guten Ratschlägen sind auch viele verwirklicht worden. Die Aufbauarbeit der Pagode ist abgeschlossen. Ideen zur Erhaltung der Pagode werden uns immer willkommen sein.

Ich meine immer, noch mehr schreiben zu müssen, doch ein Buch sollte nicht zu lang werden. Ich hoffe, jedoch, eine Vorstellung über die Projektierung, die Realisierungsbemühungen und den Bauablauf der Pagode Vien Giac vermittelt zu haben.

Ich hoffe auch, mit diesem Bericht, neue Freunde und Interessenten gewinnen zu können, und daß die alten mir alle wohlgesonnen bleiben und meine Arbeit auch weiterhin unterstützen. Ein Schwalbe, so sagt ein deutsches Sprichwort, macht noch keinen Sommer. Nur wenn der Himmel voller Schwalben ist, kann man sagen, daß der Sommer wirklich gekommen ist.

Nach der Bauabschlußfeier werde ich also noch 10 Jahre im Amt bleiben und mich um die geistige Betreuung der Laien und um die Arbeiten und Projekte der Pagode kümmern. In diesen 10 Jahren, das ist keine sehr lange Zeit, möchte ich meine ganze Kraft aufwenden, um die Pflichten, die ich gegenüber meiner Religion und meinen Landesleuten habe, zu erfüllen. Auch hoffe ich, daß alle Buddhisten mir bei der Ausbreitung der buddhistischen Lehre helfen werden.

Heute fragen mich einige, warum ich es so eilig habe, mich zurückzuziehen. Für mich ist es nicht zu früh. Ich muß mich schon jetzt dafür vorbereiten. So wie im Staat ein Regierungswechsel sinnvoll ist, um allen antidemokratischen Tendenzen vorzubeugen, so muß es auch einen Wechsel in der Leitung einer Pagode geben. Ein Land, das in seiner Entwicklung nicht aufhört, sondern immer weiter fortfährt, sich zu entwickeln, ist ein reiches Land. Jeder verständige Mensch, der ein Amt bekleidet, weiß, daß er zum Nutzen seines Amtes, sein Amt rechtzeitig ablegen muß, um es einem anderen zu überlassen. der seine Pflichten tatkräftig erfüllen kann. Nicht anders verfährt auch der Gärtner, er sät aus, zieht groß und während er den Segen der Blüten genießt, denkt er schon an das Welken und an die Nachzucht. Das Gelebte muß dem neuen Leben weichen. Die letzte Pflicht des Amtsvorgängers ist die Beratung seines Nachfolgers.

Geschrieben habe ich diese Geschichte und meine Gedanken über die Ereignisse als ein Zeugnis. Wenn die Buddhisten Anstoß daran nehmen, bitte ich sie um Verzeihung und um ihre Vorschläge.

Ich hoffe, daß unsere Heimat bald ihren Frieden und ihr Glück wiederfindet. Ich hoffe auf die Religionsfreiheit in Vietnam. Und ich hoffe, daß die in der Heimat Verbliebenen die Heimkehrer mit offenen Armen empfangen werden, wenn der Tag ihrer Heimkehr da ist. Und ich hoffe auch, daß die Heimkehrer aus der Fremde keine schädlichen Einflüssse in die Heimat mitbringen. Möge die Religion der Nation die nötige Kraft spenden.

An einem Tag während des Frühlingsanfangs

in meinem Zimmer

in der Pagode Vien Giac geschrieben.

Würdenträger des vietnamesischen Buddhismus in Deutschland: Sitzend: Hochehrwürdiger Thích Như Điển, Gründerabt der Pagode Vien Gac Hannover (1978-2003).

Stehend von links nach rechts:

Ehrw. Thich Hạnh Giới, 2. Abt (2008-2017);

Ehrw.Thich Hạnh Tấn, 1. Abt (2003-2008);

Ehrw. Thich Hạnh Bổn, 3. Abt (2017-heute).

Klosterpagode Vien Giac heute (2019)

Fotografiert von Ulf Ostländer

Kurze Biografie des
Hochehrwürdigen Thich Nhu Dien

- Weltlicher Name: Cuong Le

- Geboren am 28.06.1949 in Duy Xuyen, Quang Nam, Vietnam.

- Akademischer Grad: Bachelor in Pädagogik und MA in Buddhismuskunde.

1964: Ordination zum Novizen in der Phuoc Lam und Vien Giac Pagode in Hoi An.

1971: Ordination zum Bhikshu (Mönch) in der Quang Duc Pagode in Thu Duc.

1972: Beginn des Studiums in Japan.

1977: Besuch in Deutschland, stellte Antrag auf Asyl und lebt seitdem in Deutschland.

1978: Gründung des Vien Giac Tempels in Hannover, der später zu Vien Giac Pagode wurde.

1978: Gründung der Vereinigung der vietnamesischen Studenten und Buddhisten, die später zu Vereinigung der Buddhistischen Vietnam-Flüchtlinge wurde.

1979: Gründung der Congregation der Vereinigten Vietnamesischen Buddhistischen Kirche in Deutschland.

1988: Ernennung zum Thuong Toa (Ehrwürdiger) in der Ordinationszeremonie Dai Nguyen in der Phap Hoa Pagode, Marseille, Frankreich.

2008: Ernennung zum Hoa Thuong (Hochehrwürdiger) in der Phap Chuyen Ordinationszeremonie in der Vien Giac Pagode, Hannover, Deutschland.

2011: Verleihung mit der höchsten Auszeichnung für buddhistische Tätigkeiten vom Sangha Rat in Colombo, Sri Lanka.

2015: Wahl zum zweiten Präsidenten der Congregation der Vereinigten Vietnamesischen Buddhistischen Kirche in Europa (2015-2020).

2018: Wahl zum Vize-Präsidenten des World Buddhist Sangha Councils – WBSC in Penang, Malaysia.

Verfasste und übersetzte zirka 70 Bücher aus dem Englischen, Chinesischen, Japanischen und Deutschen in die vietnamesische Sprache.

(Stand Mai/2019)